Inklusion in Schule und Gesellschaft

Herausgegeben von
Erhard Fischer, Ulrich Heimlich
Joachim Kahlert und Reinhard Lelgemann

Band 2

Ewald Kiel (Hrsg.)

Inklusion im Sekundarbereich

Verlag W. Kohlhammer

1. Auflage 2015

Alle Rechte vorbehalten
© W. Kohlhammer GmbH, Stuttgart
Gesamtherstellung: W. Kohlhammer GmbH, Stuttgart

Print:
ISBN 978-3-17-026385-7

E-Book-Formate:
pdf: ISBN 978-3-17-026386-4
epub: ISBN 978-3-17-026387-1
mobi: ISBN 978-3-17-026388-8

Vorwort der Reihenherausgeber

Vor dem Hintergrund der UN-Behindertenrechtskonvention, die seit 2009 für Deutschland verbindlich gilt, entwickelt sich die Idee der Inklusion zu einem neuen Leitbild in der Behindertenhilfe. Sowohl in der Schule als auch in anderen gesellschaftlichen Bereichen sollen Menschen mit Behinderung von vornherein in selbstbestimmter Weise teilhaben können. Inklusion in Schule und Gesellschaft erfordert einen gesamtgesellschaftlichen Reformprozess, der sowohl auf die Umgestaltung des Schulsystems als auch auf weitreichende Entwicklungen im Gemeinwesen abzielt. Der Ausgangspunkt dieser Entwicklung wird in Deutschland durch ein differenziertes Bildungssystem und eine stark ausgeprägte spezialisierte sonderpädagogische Fachlichkeit bezogen auf unterschiedliche Förderschwerpunkte bestimmt. Vor diesem Hintergrund soll die Buchreihe »Inklusion in Schule und Gesellschaft« Wege zur selbstbestimmten Teilhabe von Menschen mit Behinderung in den verschiedenen pädagogischen Arbeitsfeldern von der Schule über den Beruf bis hinein in das Gemeinwesen und bezogen auf die unterschiedlichen sonderpädagogischen Förderschwerpunkte aufzeigen. Der Schwerpunkt liegt dabei im schulischen Bereich. Jeder Band enthält sowohl historische und empirische als auch organisatorische und didaktisch-methodische sowie praxisbezogene Aspekte bezogen auf das jeweilige spezifische Aufgabenfeld der Inklusion. Ein übergreifender Band wird Ansätze einer interdisziplinären Grundlegung des neuen bildungs- und sozialpolitischen Leitbildes der Inklusion umfassen.

Die Buchreihe wird die folgenden Einzelbände umfassen:
Band 1: Inklusion in der Primarstufe
Band 2: Inklusion im Sekundarbereich
Band 3: Inklusion im Beruf
Band 4: Inklusion im Gemeinwesen
Band 5: Inklusion im Förderschwerpunkt emotionale und soziale Entwicklung
Band 6: Inklusion im Förderschwerpunkt geistige Entwicklung
Band 7: Inklusion im Förderschwerpunkt Hören
Band 8: Inklusion im Förderschwerpunkt körperliche und motorische Entwicklung
Band 9: Inklusion im Förderschwerpunkt Lernen

Band 10: Inklusion im Förderschwerpunkt Sehen
Band 11: Inklusion im Förderschwerpunkt Sprache
Band 12: Inklusive Bildung – interdisziplinäre Zugänge

Die Herausgeber
Erhard Fischer
Ulrich Heimlich
Joachim Kahlert
Reinhard Lelgemann

Inhaltsverzeichnis

Einleitung: Inklusion im Sekundarbereich – ein schwieriges Feld

Ewald Kiel

Beiträge über Inklusion im Sekundarbereich zusammenzustellen, erweist sich als eine nicht ganz einfache Aufgabe. Recherchiert man etwa auf Homepages von Professorinnen und Professoren, die explizit eine Denomination für eine spezifische Sekundarstufenform haben, etwa eine Professur für Hauptschulpädagogik, Realschulpädagogik oder Gymnasialpädagogik, finden sich in deren Publikationslisten so gut wie keine Beiträge zum Thema Inklusion. Im Bereich der Fachdidaktiken sieht es nur wenig besser aus. Warum ist das so? Hierauf will die Einleitung, ausgehend von zwei authentischen Fällen, eine skizzenhafte Antwort geben, um dann kurz die Beiträge dieses Sammelbandes vorzustellen, in dem sich, mit zwei Ausnahmen, Sonderpädagoginnen und -pädagogen zur Inklusion im Sekundarbereich äußern. Zunächst ein Fall, der intensiv in den Medien diskutiert wurde (z. B. Focus, Nr. 22/16, 2014). Dann folgt ein Fall, der aus einem Gespräch zwischen Lehrkräften in einer Podiumsdiskussion stammt, aber ebenfalls exemplarisch ist.

In Baden-Württemberg möchte eine Familie ihr Kind, das Trisomie 21 hat, auf einem Gymnasium anmelden. Die Familie beruft sich einerseits auf die von der Bundesregierung ratifizierte Behindertenrechtskonvention und andererseits darauf, dass es für die psychische Entwicklung ihres Kindes wichtig sei, nicht von seinen Schulfreunden und -freundinnen aus der Grundschulzeit getrennt zu werden. Das Gymnasium weigert sich. Es verweist auf den Bildungsauftrag des Gymnasiums, der im Wesentlichen darin besteht, Kinder zum Abitur zu führen, sie auf das Studium vorzubereiten oder ihnen mit dem Abitur einen Bildungsabschluss zu offerieren, der sie für hochwertige Berufe qualifiziert. Die Weigerung ist nicht nur eine Weigerung der Schulleitung. Das Kollegium spricht sich in einer Gesamtkonferenz gegen die Aufnahme des Schülers aus. Der hinzugezogene Elternbeirat lehnt die Aufnahme des Kindes ebenfalls ab mit dem Argument, die Lernentwicklung der nicht behinderten Schülerinnen und Schüler würde dadurch Schaden nehmen. Das in letzter Instanz eingeschaltete Kultusministerium stellt lakonisch fest, dass gegen den Willen des Kollegiums kein Übergang auf dieses Gymnasium möglich sei. Der Versuch, das Kind dann auf einer Realschule einzuschulen, scheitert an ähnlichen Gründen.

Eine Lehrerin aus dem Förderschulbereich, die eine 6. Klasse mit 10 Schülerinnen und Schülern hat, die alle in mehr oder weniger großem Maße an einem Aufmerksamkeitsdefizit leiden, berichtet im Kreise von Regelschullehrern und -lehrerinnen von ihrem Umgang mit Regeln im Klassenzimmer. Anders als in der Regelschule üblich gibt es bei ihr keine für alle Kinder geltenden Klassenregeln. Im Gegenteil, es gibt Tischregeln und manchmal Regeln, die nur für ein einzelnes Kind gelten. Darüber hinaus, so sagt die Förderschullehrerin, müssen diese Regeln nicht den ganzen Vormittag eingehalten werden, sondern sie sei froh, wenn manche Kinder sich wenigstens 30 oder 60 Minuten an diese spezielle Tisch- oder Individualregel halten können. Die Kolleginnen und Kollegen aus der Regelschule sind erstaunt über diesen Umgang mit Regeln, loben diesen Umgang gleichzeitig und eine bemerkt hierzu: »Auf so eine Idee wäre ich nie gekommen!«

Beide Beispiele charakterisieren zentrale Probleme der Einführung von Inklusion im Sekundarbereich. Der erste Fall verweist auf die vielfältigen systemischen Probleme, die sich aus einem Anspruch auf Inklusion ergeben. Im Kontext eines dreigliedrigen Schulsystems, welches vorgibt, nach Leistungen zu differenzieren, macht die Einschulung eines Kindes mit Trisomie 21 in ein Gymnasium keinen Sinn, weil es das Ziel dieser Schule niemals erreichen wird. Nimmt man ein Kind mit geistiger Behinderung am Gymnasium auf, wäre es schwierig, das dem dreigliedrigen Schulsystem zu Grunde liegende Selektionsprinzip zu verwirklichen. Man könnte etwa kaum ablehnende Argumente gegenüber Eltern finden, deren Kind eine Realschulempfehlung hat, die aber möchten, dass ihr Kind auf ein Gymnasium geht. Schullaufbahnempfehlungen lassen sich vor dem Hintergrund des Anspruchs auf Inklusion kaum umsetzen. Wenn es der politische Wille ist, Kinder mit und ohne bzw. mit unterschiedlichen Förderbedarfen nach der Grundschulzeit gemeinsam an Unterrichtsgegenständen arbeiten zu lassen und sie gemeinsam zu beschulen, dann stellt dies das dreigliedrige Schulsystem in Frage. Das heißt, der Anspruch auf Inklusion begründet einen Anspruch auf einen fundamentalen Systemwechsel des deutschen Schulsystems hin zu einer Form von Gemeinschaftsschule.

Neben dieser makrosystemischen Frage werden jedoch auch andere Probleme auf untergeordneten Systemebenen deutlich. Lehrerkollegien sowie die Eltern müssten von der Richtigkeit und von der Wichtigkeit einer inklusiven Schulgestaltung überzeugt werden. Das Kultusministerium hat bei der gegenwärtigen Ausgestaltung des Schulsystems Recht, wenn es argumentiert, man könne eine inklusive Beschulung nicht gegen den Willen der Lehrer und Lehrerinnen durchsetzen. Verweigern Lehrkräfte ihren Vermittlungs- und Förderauftrag, können Kinder und Jugendliche nicht beschult werden. Das gilt nicht nur für diese spezielle Schule, sondern für alle Schulen in der Bundesrepublik Deutschland.

Die Interpretation des zweiten Beispiels knüpft an die Interpretation des ersten an. Bei dem dort dargestellten Problem der Gültigkeit von Interaktionsregeln wird das »Befremdetsein« von Lehrerinnen und Lehrern aus der Regelschule besonders deutlich. Die Konzeptualisierung von Unterricht in der Regelschule richtet sich an einen Klassenverband und weniger an individuelle Schüler oder Schülergruppen. Gleichzeitig wird an diesem simplen Beispiel deutlich, dass das Befremden sehr viel mit einem Kompetenzdefizit zu tun hat. Die Förderschullehrerin wird für ihre Lösung gelobt und gleichzeitig gibt die Regelschullehrerin zu, ihr wäre diese Lösung niemals eingefallen. In der Ausbildung von Regelschullehrkräften werden solche Situationen nicht thematisiert. Dies hat zweifellos auch mit der im Wesentlichen getrennt voneinander ablaufenden Ausbildung von Regelschullehrerinnen und -lehrern sowie Sonderpädagoginnen und -pädagogen zu tun. Dabei wird auch hier wieder eine große systemische Komponente deutlich, welche durch den Anspruch auf Inklusion zu Tage tritt. Es geht um eine systemische Verknüpfung von bisher getrennten Ausbildungsgängen. Schaut man sich in diesem Zusammenhang Untersuchungen zu Beliefs und Einstellungen von Lehrerinnen und Lehrern zur Inklusion an, dann finden sich national wie international ähnliche Befunde: Lehrerinnen und Lehrer haben so etwas wie eine grundsätzliche Bereitschaft zur Inklusion, gleichzeitig haben sie Angst vor dem Befremdenden und Unerwarteten und fühlen sich zu Recht nur ungenügend für das neu von ihnen Verlangte ausgebildet (Avramides/Bayliss/Burden, 2000; Avramides/Norwich, 2002; Amrhein, 2011).

Diese Angst vor dem Neuen wird sicherlich durch grundsätzliche Rahmenbedingungen des pädagogischen Handelns der Lehrkräfte verstärkt: Pädagogisches Handeln ist seiner Struktur nach unsicher (Kiel/Pollak, 2011; Shulman, 1991): Der Zusammenhang zwischen Absichten, pädagogischen Handlungen und Wirkungen ist weder deterministisch, noch ist er zufällig. Es gibt keine sichere Verknüpfung weder von Absichten und Handlungen noch von Handlungen und Wirkungen.

| ABSICHT(EN) | ⊏ ⏤ ⏤ **?** ⏤↗⏤⏘ | HANDLUNG(EN) | ⊏ ⏤ ⏤ **?** ⏤↗⏤⏘ | WIRKUNG(EN) |

Trotz der Festsetzung vieler Faktoren (Lehrplan, Lehrmittel, Klassengröße usw.) kann eine Vielzahl von Aspekten nicht fixiert werden. Die geringe Planbarkeit führt zu Handlungsstörungen und verlangt von der Lehrperson die Fähigkeit zu spontaner Reaktion und zu situativen Entscheidungen. Dem stehen inhaltliche Lehrplanvorgaben, dienstrechtliche Bestimmungen usw. gegenüber, so dass sich der Lehrerberuf in einer »Schwebelage zwischen Reglementierung und ›pädagogischer Freiheit‹« befindet (Rothland, 2013, S. 25). Kommt in dieser Situation der Umgang mit Kindern und Jugendlichen hinzu, die sonderpädagogischen Förderbedarf haben, steigt das Gefälle von behinderten Schülerinnen/Schülern und Pädagoginnen und Pädagogen. Benkmann hat hierfür die schöne Wendung gefunden, dass das »wissende Nicht-Wissen« in pädagogischen Interaktionen mit Kindern und Jugendlichen mit Förderbedarf besonders groß sei (Benkmann, 2011, S. 9). Diejenigen, die hierfür nicht ausgebildet sind, entwickeln besondere Bedenken.

Die beiden Eingangsfälle und ihre skizzenhafte Interpretationen machen deutlich, weshalb sowohl Wissenschaftler als auch professionelle Lehrkräfte Berührungsängste mit dem Thema Inklusion im Sekundarbereich haben. Einerseits sind beide Seiten mit der furchteinflößenden Aussicht konfrontiert, dass der Kontext, in dem sie und für den sie arbeiten, in dieser Form aufhört zu existieren. Dies geht einher mit dem Zusammenbruch der bisher geltenden Wertsysteme, die durch Leistungsorientierung und Homogenisierung gekennzeichnet sind. Auf der anderen Seite gibt es zurzeit kein identitätsstiftendes Wertsystem, welches Sonderpädagoginnen und -pädagogen sowie Regelschullehrkräfte zusammenführen könnte. Dies zeigt sich u. a. in diesem Herausgeberband daran, dass fast alle Autorinnen und Autoren ihren Beitrag mit einer grundsätzlichen Begriffsklärung in Hinblick auf den Begriff Inklusion beginnen. Dies scheint beim gegenwärtigen Stand der Inklusionsforschung ein immer wieder notwendiges Desiderat zu sein und trägt zur allgemeinen Verunsicherung bei, gerade bei denjenigen, die Inklusion umsetzen sollen.

Das Nichtvorhandensein eines eindeutigen handlungsleitenden Wertesystems ist verknüpft mit einem Mangel an Kompetenzen. Regelschullehrkräften etwa mangelt es an diagnostischen Kompetenzen und Handlungskompetenzen, mit denen sie einerseits feststellen können, welche Störungsbilder vorliegen, und andererseits abwägen können, welche Interventionen funktional erscheinen. Andererseits sind Sonderpädagoginnen und -pädagogen die Orientierung an Klassenverbänden, gemeinsam zu erreichende Bildungsstandards oder Leistungsorientierung eher fremd. Hinzu kommt ein Mangel an Differenzierung zwischen verschiedenen sonderpädagogischen Förderformen. Inklusion wird vor allem absolut gedacht. Häufig erfolgt in der vielfältigen programmatischen Literatur eine Reduktion auf den guten Willen, man müsse sich nur anstrengen, dann könne man alle, die behindert sind – sei es körperbehindert, geistig behindert, verhaltensauffällig – von Anfang an an gemeinsamen Gegenständen arbeiten lassen. Diese Gemengelage aus Ängsten vor dem Systemwechsel, unterschiedlichen Werten, undifferenziertem »Gutmenschentum« und Kompetenzdefiziten wird in allen hier dargestellten Beiträgen in unterschiedlicher Intensität aufgegriffen:

Sabine Weiß, Akademische Rätin a. Z. am Lehrstuhl für Schulpädagogik der LMU München, fragt auf der Basis empirischer Anforderungsanalysen danach, welchen Anforderungen Lehrerinnen und Lehrer in der Sekundarstufe in einem inklusiven Kontext ausgesetzt sind. Dabei hebt sie den Unterschied zwischen Regelschullehrkräften und Sonderpädagogen und pädagoginnen besonders heraus. Für die Sonderpädagoginnen und -pädagogen spielt eine potenzialorientierte Haltung oder ein spezifisches Ethos im Sinne eines positiven Menschenbildes eine wichtige Rolle. Dieses Ethos lehnt eine Defizitorientierung ab und beschäftigt sich im Sinne des ursprünglichen Begriffs »Fördern« damit, »Schätze« in den Kindern und Jugendlichen zu finden, die es gilt ans Tageslicht zu bringen.

13

Markus Gebhardt, wissenschaftlicher Mitarbeiter an der TUM School of Education, widmet sich der verdienstvollen Aufgabe, aus der großen Menge häufig programmatischer Literatur zur Inklusion national wie international die empirischen Beiträge zu identifizieren und in ihren Kernaussagen kurz darzustellen. Seine kenntnisreiche Darstellung verweist auf einige der wenigen Studien, in denen der Erfolg von Schülerinnen und Schülern mit inklusiver Beschulung differenziert nach Förderbedarfen untersucht wird. Gleichzeitig finden sich bei ihm viele Studien, in denen diese Differenzierung nicht gemacht wird. Insgesamt zeichnet sein Einblick in den möglichen Erfolg inklusiver Beschulung in der Sekundarstufe ein optimistisches Bild, jedoch bleibt die offene Frage, welche Modelle des gemeinsamen Unterrichts für welche Zielgruppe eine positive Wirkung haben und wie solche Unterrichtsmodelle in den einzelnen Unterrichtsfächern umgesetzt werden können.

Rolf Werning, Professor an der Universität Hannover, und Ann-Kathrin Arndt, wissenschaftliche Mitarbeiterin an derselben Universität, knüpfen an Gebhardts Frage an. In ihrem Beitrag geht es um »Unterrichtsgestaltung und Inklusion«. Anders als Gebhardt sehen sie in diesem Thema weniger eine offene Frage, sondern heben hervor, dass sich Unterricht in inklusiven Settings nicht prinzipiell vom Unterricht an herkömmlichen Schulen unterscheiden müsse. Das heißt, auch eine Didaktik inklusiven Unterrichts orientiert sich an Prinzipien guten Unterrichts wie wir sie aus der Tradition der geisteswissenschaftlichen Didaktik, aber auch von der modernen Lehr-Lerntheorie her kennen. Das Spezifische inklusiver Settings liegt für Werning und Arndt in einer Reihe von Spannungsfeldern begründet sowie in der Notwendigkeit einer multiprofessionellen Zusammenarbeit, die im deutschen Schulsystem eher die Ausnahme ist. Die besondere Wertorientierung des Autors und der Autorin lässt sich auf eine griffige Formel bringen: »Maximierung der Teilhabe und Minimierung von Diskriminierung«. Theoretisch spielt das mehrebenentheoretisch erweiterte Angebot-Nutzungs-Modell von Fend eine wichtige Rolle in ihren Überlegungen.

Der Beitrag von Barbara Koch, Vertretungsprofessorin an der Universiät Lüneburg, und Annette Textor, Professorin an der Universität Bielefeld, hat einen starken Bezug zu der von Werning und Arndt erhobenen Forderung nach multiprofessioneller Zusammenarbeit. Die beiden Autorinnen betrachten die Frage nach der Inklusion in der Sekundarstufe unter den Perspektiven der Schulentwicklung und Schulorganisation, die in einem inklusiven Setting deutlich partizipativer und kooperativer sein sollten. Sie begründen ihren Anspruch demokratietheoretisch, menschenrechtstheoretisch und bildungsökonomisch. Ihre Darstellung schulorganisatorischer

Modelle der Inklusion stellt Fragen der Ressourcenverteilung, der Verortung der sonderpädagogischen Ressourcen und der konzeptuellen Differenzierung der Organisation von Schule in den Mittelpunkt. Da auch die Autorinnen die Hinwendung zur Inklusion als einen Systemwechsel betrachten, werden in einem weiteren Abschnitt Strategien und Instrumente erläutert, die auf Ebene der Einzelschulen im Rahmen einer inklusiven Schulentwicklung angewendet werden können.

Bettina Amrhein, zum Zeitpunkt der Drucklegung dieses Werks Gastprofessorin an der Universität Hildesheim, fragt nach den Bedingungen der Professionalisierung für Inklusion im Rahmen der Lehrer/Innenbildung in der Sekundarstufe. Ausgangspunkt ihrer Überlegungen ist auch der Systemwechsel und die sich hieraus ergebenden immensen Spannungen zwischen leistungsorientierten Selektions- und Homogenisierungspraktiken des Sekundarschulsystems und dem durch die Inklusion formulierten Anspruch, jede Schülerin und jeden Schüler entsprechend ihren oder seinen individuellen Möglichkeiten zu fördern und zu fordern. Sie betrachtet die Professionalisierung für die Inklusion als ein berufsbiografisches Entwicklungsproblem, welches Konsequenzen für die Lehrerausbildung und -weiterbildung hat.

Literatur

Amrhein, Bettina: Inklusion in der Sekundarstufe. Eine empirische Analyse. Bad Heilbrunn: Klinkhardt, 2011

Avramidis, Elias/Bayliss, Phil/Burden, Robert: Student teachers' attitudes towards the inclusion of children with special educational needs in the ordinary school. In: Teaching and Teacher Education 16 (2000), S. 277-293

Benkmann, Rainer: Professionalisierung von Sonderschullehrkräften für den Gemeinsamen Unterricht. In: Schulpädagogik heute 2 (2011), S. 1-16

Kiel, Ewald/Pollak, Guido: Kritische Situationen im Referendariat bewältigen. Bad Heilbrunn: Klinkhardt, 2011

Rothland, Martin: Beruf: Lehrer – Arbeitsplatz: Schule. Charakteristika der Arbeitstätigkeit und Bedingungen der Berufssituation. In: Rothland, Martin (Hrsg.): Belastung und Beanspruchung im Lehrerberuf. Modelle – Befunde – Interventionen. Wiesbaden: VS, 2013, S. 21-39

Shulman, Lee S.: Ways of seeing, ways of knowing: Ways of teaching, ways of learning about teaching. In: *Journal of Curriculum Studies* 23 (1991), S. 393-395

Was bedeutet Inklusion für das Anforderungsspektrum von Lehrerinnen und Lehrern in der Sekundarstufe?

Sabine Weiß

1 Einleitung

Mit der Verabschiedung der Behindertenrechtskonvention der Vereinten Nationen (2009) verpflichtete sich die Bundesrepublik Deutschland unter anderem, ein inklusives Schulsystem zu schaffen. Mit der Umsetzung dieses Ziels sind tiefgreifende Veränderungen des Schulsystems, aber auch ein Wandel des Selbstverständnisses und des Anforderungsspektrums der Regelschulen verbunden. Doch muss hier die Regelschule differenziert betrachtet werden, denn der Inklusionsgedanke ist in den einzelnen Bildungsstufen unterschiedlich verankert (vgl. Bertelsmann-Stiftung, 2012): Der Anteil der Kinder und Jugendlichen mit einem diagnostizierten sonderpädagogischen Förderbedarf, die inklusiv unterrichtet werden, nimmt von Bildungsstufe zu Bildungsstufe ab. Während er in den Kindertageseinrichtungen noch bei mehr als zwei Dritteln liegt, beträgt er in weiterführenden Schulen nur noch 21,9 %. Betrachtet man Gymnasium und Realschule einzeln, sinkt die Quote auf nur 4,3 % und 5,5 %.

Diese Statistiken spiegeln sich in bestehenden Publikationen und Befunden wider. Diese sind weitgehend auf die Grundschule konzentriert, in der Inklusionsbemühungen schon weiter entwickelt sind (vgl. z. B. Dumke/Eberl, 2002; Kahlert, 2012). Gleiches gilt für das Selbstverständnis von Lehrerinnen und Lehrern. In weiterführenden Schulen ist der Gedanke, inklusiv zu beschulen, weniger fortgeschritten. Daher sind nicht nur institutionelle Reformen erforderlich, es muss sich auch das Selbstverständnis von Lehrpersonen ändern. Erschwert wird dies dadurch, dass Lehrerinnen und Lehrer, trotz einer positiven Grundstimmung gegenüber inklusiven Maßnahmen, Unsicherheit und Schwierigkeiten kommunizieren (Amrhein, 2011; Avramidis/Bayliss/Burden, 2000; Eberl, 2000). Diese lassen sich subsummieren in einer Unklarheit bezüglich des Anforderungsspektrums der Arbeit mit Schülerinnen und Schülern mit Förderbedarf sowie einer fehlenden diesbezüglichen Ausbildung – Befunde, die bereits seit den ersten Forschungsansätzen zum Gemeinsamen Unterricht bestehen (Dumke, 1989; Larrivee, 1981; vgl. auch die Metaanalyse von Center/Ward, 1987).

Soll sich das Selbstverständnis von Lehrerinnen und Lehrern ändern, müssen diese Klarheit über die neuen Aufgaben und Anforderungen erhalten und auch dafür ausgebildet werden (Ainscow, 2007; Biewer/Fasching, 2012). An dieser Stelle setzt die in diesem Kapitel vorgestellte Untersuchung an, die der Identifikation von Anforderungen der Arbeit mit Schülerinnen und Schülern mit Förderbedarf in der Sekundarstufe nachgeht.

2 Die Identifikation von Anforderungen an Lehrpersonen in der Arbeit mit Schülerinnen und Schülern mit Förderbedarf

Die Untersuchung von Anforderungen im Lehrerberuf

Die Auseinandersetzung mit der Identifikation von Anforderungen im Lehrerberuf ist in Deutschland stark beeinflusst worden von der Einführung von Standards in den USA (z. B. NBPTS, 2003). Ansätze der Standardisierung verfolgen das Ziel, verbindliche Anforderungen an das Lehren und Lernen zur Sicherung und Steigerung der Qualität pädagogischer Arbeit zu etablieren. Die Standards sollen Eltern, Lehrpersonen, Schülerinnen und Schüler sowie die Bürokratie über verbindliche Ziele orientieren und ein Monitoring des Erreichens dieser Ziele möglich machen (Klieme et al., 2003). Solchen Standards fehlt, in Deutschland wie in den USA, häufig eine empirische Überprüfung. Es gibt wenig konkrete Umsetzungsvorschläge für den Unterricht, die mangelnde Integration verschiedener Standards in ein Gesamtkonzept von Lehrerbildung wird beklagt (Borko/Whitcomb, 2008). Gleiches gilt für die Arbeit mit Schülerinnen und Schülern mit Förderbedarf. Auch die einzelnen Förderschwerpunkte unterliegen dem Trend der Standardisierung (KMK, 1994; Verband Sonderpädagogik, 2009) – und auch diese Standards werden vielfältig kritisiert, z. B. aufgrund mangelnder Konkretion, eines hohen Allgemeinheitsgrades und geringer Operationalisierbarkeit (Berner/Halbheer, 2011; Wember/Prändl, 2009).

Daneben bestehen verschiedene Ansätze und Studien, die auf die Anforderungen an Lehrpersonen abzielen. Auf theoretischer Ebene lassen sich z. B. Professionalisierungstheorien nennen (vgl. Hericks/Kunze, 2002; van den Berg, 2002). Auf empirischer Ebene ist die Auseinandersetzung mit Anforderungen geprägt durch Metaanalysen und große Studien wie die von Seidel und Shavelson (2007) oder die von Hattie (2009). Die bekannteste Studie im deutschsprachigen Raum stammt von Oser und Oelkers (2001), die in einer Delphi-Studie Standards für die Lehrerbildung entwickelten. Andere Untersuchungen wie COACTIV (Kunter et al., 2011) oder TEDS-M (Blömeke/Kaiser/Lehmann, 2010) fokussieren auf den Bereich des Fachwissens bzw. der Wissensvermittlung.

Allen diesen Ansätzen und Untersuchungen ist gemeinsam, dass sie die Arbeit mit Schülerinnen und Schülern mit Förderbedarf ebenso wenig thematisieren wie inklusive Schulsettings. Anforderungen an Lehrpersonen in der Inklusion, im Besonderen in der Sekundarstufe, stellen einen »blinden Fleck« der Forschung dar. Um entsprechende Anforderungen herausarbeiten zu können, müssen grundlegende Merkmale inklusiver Schulsettings sowie der Arbeit mit Schülerinnen und Schülern mit Förderbedarf berücksichtigt werden.

Merkmale der Tätigkeit mit Schülerinnen und Schülern mit Förderbedarf

Ein inklusives Schulsystem zeichnet sich dadurch aus, dass von Anfang an auf jede Form der Separation auf unterschiedliche Schularten verzichtet wird. Vielmehr besuchen idealerweise alle Schülerinnen und Schüler eines Viertels eine gemeinsame Stadtteilschule, ohne dass sie irgendwelche Voraussetzungen erfüllen (Wocken, 2011). Damit verbunden ist eine maximale Heterogenität hinsichtlich der Fähigkeiten, Interessen und Lernbedürfnisse der Schülerinnen und Schüler. Das Ziel eines konstruktiven Umgangs mit dieser komplexen Ausgangslage besteht darin, jedes Kind und jeden Jugendlichen entsprechend seines individuellen Potentials in der allgemeinen Lerngruppe zu fördern (Preuss-Lausitz, 2012). Feuser (1998) spricht vom gemeinsamen Lernen am gemeinsamen Gegenstand. Der Erfolg inklusiver Schulen vor Ort hängt maßgeblich vom Engagement und der Kompetenz aller beteiligten pädagogischen Fachkräfte ab (Amrhein, 2011; Biewer/Fasching, 2012). Insgesamt betrachtet besteht, wie schon erwähnt, eine grundsätzliche Offenheit gegenüber der Idee der Inklusion von Seiten der Regelschulkräfte (Avramidis et al., 2000; Dessemontet/ Benoit/Bless, 2011; Horne/Timmons, 2009). Doch werden von den Lehrpersonen die eigenen, dafür notwendigen Kompetenzen meist als gering oder nicht vorhanden eingeschätzt; dies betrifft insbesondere Lehrerinnen und Lehrer in der Sekundarstufe (Amrhein, 2011).

Bezüglich der Anforderungen ist anzumerken, dass sich eine sonderpädagogisch ausgerichtete Erziehung und Unterrichtsgestaltung nicht prinzipiell von allgemeiner pädagogischer Arbeit unterscheidet (Drave/Rumpler/ Wachtel, 2000). Dennoch verweisen Lehrerinnen und Lehrer darauf, dass es für die Arbeit mit Schülerinnen und Schülern mit Förderbedarf nicht *ein* Anforderungsprofil gibt, sondern den unterschiedlichen Förderschwerpunkten Rechnung getragen werden muss (Avramidis/Norwich, 2002; Cook/Tankersley/Cook/Landrum, 2000; Eberl, 2000): Unterschiedliche Bedürfnisse spiegeln sich in divergierenden Anforderungen wider. Das zeigt sich auch darin, dass die einzelnen Förderschwerpunkte »unterschiedlich inklusiv arbeiten« (vgl. Bertelsmann-Stiftung, 2012): »Vorreiter« ist der

19

Bereich *Emotionale und soziale Entwicklung,* während inklusiver Unterricht im Bereich *Geistige Entwicklung* praktisch keine Bedeutung hat (Avramidis et al., 2000; Dumke/Eberl, 2002; Gebhardt et al., 2011).

Darüber hinaus ist die Arbeit mit Schülerinnen und Schülern mit Förderbedarf insgesamt als zeitintensiver und belastender beschrieben (Eberl, 2000). Ebenso wird auf das in besonderem Maß zum Tragen kommende Gefälle zwischen den Schülerinnen und Schülern sowie den Pädagoginnen und Pädagogen verwiesen (vgl. Benkmann, 2011). Herausforderungen struktureller Natur bzw. der Nicht-Vorhersagbarkeit wie das Ertragen von Paradoxien und das Ausbalancieren von (strukturellen) Widersprüchen (Dlugosch/Reiser, 2009) bilden eine Kernanforderung.

Anforderungen der inklusiven Tätigkeit in der Sekundarstufe

Für den Bereich der Arbeit mit Schülerinnen und Schülern mit Förderbedarf besteht ein empirisches Forschungsdefizit bezüglich der zu erfüllenden Anforderungen (Stein, 2004). Dies schließt inklusive Schulsettings ein, insbesondere in der Sekundarstufe. Die bestehende Literatur ist im deutschsprachigen Raum wie auch international einerseits vielfach der Ratgeberliteratur zuzuordnen; es werden normative Empfehlungen für die Gestaltung inklusiver Maßnahmen in Klasse und Schule gegeben (z. B. mittendrin e. V., 2012; Sapon-Shevin, 2000). Andererseits gibt es theoretische Darstellungen, die die Rahmenbedingungen möglicher inklusiver Maßnahmen im Sekundarbereich beschreiben (vgl. die entsprechenden Kapitel in Opp/Theunissen, 2009) und dabei auf einzelnen Problemstellungen verweisen, z. B. die Leistungsbeurteilung (vgl. Thiele, 2009). Die sehr wenigen vorliegenden empirischen Befunde im deutschsprachigen Raum lassen sich dadurch charakterisieren, dass sie weniger auf die Identifikation eines Anforderungsprofils fokussieren als auf einzelne Anforderungen oder auf Anforderungsbereiche wie z. B. auf den integrativen Unterricht (Gehrmann, 2001; Loecken, 2000) oder auf professionelle Selbstkonzepte (Stein, 2004). Eine Spezifizierung der Anforderungen an Lehrpersonen für weiterführende Schulen wäre aber dringend erforderlich. Denn einerseits bestehen in der Sekundarstufe andere Zielsetzungen, wie beispielsweise der Aspekt der Berufsvorbereitung (vgl. Hennemann, 2009). Andererseits sind andere Rahmenbedingungen wie z. B. das Fachlehrerprinzip zu berücksichtigen (Feyerer/Prammer, 2003; Gebhardt/Krammer/Schwab/Gasteiger Klicpera, 2013).

Konkrete Anforderungen für Lehrpersonen in der Sekundarstufe finden sich einerseits in den wenigen Studien (z. T. zu verwandten Themenbereichen). Anderseits gibt es theoretisch hergeleitete Darstellungen, die häufig an die Gliederung in Kompetenzbereiche anknüpfen (z. B. Geiling, 2009; Heimlich, 2007, 2008). Diese beschreiben

- fachliche Kompetenzen bezüglich der Planung, Gestaltung und Durchführung von Unterricht, der Feststellung der Lernausgangslage und des Einsatzes vielfältiger und kooperativer Unterrichtsmethoden einschließlich Rückmeldung zu (kleinsten) Lernfortschritten;
- soziale Kompetenzen in den Bereichen der Kommunikation, der Kooperation und Vernetzung, der Gestaltung der Interaktion mit der Schülerschaft und des Schulklimas;
- personale Kompetenzen wie Ambiguitätstoleranz und selbstreflexive Handlungskompetenz, verbunden mit der Selbstkritik und Selbstsicherheit sowie Wahrnehmungs- und Empathiefähigkeit.

Darüber hinaus wird die *Haltung* aufgegriffen, aus der die Aufgabe der Anwaltschaft für Benachteiligte und Ausgegrenzte entsteht (Haeberlin, 1999). Der über das Schulorganisatorische hinausgehende Auftrag der Verankerung einer ethischen Grundhaltung liegt in der Verteidigung des Anspruchs jedes Menschen auf Erziehung und Bildung begründet (Dlugosch/Reiser, 2009). Dies bedeutet die Anerkennung der Individualität eines jeden Einzelnen, ideologische Offenheit, Überzeugung vom Lebensrecht für Alle, Glaube an Bildbarkeit und Bildungsrecht für alle, Engagement für Selbstständigkeit und Lebensqualität aller (Haeberlin, 1999, S. 135).

3 Methode

Zugang zum Forschungsfeld und Fragestellung

Die aktuell bestehende Befundlage zu den Anforderungen an Lehrpersonen für die Arbeit mit Schülerinnen und Schülern mit Förderbedarf vor allem in der Sekundarstufe ist defizitär. Das betrifft auch inklusive Schulsettings. Die Erfassung eines diesbezüglichen Anforderungsspektrums könnte eine Orientierungshilfe bieten für diejenigen Lehrerinnen und Lehrer, deren schulischer Aufgabenbereich sich hin zur Inklusion verlagert. Das Ziel der dem Beitrag zugrundeliegenden Studie ist daher die *Identifikation von Anfor-*

derungen der Arbeit mit Schülerinnen und Schülern mit Förderbedarf im Sekundarbereich. Die Stichprobe setzt sich aus Lehr- und Ausbildungspersonen der Sekundarstufe sowie der Förderschwerpunkte Emotionale und soziale Entwicklung sowie Lernen zusammen. Letztere eignen sich für dieses Vorhaben besonders, da sie neben dem Förderschwerpunkt Sprache aufgrund ihrer größeren Nähe zu den allgemeinen Schulen als Vorreiter eines inklusiven Regelschulsystems gesehen werden können (Wocken, 2011).

Basierend auf der Zielstellung stehen folgende Forschungsfragen im Mittelpunkt:

1. Welche Anforderungen charakterisieren die Arbeit mit Schülerinnen und Schülern mit Förderbedarf in der Sekundarstufe? Was müssen Lehrkräfte für die Berufsausübung können?
2. Unterscheiden sich diese Anforderungen von denen in weiterführenden Regelschularten?
3. Bezüglich welcher Anforderungen besteht ein Überschneidungsbereich, bezüglich welcher zeigen sich Unterschiede?
4. Welche Impulse lassen sich daraus für die Arbeit mit Schülerinnen und Schülern mit Förderbedarf in inklusiven Schulsettings ableiten?

Projektzusammenhang

Die diesem Beitrag zugrundeliegende Studie ist Teil der Forschungsprojekte *Anforderungsanalyse für den Lehrerberuf* und *Risiko-Check für das Lehramt.* Ziel der genannten Projekte ist es, schulartenspezifische Anforderungsprofile zu erstellen, die auf der Gewichtung von Fähigkeiten und Eigenschaften durch verschiedene Expertengruppen basieren. Dies geschieht schulartspezifisch für die verschiedenen Regelschularten und Förderschwerpunkte. Durch den Einbezug verschiedener Förderschwerpunkte liegt ein Projektschwerpunkt auch in der Erhebung von Anforderungen für inklusive Schulsettings. In dem vom Lehrstuhl für Schulpädagogik an der Ludwig-Maximilians-Universität München durchgeführten Anforderungsanalysen-Projekt besteht eine Kooperation mit der Testpsychologie des Deutschen Zentrums für Luft- und Raumfahrt (DLR). Im Rahmen des Projekts werden unter anderem schulartenbezogene Gruppendiskussionen durchgeführt. Diese fließen im Sinne eines *Realistic Job Preview* in den *Risiko-Check* ein. Im Rahmen dieses Projekts wird ein Instrument entwickelt, das Personen *vor* und *während* des Lehramtsstudiums dabei unterstützen soll, individuelle

Erwartungen, Motive und Wünsche mit dem Studium und dem zukünftigen Beruf abzugleichen.

Methodisches Vorgehen

Zur Identifikation von Anforderungen für inklusive Schulsettings wird auf die Methode der *ermittelnden Gruppendiskussion* zurückgegriffen. Es handelt sich hierbei um ein Gespräch mehrerer Teilnehmerinnen und Teilnehmer zu einem Thema, das die Diskussionsleiterin bzw. der Diskussionsleiter benennt (Lamnek, 2010). Zielsetzung dieses Vorgehens ist u. a. die Ermittlung der Meinungen und Einstellungen der *ganzen* Gruppe, die Feststellung öffentlicher Meinungen und Einstellungen sowie die Ermittlung *kollektiver* Orientierungsmuster. Sein Vorteil gegenüber quantitativen Verfahren liegt darin, dass über die Beantwortung festgelegter Items oder Fragen hinaus zusätzliche Begründungen und Informationen einfließen können. Zudem kommen in Gruppendiskussionen Meinungen durch gegenseitige Stimulierung deutlicher zum Vorschein als in quantitativen Erhebungen. Ermittelnde Gruppendiskussionen lassen nach so genannten technischen Grundlagen näher beschreiben (Lamnek, 2010): Eckpunkte sind *Gruppenzusammensetzung* und die *Strukturierung* der Diskussion, die im Folgenden für die vorliegende Untersuchung näher erläutert werden.

Stichprobe

Die Diskussionsgruppen setzten sich aus Lehr- und Ausbildungspersonen zusammen. Ihre Rekrutierung erfolgte über eine Ausschreibung, die über das Bayerische Staatsministerium für Unterricht und Kultus an Schulen in Bayern weitergeleitet wurde. Als Expertin bzw. als Experte wurde zugelassen, wer über eine mindestens 10jährige aktive Berufserfahrung verfügt. Die Gesamtstichprobe der vorliegenden Untersuchung umfasst 167 Expertinnen und Experten, die sich wie folgt nach Schulart und Funktion zusammensetzt:

23

Tab. 1: Zusammensetzung der Stichprobe nach Schulart und Funktion

Schulart	gesamt	Lehrkräfte ohne Ausbildungsfunktion	Ausbildungs-personen[1]
Haupt- und Realschule[2]	55	28	27
Gymnasium	40	20	20
Förderschwerpunkt Lernen	38	18	20
Förderschwerpunkt Emot. und soziale Entwicklung	34	14	20

1 Ausbildungspersonen sind für die Betreuung von Referendarinnen und Referendaren zuständig; je nach Schulart sind sie in dieser Funktion anders benannt (z. B. Seminarleiter/in, Seminarrektor/in usw.).

2 Lehrende und Ausbilder aus Haupt- und Realschulen wurden zusammengefasst. Dies geschah vor dem Hintergrund des Entschlusses einiger deutscher Bundesländer von 2007, die Hauptschule abzuschaffen oder mit der Realschule zur Mittelschule zu fusionieren.

Eine Einteilung der Expertinnen und Experten in homogene Diskussionsgruppen erfolgte getrennt nach Schulart bzw. Förderschwerpunkt. Insgesamt wurden für jede Schulart bzw. Förderschwerpunkt sechs Diskussionsgruppen zusammengestellt.

Strukturierung und Auswertung

Der Ablauf der Diskussion erfolgte nach einer kurzen Einführung in das Forschungsprojekt thematisch strukturiert anhand folgender Leitfragen:

◆ Über welche Fähigkeiten und Eigenschaften soll eine Lehrperson zur Ausübung ihres Berufs verfügen?
◆ Welche Fähigkeiten und Eigenschaften sind besonders wichtig?

Jede Gruppe wurde durch erfahrene Mitarbeiterinnen und Mitarbeiter moderiert, die in der Lehrerbildung tätig sind. Die Ergebnisse wurden parallel zur Diskussion durch eine weitere Mitarbeiterin bzw. durch einen weiteren Mitarbeiter protokolliert.

Die Auswertung orientierte sich am Verfahren der qualitativen Inhaltsanalyse nach Mayring (2010), d. h., das Kategoriensystem wurde aus dem Material heraus entwickelt. Die protokollierten Aussagen der Teilnehmerinnen und Teilnehmer wurden mit Hilfe des Programms MAXQDA Kategorien zugeordnet. Es folgte eine Zusammenfassung der Kategorien und eine Ordnung der Ergebnisse nach Themen. Somit wurde theoriegeleitet ein Kategoriensystem aus dem Material heraus entwickelt. Die überwiegende Mehrheit der Diskussionsteilnehmerinnen und Diskussionsteilnehmer zog unaufgefordert die gängige Unterscheidung der Fähigkeiten und Eigenschaften in die Kategorien Fach-, Methoden- und Sozialkompetenz sowie personale Kompetenz heran (vgl. Roth, 1971). Dieser somit schon im Datenmaterial zugrunde liegenden Ordnung folgt die Ergebnisdarstellung.

Zur Überprüfung der Gütekriterien wurde die Interrater-Reliabilität berechnet. Dazu wurden die durch Lehrerinnen und Lehrer genannten Anforderungen komplett doppelcodiert. Die Berechnung der Interrater-Reliabilität erfolgte mittels der entsprechenden Funktion der MAXQDA Version 10. Übereinstimmungen wurden als solche gewertet, wenn mindestens 90 % der entsprechenden Textstellen gleich codiert waren. Reliabilitätskoeffizienten von .70 sind gemeinhin als zufriedenstellend anzusehen (Bos, 1989).

4 Ergebnisse

In Tabelle 2 sind die in den Gruppendiskussionen geäußerten Nennungen der Lehrpersonen der Förderschwerpunkte *Lernen* (FöL), *Emotionale und soziale Entwicklung* (FöE), Gymnasium und Realschule zusammengefasst. Die folgende Darstellung der Ergebnisse folgt dem Prinzip der Kontrastierung der Aussagen von Diskutanten der Förderschwerpunkte und der Regelschulen.

Tab. 2: Ergebnisse der Gruppendiskussionen

	FöL	FöE	HS/RS	GY
Haltung/Berufsethos	13	14	0	0
Personale Kompetenzen				
Zuverlässigkeit	5	5	0	0
Selbstwirksamkeit	4	8	0	0
Stressresistenz	10	9	8	11
Work-Life-Balance	8	8	3	6

25

	FöL	FöE	HS/RS	GY
Distanzierungsfähigkeit	4	5	4	5
Offenheit/Veränderungsbereitschaft	0	5	9	8
Flexibilität	12	4	5	6
Reflexionsfähigkeit	5	10	2	4
Präsenz zeigen	5	6	10	10
Sicheres Auftreten	3	5	1	1
Selbstorganisationsfähigkeit	8	5	9	3
Handlungsspielräume nutzen	3	0	0	0
Soziale Kompetenzen				
Führungskompetenz	9	6	16	9
Authentizität	11	8	6	13
Freude an der Interaktion mit Schüler/innen	11	12	8	23
Empathie	8	10	14	7
Beziehungsfähigkeit	6	8	0	0
Soziales Feingefühl	12	8	9	12
Konfliktlöse-/Kommunikationskompetenz	10	5	5	10
Kooperation/in Netzwerken agieren	10	5	0	0
Handlungsfähigkeit	0	6	0	0
Fachliche Kompetenzen				
Fachwissen	0	0	8	32
Begeisterung für das Fach	0	0	1	13
Sonderpädagogisches Wissen	5	5	0	0
Lernkontexte schaffen	2	2	0	0
Methodische Kompetenzen	2	0	10	12

Fachliche und methodische Kompetenzen

In der Einschätzung von fachlichen Kompetenzen zeigen sich auf den ersten Blick Unterschiede. Der Stellenwert fachlichen Wissens ist in der Sekundarstufe an Regelschulen deutlich höher; allerdings ist auch hier zu differenzieren, denn das trifft vor allem für das Gymnasium zu. Doch relativiert sich dieser Befund, betrachtet man, was die Expertinnen und Experten als Fachwissen bezeichnen. Im Gymnasium tätige Personen definieren dieses als domänenspezifisches Wissen für die Unterrichtsfächer, in der Haupt- und Realschule wird Fachkompetenz als breite Wissensbasis im Sinne von übergreifendem Allgemeinwissen verstanden. Von dieser Betrachtungsweise heben sich beide Förderschwerpunkte übereinstimmend deutlich ab. Fachwissen ist in ihren Augen einerseits die Fähigkeit, Lernkontexte zu schaffen: »Ich muss als Lehrer in der Lage sein, aus dem Lehrplan heraus Themen und Lernsituationen zu gestalten, die die Kinder interessieren, die anknüpfen am täglichen Erleben der Kinder, Situationen zu schaffen, die wichtige Lebenssituationen von Kindern abbilden«. Dies wird von den im Förderschulbereich Lehrenden als »ein Spezifikum« der Schulart bzw. der Profession dargestellt: »Das ist typisch Sonderschullehrer, da steht nirgends »Vermittlung von Wissen« […], das »soziale Feingefühl« steht jetzt eventuell bei Gymnasialen nicht so im Vordergrund«. Andererseits unterliegt die Fachkompetenz einer für den Förderschulbereich charakteristischen Definition, sie wird vorrangig auf pädagogisches und psychologisches Wissen bezogen, das vor allem aus diagnostischen Kenntnissen besteht und insgesamt ein pädagogisches Handlungsrepertoire abbildet. »Fachwissen ist auch als Anforderung im Förderschwerpunkt E präsent, nur ist es dort anders benannt: Das Fachwissen von Förderschullehrern ist die Sozialkompetenz«.

Personale Kompetenzen

Als notwendig eingestuft werden von allen Expertinnen und Experten Stressresistenz und die Gestaltung einer Work-Life-Balance. In diesem Kontext ist auch die zwingende Notwendigkeit der Distanzierungsfähigkeit herauszustellen. Dies schließt es ein, »das, was von den Schülern kommt, nicht persönlich zu nehmen«. Im Förderschwerpunkt Emotionale und soziale Entwicklung Tätige spezifizieren dies durch »keine Distanzierungsfähigkeit zu haben, ist, wie sich in ein Piranha-Becken zu stürzen – die Kinder fressen einen«. Ohne Distanzierungsfähigkeit »züchtet man sich ein Helfersyndrom heran«. Diskutiert wird auch das Erleben von Selbstwirksamkeit: Insbesondere in der Arbeit mit Schülerinnen und Schülern mit Förderbedarf wird man damit konfrontiert, dass sich »Fortschritte bei Schülern oft sehr langsam einstellen bzw. viele Ohnmachtserlebnisse auftreten« und so das »Sinnerleben« bzw. das Gefühl des »Wirksam-Seins« eine wichtige Rolle für das Agieren von Lehrpersonen spielen. Die Expertinnen und Experten aus den Regelschulen sprechen Selbstwirksamkeit nicht an.

Offenheit für neue Erfahrungen wird als eine Anforderung vor allem in Gymnasium und Realschule betont: Diese geht einher mit Veränderungsbereitschaft, die besonders in Bezug auf unerwartete und unvorhersehbare Situationen im Unterricht notwendig ist. In den Förderschwerpunkten gibt es deutlich weniger Nennungen, möglicherweise auch, da hier Tätige den Begriff der Flexibilität wählen: Es soll den »Lehrern leicht fallen, sich in neuen Situationen zurecht zu finden« und nicht »in Panik zu verfallen«. Etwa in gleichem Maße wird der Reflexionsfähigkeit Bedeutung zugesprochen: Dieser geht zunächst die »Wahrnehmung der eigenen Stärken und Schwächen« und damit eine Bewusstheit der eigenen Person voran. Diese hohe Bedeutungseinschätzung findet keine Entsprechung in den Regelschularten. Einigkeit besteht über die Rolle von Präsenz und sicherem Auftreten. Hier gilt es insbesondere in den beiden Förderschwerpunkten, Verantwortung für das eigene Handeln zu übernehmen und zuverlässig zu sein in der Interaktion mit den Schülerinnen und Schülern.

Personen aus dem Haupt-, Realschul- und Förderschulbereich betonen Fähigkeiten, die zur Bewältigung der »Herausforderungen des Systems Schule mit einer steigenden Anzahl an Verwaltungstätigkeiten« notwendig sind. Dabei wird darauf hingewiesen, dass das Agieren in einem von Reformen und bürokratischen Vorgaben geprägtem System immer wieder Handlungsspielräume bietet. Diese zu nutzen ist eine nicht zu unterschätzende Anforderung speziell im Förderschwerpunkt Lernen. Um dem nachkommen zu können, so sind sich alle Expertinnen und Experten einig, besteht die Notwendigkeit einer hohen Selbstorganisation.

Soziale Kompetenzen

Das Anforderungsspektrum sozialer Kompetenzen ist in den Augen aller Expertinnen und Experten umfangreich und breit gefächert. Neben einem großen Überschneidungsbereich sind Besonderheiten der Arbeit mit Schülerinnen und Schülern mit Förderbedarf zu verzeichnen. Grundlegend für Führungskompetenz ist das Ausbalancieren eines gesunden Maßes an Nähe und Distanz zu den Schülerinnen und Schülern. Vor allem im Förderschwerpunkt Emotionale und soziale Entwicklung geht es um ein Austarieren zwischen Anleitung und Raum für Autonomie. Auffällig ist, in welch hohem Maße die Führungskompetenz an Authentizität geknüpft ist. Ein authentisches Auftreten bedeutet »hinter seinen Überzeugungen zu stehen, mit seinem Wesen hinter dem zu stehen, wie man handelt und was man sagt« und sichert der Lehrkraft Autorität und Glaubwürdigkeit: »Wer es nicht schafft, authentisch zu sein, wird letztendlich scheitern.«

Ebenfalls übereinstimmend verweisen die Teilnehmenden auf Anforderungen, die an der Interaktion mit Kindern und Jugendlichen ausgerichtet sind. Dazu zählen soziales Feingefühl, Einfühlungsvermögen und die generelle Freude am Umgang mit Menschen. Soziales Feingefühl bzw. Empathie wird dabei von allen als Querschnittsfunktion gesehen: »Ohne das geht gar nichts!« Lehrkräfte am Gymnasium heben das breite Altersspektrum hervor: »Ich muss mit dem pubertierenden Achtklässler zurechtkommen und genauso mit einem Fünftklässler, der am liebsten auf meinem Schoß sitzen würde.« Auch im Haupt- und Realschulbereich Tätige sehen das »Wissen, dass im Lehrberuf das Kind im Mittelpunkt steht« als bedeutsam an.

Gerade in den Gruppendiskussionen der beiden Förderschwerpunkte nehmen soziale Kompetenzen großen Raum ein. Empathie wird definiert als die Anforderung, sich auf die Schülerinnen und Schüler selbst sowie ihre spezifischen Problemlagen einzulassen und ihnen wertschätzend entgegenzutreten. Dies ist eng mit Beziehungsfähigkeit verknüpft: »Es ist im Förderschulbereich besonders wichtig, nah am Schüler dran zu sein. Oft ist man eine der wichtigsten oder gar die wichtigste Bezugsperson, man hat wesentlich mehr Bezug zum privaten Umfeld der Schüler. Erziehung kann nur funktionieren, wenn eine Beziehung da ist.« Im Förderschwerpunkt Emotionale und soziale Entwicklung werden damit die zuvor angeführten Aspekte der Präsenz und der Zuverlässigkeit verknüpft, in dem speziellen Sinne, eine verlässliche Ansprechpartnerin bzw. ein verlässlicher Ansprechpartner für Schülerinnen und Schüler zu sein. Es ist anzumerken, dass Beziehungsfähigkeit von den Expertinnen und Experten weiterführender Regelschulen überhaupt nicht genannt wird.

Die Forderung nach Konfliktlöse- und Kommunikationsfähigkeiten bzw. deren Auslegung hängt von der Schulart ab. Im Haupt- und Realschulbereich sind Lehrkräfte kommunikationsstark im Sinne einer klaren Sprache und einer geschickten Gesprächsführung, bedingt durch die vielfältigen Beratungsanlässe im Schulalltag. Gymnasiale Lehrpersonen hingegen beschreiben Kommunikation als die Fähigkeit, den Transport wichtiger sachlicher Inhalte auf sprachlicher Ebene zu sichern. Im Förderschwerpunkt Lernen wird Kommunikationskompetenz als eine klare, aber anpassungsfähige Sprache gesehen und um den Aspekt der mündlichen und schriftlichen Artikulationsfähigkeit erweitert. Integriert darin sind auch die Fähigkeit »Gutachten ohne sprachliche Mängel« erstellen zu können sowie Techniken der Gesprächsführung zu beherrschen. In diesem Zusammenhang wird auch die Fähigkeit zur Kooperation betont. Dieser wird sowohl innerhalb der Schule als auch in der Zusammenarbeit mit externen Akteuren (z. B. medizinische Einrichtungen, Polizei, Jugendamt) große Bedeutung beigemessen. In Gymnasium und Realschule Tätige benennen diese nicht.

Als eine Besonderheit ausschließlich im Schwerpunkt Emotionale und soziale Entwicklung wird auf die Bedeutsamkeit der Handlungsfähigkeit verwiesen. Diese ist definiert als Handeln in akuten Gefährdungssituationen, als Fähigkeit zur Deeskalation: »Man darf nicht hilflos sein, sondern muss in jeder Lage mehrere Alternativen zur Verfügung haben. Handlungskompetenz umfasst es auch, sich selbst handlungsfähig zu fühlen und sich dabei immer wieder zu überlegen, welche Handlungsweisen wirksam sind bzw. welche ausgebaut werden sollen.«

Haltung/Berufsethos

Überhaupt keine Entsprechung in der Regelschule findet die von den Expertinnen und Experten aus den Förderschwerpunkten genannte übergeordnete Anforderung für die Arbeit mit Schülerinnen und Schülern mit Förderbedarf: die *Haltung*. Haltung bzw. Ethos sind im Sinne eines positiven Menschenbilds bzw. einer humanistischen Grundhaltung zu verstehen, die »auf alle anderen Fähigkeiten und Eigenschaften ausstrahlt«. Diese Grundhaltung beinhaltet die »Annahme« des teilweise schwierigen Schülerklientels, so wie es ist, und dabei den nötigen »Blick für das Positive« nie zu verlieren: »Im Schwerpunkt E herrscht oft eine Defizitorientierung vor, man sieht nur, was Kinder und Jugendliche nicht können, was nicht gut läuft; häufig wird von der bei einem Kind gestellten Diagnose sofort auf dessen Verhalten geschlossen. ›Blick auf das Positive‹ bedeutet, von dieser Defizitorientierung wegzugehen und den Blick auf die Ressourcen zu lenken. Es geht darum, sich für sich selbst immer anzuschauen, was bei einem Kind funktioniert, was da ist, was ein Kind (schon) kann.« Dies wird als große Herausforderung angesehen, auch vor dem Hintergrund, dass es nicht die *eine* Störung gibt, sondern ein sehr breites Spektrum. Besonders im Bereich der Emotionalen und sozialen Entwicklung haben die Kinder und Jugendlichen in der Gesellschaft keine Lobby. Es gilt, nach außen für diese einzutreten. Dies schließt es ebenfalls ein, nicht nur die Schülerinnen und Schülern, sondern auch deren Eltern zu akzeptieren und zu verstehen. Dies ist besonders dann eine Herausforderung, wenn Schülerinnen und Schüler wie auch Eltern Anschauungen und Werthaltungen haben, die mit den eigenen nicht übereinstimmen oder mit diesen kollidieren.

5 Diskussion

Zusammenfassung: Charakteristika der Arbeit mit Schülerinnen und Schüler mit Förderbedarf

Für die Arbeit mit Schülerinnen und Schülern mit Förderbedarf lassen sich aus Sicht von Lehrenden folgende charakteristische Anforderungen herausarbeiten:

- Das dafür erforderliche Fachwissen ist weniger domänenspezifisch ausgerichtet; es geht einerseits darum »lebensnahe« und relevante Lernkontexte zu schaffen, andererseits um diagnostisches Wissen.
- Das Anforderungsspektrum auf personaler Ebene ist durch ein hohes Maß an Selbstreflexion, Distanzierungsfähigkeit und Zuverlässigkeit gekennzeichnet.
- Die Interaktion mit den Schülerinnen und Schülern mit Förderbedarf basiert auf dem Aufbau und der Aufrechterhaltung einer stabilen, vertrauensvollen und verlässlichen Beziehung.
- Es besteht die Notwendigkeit in jeder Situation handlungsfähig zu bleiben.
- Eine inner- und außerschulische Kooperation ist zwingend erforderlich.
- Die übergeordnete Anforderung liegt in wertorientiertem Handeln, einer positiven, humanistischen Grundhaltung gegenüber den Schülerinnen und Schülern.

Welche Impulse lassen sich daraus für die inklusive Arbeit in der Sekundarstufe ableiten und auf welche möglichen Schwierigkeiten und Herausforderungen verweisen diese Befunde? Die in der vorliegenden Untersuchung herausgearbeiteten Anforderungen lassen sich so sicher nicht vollständig auf inklusives Arbeiten übertragen. Dennoch liefern sie Hinweise darauf, wie zum einen die Arbeit bzw. die Interaktion mit Schülerinnen und Schülern mit Förderbedarf gestaltet werden kann, zum anderen sind Überlegungen zu strukturellen Maßnahmen denkbar. In der Praxis sind meist beide Aspekte miteinander verzahnt. Einige dieser Aspekte sollen im Folgenden exemplarisch angesprochen werden.

Folgerungen für Lehrerhandeln und Lehrerbildung

Zur Frage des »Fachwissens« und des diagnostischen Wissens

Bezüglich des Fachwissens wird auf die besondere Bedeutung von »sonderpädagogischem« Wissen im Sinne von Diagnostik verwiesen. Dafür werden Regelschullehrerinnen und -lehrer bisher nicht oder kaum ausgebildet, sie können entsprechende Anforderungen daher auch nicht erfüllen. Diese Tatsache betreffend sind verschiedene Argumentationsstränge möglich. Sollen Lehrerinnen und Lehrer die Aufgabe der Diagnostik erfüllen (vgl. Seitz, 2008), wären entsprechende Fortbildungen nötig. Gleiches würde dann auch für die Lehrerausbildung der Regelschularten gelten, in deren Ausbildungskanon schon in der ersten Ausbildungsphase Diagnostik mit aufgenommen werden müsste. Dies kann aber durchaus kritisch betrachtet werden. Lehrkräfte an Realschulen und Gymnasien sind als Fachlehrkräfte eingesetzt (Engelhard, 1997), viele verschiedene Lehrpersonen unterrichten eine Klasse mit einer geringen Stundenzahl. Dieser Umstand wirft verschiedene Schwierigkeiten auf (vgl. Feyerer/Prammer, 2003; Gebhardt et al., 2013). Man müsste sich mit der Frage beschäftigen, ob alle (Fach)Lehrerinnen und Lehrer eine entsprechende diagnostische Ausbildung benötigen und wie sich Diagnostik und Fachunterricht mit wenigen Wochenstunden pro Klasse vereinbaren lassen. Denn in der Studie von Seitz (2008) äußern die befragten Lehrpersonen, dass sie vor allem durch Beobachtung und Begleitung während des Unterrichts auf die individuellen Lernstände der Schülerinnen und Schüler schließen. Unterrichtet man als Fachlehrkraft nur einige Stunden die Woche in der Klasse, ist dies erschwert. Ebenso müsste über die Ausrichtung diagnostischen Wissens diskutiert werden, z. B. mit Blick auf den in der Sekundarstufe anstehenden, häufig mit Schwierigkeiten verbundenen, Übergang in Beruf und Studium (vgl. Basendowski/Werner, 2010).

Doch könnte man auch diskutieren, ob Lehrkräfte im Sekundarbereich wirklich durchwegs über diagnostisches Wissen verfügen müssen. Wäre der Bereich der Diagnostik nicht eine Möglichkeit für Synergien mit Lehrpersonen mit einer sonderpädagogischen Ausbildung? Diese könnten entsprechende Aufgaben übernehmen und Kolleginnen und Kollegen entsprechend beraten (vgl. z. B. Unger, 2012). Möglichkeiten der Zusammenarbeit würden auch bezüglich der Schaffung von »lebensnahen« und relevanten Lernkontexten für die Wissensvermittlung bestehen. Hier könnten Lehrpersonen mit entsprechender Ausbildung gezielt an den speziellen Bedürfnissen der Schülerinnen und Schüler mit Förderbedarf ausgerichtete Impulse für die jeweiligen Lernkontexte schaffen.

Neben der Diagnostik wurde auch auf die Bedeutung der Handlungsfähigkeit im Sinne von Strategien der Deeskalation hingewiesen. Nun sind »schwierige Interaktionen« mit Schülerinnen und Schülern von Lehrpersonen generell als große Belastung beschrieben (Krause/Dorsemagen/Alexander, 2011). Auch dieser Aspekt wäre daher ein Ansatzpunkt für Fortbildungen; verfügen inklusiv unterrichtende Lehrerinnen und Lehrer über diesbezügliche Strategien, würde dies deutlich zu ihrer Entlastung beitragen.

Zur Bedeutung der inner- und außerschulischen Kooperation

Lehrerinnen und Lehrer haben häufig ein Berufsverständnis, das individualistisch und auf eine weitgehend autonome Berufsausübung ausgerichtet ist (Soltau/Mienert, 2009). Die Arbeit mit Schülerinnen und Schüler mit Förderbedarf macht eine Kooperation zum einen innerhalb der Schule, also mit Kolleginnen und Kollegen, vorhandenem schulischem Beratungspersonal und der Schulleitung unumgänglich. Doch kommen auch hier mit dem Fachlehrerprinzip verbundene Herausforderungen zum Tragen, denn ein intensiver Austausch ist durch hohe Zahl beteiligter Personen erschwert (Feyerer/Prammer, 2003; Gebhardt et al., 2013).

Gebhardt et al. untersuchten die Kooperation von Lehrpersonen nach dem Modell von Gräsel, Fußangel und Pröbstel (2006). Sie kamen zu dem Ergebnis, dass meist nur die Stufe des Austauschs von Informationen und Material erreicht wurde. Die Identifikation weitergehender Formen wie der arbeitsteiligen Kooperation und der Kokonstruktion gestaltete sich schwierig. In der Kooperation scheint eine zu bewältigende Entwicklungsaufgaben zu liegen, nicht nur für die einzelne Lehrperson, sondern für die Schule. Diese muss Möglichkeiten finden, trotz Fachlehrerprinzip und großem Kollegium Kooperation zu initiieren und diese auch auf den außerschulischen Bereich auszuweiten. Auch hier muss über den Einsatz entsprechend geschulter Personen diskutiert werden, die z. B. innerschulische Austauschprozesse anleiten und Kontaktperson für außerschulische Kooperationen sein könnten. Anforderungen der Kooperation in der Sekundarstufe müssten u. a. auf das so wichtige Thema des Übergangs in Ausbildung und Beruf bzw. berufsvorbereitende Maßnahmen abzielen, z. B. durch Zusammenarbeit mit Einrichtungen der Berufsberatung wie auch Betrieben im Rahmen von Praktika (Hennemann, 2009).

Zur Frage der Haltung/des Berufsethos

Als übergeordnete Anforderung wurde die Haltung bzw. der Berufsethos beschrieben (vgl. Dlugosch/Reiser, 2009; Haeberlin, 1999) – von denjenigen, die über Erfahrung in der Arbeit mit Schülerinnen und Schülern mit Förderbedarf verfügen. Lehrende ohne diese Erfahrung benennen diese überhaupt nicht. Auch hier kann von einer Entwicklungsaufgabe gesprochen werden, denn die Arbeit in inklusiven Settings setzt eine entsprechende Haltung voraus. Wie gerade diese Entwicklungsaufgabe angegangen werden kann, erscheint auf den ersten Blick nicht ganz leicht, ist hier doch von (tiefgreifenden) Veränderungsprozessen bezüglich Einstellungen auszugehen. Doch dass eine entsprechende Ausgangsbasis dafür besteht, darauf verweisen die Ergebnisse der vorliegenden Untersuchung sowie bestehende Befunde. Wie schon angeführt, ist die grundsätzliche Einstellung gegenüber inklusiven Maßnahmen positiv (Avramidis et al., 2000; Dessemontet et al., 2011), eine Bereitschaft ist also vorhanden. Darüber hinaus beschreiben die befragten Lehrerinnen und Lehrer weiterführenden Schulen – bisher ohne Inklusionserfahrung – die Bereitschaft für Veränderung, die Offenheit für Neues als bedeutende Anforderung ihrer Tätigkeit. Daran lässt sich anknüpfen. Unterstützend könnte hier sicher die Kooperation mit Lehrpersonen wirken, die bereits in inklusiven Settings tätig sind/waren und/oder entsprechende Erfahrungen in der Arbeit mit Schülerinnen und Schülern mit Förderbedarf haben. Neben einer gemeinsamen schulischen Tätigkeit würden sich hier auch Möglichkeiten des Austauschs wie gemeinsame Supervision, Intervision und Fallberatungen anbieten.

Literatur

Ainscow, Mel: From special education to effective schools for all. A review of progress so far. In: Florian, Lani (Hrsg.): The SAGE Handbook of Special Education. London, Thousand Oaks, New Delhi: Sage, 2007, S. 146-159

Amrhein, Bettina: Inklusion in der Sekundarstufe. Eine empirische Analyse. Bad Heilbrunn: Klinkhardt, 2011

Avramidis, Elias/Bayliss, Phil/Burden, Robert: Student teachers' attitudes towards the inclusion of children with special educational needs in the ordinary school. In: Teaching and Teacher Education 16 (2000), S. 277-293

Avramidis, Elias/Norwich, Brahm: Teachers' attitudes towards integration/inclusion: A review of the literature. In: European Journal of Special Needs Education 17 (2002), S. 129-147

Basendowski, Sven/Werner, Birgit: Die unbeantwortete Frage offizieller Statistiken: Was machen Förderschülerinnen und -schüler eigentlich nach der Schule? Ergebnisse einer regionalen Verbleibsstudie von Absolventen mit sonderpädagogischem Förderbedarf Lernen. In: Empirische Sonderpädagogik 2 (2010), S. 64-88

Benkmann, Rainer: Professionalisierung von Sonderschullehrkräften für den Gemeinsamen Unterricht. In: Schulpädagogik heute 2 (2011), S. 1-16

Berner, Esther/Halbheer, Ueli: Die »Standards der sonderpädagogischen Förderung«: Zugeständnis an einen Trend oder Grundlage professionellen Lehrerhandelns? In: Vierteljahresschrift für Heilpädagogik und ihre Nachbargebiete 3 (2011), S. 192-203

Bertelsmann-Stiftung 2012: Inklusion in Deutschland – eine bildungsstatistische Analyse. Im Internet unter http://www.bertelsmann-stiftung.de/cps/rde/xbcr/SID-9FE1D608-39300339/bst/xcms_bst_dms_37485_37486_2.pdf [13.03.2014]

Biewer, Gottfried/Fasching, Helga: Von der Förderschule zum inklusiven Bildungssystem – die Perspektive der Schulentwicklung. In: Heimlich, Ulrich/Kahlert, Joachim (Hrsg.): Inklusion in Schule und Unterricht. Wege zur Bildung für alle. Stuttgart: Kohlhammer, 2012, S. 117-152

Blömeke, Sigrid/Kaiser, Gabriele/Lehmann, Rainer (Hrsg.): TEDS-M 2008 – Professionelle Kompetenz und Lerngelegenheiten angehender Mathematiklehrkräfte für die Sekundarstufe I im internationalen Vergleich. Münster: Waxmann, 2010

Borko, Hilda/Whitcomb, Jennifer A.: Teachers, teaching, and teacher education: Comments on the National Mathematics Advisory Panel's report. In: Educational Researcher 37 (2008), S. 565-572

Bos, Wilfried: Reliabilität und Validität in der Inhaltsanalyse. In: Bos, Wilfried/Tarnai, Christian (Hrsg.): Angewandte Inhaltsanalyse in Empirischer Pädagogik und Psychologie. Münster, New York: Waxmann, 1989, S. 61-72

Center, Yola/Ward, James: Teacher's attitudes towards the integration of disabled children in regular schools. In: The Exceptional Child 34 (1987), S. 41-56

Cook, Bryan G./Tankersley, Melody/Cook, Lysandra/Landrum, Timothy J.: Teachers' attitudes toward their included students with disabilities. In: Exceptional Children 67 (2000), S. 115-135

Dessemontet, Rachel S./Benoit, Valérie/Bless, Gérard: Schulische Integration von Kindern mit einer geistigen Behinderung. In: Empirische Sonderpädagogik 4 (2011), S. 291-307

Dlugosch, Andrea/Reiser, Helmut: Sonderpädagogische Profession und Professionstheorie. In: Opp, Günther/Theunissen, Georg (Hrsg.): Handbuch schulische Sonderpädagogik. Bad Heilbrunn: Klinkhardt, 2009, S. 92-98

Drave, Wolfgang/Rumpler, Franz/Wachtel, Peter: Empfehlungen zur sonderpädagogischen Förderung. Allgemeine Grundlagen und Förderschwerpunkte (KMK) mit Kommentaren. Würzburg: edition bentheim, 2000

Dumke Dieter: Schulische Integration in der Beurteilung von Lehrern und Eltern. Weinheim: Deutscher Studien Verlag, 1989

Dumke, Dieter/Eberl, Doris: Bereitschaft von Grundschullehrern zum gemeinsamen Unterricht von behinderten und nichtbehinderten Kindern. In: Psychologie in Erziehung und Unterricht 49 (2002), S. 71-83

Eberl, Doris: Gemeinsamer Unterricht von behinderten und nichtbehinderten Schülern in der Beurteilung von Schulleitern und Lehrern: eine Untersuchung an Grund- und Förderschulen in Nordrhein-Westfalen. Wittschlick, Bonn: Wehle, 2000

Engelhardt, Michael von: Arbeit und Beruf der Gymnasiallehrer. In: Liebau, Eckhardt/ Mack, Wolfgang/Scheilke, Christoph (Hrsg.): Das Gymnasium. Alltag, Reform, Geschichte, Theorie. Weinheim, München: Juventa, 1997, S. 219-250

Feuser, Georg: Gemeinsames Lernen am gemeinsamen Gegenstand. In: Hildeschmidt, Anne/Schnell, Irmtraud (Hrsg.): Integrationspädagogik. Auf dem Weg zu einer Schule für alle. Weinheim: Juventa, 1998, S. 19-35

Feyerer, Ewald/Prammer, Wilfried: Gemeinsamer Unterricht in der Sekundarstufe I: Anregungen für eine integrative Praxis. Weinheim: Beltz, 2003

Gebhardt, Markus/Schwab, Susanne/Reicher, Hannelore/Ellmeier, Barbara/Gmeiner, Sonja/Rossmann, Peter/Gasteiger Klicpera, Barbara: Einstellungen von LehrerInnen zur schulischen Integration von Kindern mit einem sonderpädagogischen Förderbedarf in Österreich. In: Empirische Sonderpädagogik 4 (2011), S. 275-290

Gebhardt, Markus/Krammer, Matthias/Schwab, Susanne/Gasteiger Klicpera, Barbara: Zusammenarbeit zwischen KlassenlehrerIn und Sonderpädagogin in der Integration. Eine Untersuchung in integrativen Klassen in der Steiermark. In: Heilpädagogische Forschung 39 (2013), S. 54-62

Gehrmann, Petra: Gemeinsamer Unterricht – Fortschritt an Humanität und Demokratie: Literaturanalyse und Gruppendiskussionen mit Lehrerinnen und Lehrern zur Theorie und Praxis der Integration von Menschen mit Behinderungen. Opladen: Leske+Budrich, 2001

Geiling, Ute: Lernbehinderung, soziale Benachteiligung und Migrationshintergrund: Erziehung und Bildung im Sekundarbereich. Förderschule. In: Opp, Günther/Theunissen, Georg (Hrsg.): Handbuch schulische Sonderpädagogik. Bad Heilbrunn: Klinkhardt, 2009, S. 361-365

Gräsel, Cornelia/Fußangel, Katrin/Pröbstel, Christian: Die Anregung von Lehrkräften zur Kooperation – eine Aufgabe für Sisyphos? In: Zeitschrift für Pädagogik 52 (2006), S. 205-219

Haeberlin, Urs: Heil- und sonderpädagogische Lehrerbildung – Wozu eigentlich? In: Heimlich, Ulrich (Hrsg.): Sonderpädagogische Fördersysteme. Auf dem Weg zur Integration. Stuttgart: Kohlhammer, 1999, S. 129-146

Hattie, John: Visible Learning. A synthesis of over 800 meta-analyses relating to achievement. London, New York: Routledge, 2009

Heimlich, Ulrich: Zusammen arbeiten. Qualifikation für integrative Pädagogik. In: Mutzeck, Wolfgang/Popp, Kerstin (Hrsg.): Professionalisierung von Sonderpädagogen. Standards, Kompetenzen und Methoden. Weinheim: Beltz, 2007, S. 158-179

Heimlich, Ulrich: Qualifizierung für sonderpädagogische Förderung. In: Arnold, Karl-Heinz/Graumann, Olga/Rakhkochkine, Anatoli (Hrsg.): Handbuch Förderung. Weinheim: Beltz, 2008, S. 471-475

Hennemann, Thomas: Gefühls- und Verhaltensstörungen: Erziehung und Bildung im Sekundarbereich: Allgemeine Schule. In: Opp, Günther/Theunissen, Georg (Hrsg.): Handbuch schulische Sonderpädagogik. Bad Heilbrunn: Klinkhardt, 2009, S. 252-257

Hericks, Uwe/Kunze, Ingrid: Entwicklungsaufgaben von Lehramtsstudierenden, Referendaren und Berufseinsteigern. Ein Beitrag zur Professionalisierungsforschung. In: Zeitschrift für Erziehungswissenschaft 5 (2002), S. 401-416

Horne, Phyllis E./Timmons, Vianne: Making it work: teachers' perspectives on inclusion. In: International Journal of Inclusive Education 13 (2009), S. 273-286

Kahlert, Joachim: Eine Aufgabe für alle. Mit Hindernissen umgehen. In: Sache, Wort, Zahl 40 (2012), S. 4-7

Klieme, Eckhard/Avenarius, Hermann/Blum, Werner/Döbrich, Peter/Gruber, Hans/ Prenzel, Manfred/Reiss, Kristina/Riquarts, Kurt/Rost, Jürgen/Tenorth, Heinz-Elmar/ Vollmer, Helmut J.: Zur Entwicklung nationaler Bildungsstandards. Expertise. Berlin: BMBF, 2003

KMK 2004: Standards für die Lehrerbildung: Bildungswissenschaften. Im Internet unter http://www.kmk.org/fileadmin/veroeffentlichungen_beschluesse/2004/2004_12_16-Standards-Lehrerbildung.pdf [20.04.2014]

Krause, Andreas/Dorsemagen, Cosima/Alexander, Tatjana: Belastung und Beanspruchung im Lehrerberuf – Arbeitsplatz- und bedingungsbezogene Forschung. In: Terhart, Ewald/Bennewitz, Hedda/Rothland, Martin (Hrsg.): Handbuch der Forschung zum Lehrerberuf. Münster: Waxmann, 2011, S. 788-814

Kunter, Mareike/Baumert, Jürgen/Blum, Werner/Klusmann, Uta/Krauss, Stefan/Neubrand, Michael (Hrsg.): Professionelle Kompetenz von Lehrkräften – Ergebnisse des Forschungsprogramms COACTIV. Münster: Waxmann, 2011

Lamnek, Siegfried: Qualitative Sozialforschung. Weinheim, Basel: Beltz, 5., überarb. Aufl. 2010

Larrivee, Barbara: Effect of inservice training intensity on teacher's attitudes toward mainstreaming. In: Exceptional Children 48 (1981), S. 34-39

Loecken, Hiltrud: Erziehungshilfe in Kooperation. Professionelle und organisatorische Entwicklungen in einer kooperativen Einrichtung von Schule und Jugendhilfe. Heidelberg: C. Winter, 2000

Mayring, Philipp: Qualitative Inhaltsanalyse. Grundlagen und Techniken. Weinheim, Basel: Beltz, 11., aktual. und überarb. Aufl 2010

mittendrin e. V. (Hrsg.): Eine Schule für alle. Inklusion umsetzen in der Sekundarstufe. Mühlheim an der Ruhr: Verlag an der Ruhr, 2012

NBPTS – National Board for Professional Teaching Standards 2003: Standards & National Board Certification. Im Internet unter http://www.npbts.org/standards/[13.03.2014]

Opp, Günther/Theunissen, Georg (Hrsg.): Handbuch schulische Sonderpädagogik. Bad Heilbrunn: Klinkhardt, 2009

Oser, Fritz/Oelkers, Jürgen: Die Wirksamkeit der Lehrerbildungssysteme. Von der Allrounderbildung zur Ausbildung professioneller Standards. Zürich: Rüegger, 2001

Preuss-Lausitz, Ulf: Möglichkeiten der Gestaltung inklusiver Schulsysteme in Deutschland. In: Bertelsmann-Stiftung/Beauftragter der Bundesregierung für die Belange behinderter Menschen/Deutsche UNESCO-Kommission/Sinn-Stiftung (Hrsg.): Gemeinsam lernen – Auf dem Weg zu einer inklusiven Schule. Gütersloh: Verlag Bertelsmann-Stiftung, 2012, S. 159-175

Roth, Heinrich: Pädagogische Anthropologie. Band 2. Hannover: Schroedel, 1971

Sapon-Shevin, Mara: Because we can change the world. A practical guide to building cooperative, inclusive classroom communities. Boston: Allyn and Bacon, 2000

Seidel, Tina/Shavelson, Richard J.: Teaching effectiveness research in the past decade: The role of theory and research design in disentangling meta-analysis results. In: Review of Educational Research 77 (2007), S. 454-499

Seitz, Simone: Leitlinien didaktischen Handelns. In: Zeitschrift für Heilpädagogik 59 (2008), S. 226-233

Soltau, Andreas/Mienert, Malte: Teamorientierung und Einstellungen zu Formen der Lehrerkooperation bei Lehrkräften. In: Psychologie in Erziehung und Unterricht 56 (2009), S. 213-223

Stein, Roland: Zum Selbstkonzept im Lebensbereich Beruf bei Lehrern für Sonderpädagogik am Beispiel von Lehrern für Sonderpädagogik in Rheinland-Pfalz. Hamburg: Kovac, 2004

Thiele, Annett: Körperbehinderung: Erziehung und Bildung im Sekundarbereich: Allgemeine Schule. In: Opp, Günther/Theunissen, Georg (Hrsg.): Handbuch schulische Sonderpädagogik. Bad Heilbrunn: Klinkhardt, 2009, S. 157-161

Unger, Mareike: Zusammenarbeit von Grund- und Förderschullehrkräften im Rahmen regionaler Integrationskonzepte in Niedersachsen. In: Seitz, Simone/Finnern, Nina-Kathrin/Korff, Natascha/Scheidt, Katja (Hrsg.): Inklusiv gleich gerecht? Inklusion und Bildungsgerechtigkeit. Bad Heilbrunn: Klinkhardt, 2012, S. 222-227

van den Berg, Rudolf: Teacher's meanings regarding educational practice. In: Review of Educational Research 72 (2002), S. 577-625

Verband Sonderpädagogik: Standards der sonderpädagogischen Forschung – verabschiedet auf der Hauptversammlung 2007 in Potsdam. In: Wember, Franz B./Prändl, Stephan (Hrsg.): Standards der sonderpädagogischen Förderung. München, Basel: Ernst Reinhardt, 2009, S. 41-87

Vereinte Nationen 2009: Übereinkommen über die Rechte von Menschen mit Behinderungen. Im Internet unter http://www.institut-fuer-menschenrechte.de /fileadmin/ user_ upload/PDF-Dateien/Pakte_Konventionen/CRPD_behindertenrechtskonvention/crpd_de.pdf [20.04.2014]

Wember, Franz B./Prändl, Stephan (Hrsg.): Standards der sonderpädagogischen Forschung. München: Ernst Reinhardt, 2009

Wocken, Hans: Das Haus der inklusiven Schule. Baustellen – Baupläne – Bausteine. Hamburg: Feldhaus, 2011

Gemeinsamer Unterricht von Schülerinnen und Schülern mit und ohne sonderpädagogischen Förderbedarf – ein empirischer Überblick

Markus Gebhardt

Inklusiven Unterricht für alle Schülerinnen und Schüler anzubieten, ist das Ziel und die Herausforderung für das deutsche Schulsystem. Inklusion erfolgt dabei wohnortnah mit einer qualitativen Förderung für alle Schülerinnen und Schüler. In diesem Unterricht wird niemand ausgegrenzt oder stigmatisiert, und es herrscht ein positives soziales Klima (Sander, 2004). Erfahrungen zur Umsetzung des gemeinsamen Unterrichts liegen in Deutschland in mehreren Modellversuchen und in den Klassenstufen 1 bis 4 der Grundschule vor. Es gibt aber mittlerweile auch empirische Studien zum gemeinsamen Unterricht in der Sekundarstufe. Auf diese wissenschaftlichen Beiträge konzentriert sich der Artikel, um einen Überblick über die schulischen Leistungen, das Selbstkonzept, die soziale Partizipation, die Einstellung zur Inklusion und zur Lehrerkooperation zu geben.

Im Schuljahr 2011/2012 werden 121.999 Schülerinnen und Schüler mit sonderpädagogischem Förderbedarf in Deutschland gemeinsam beschult. 54 % in der Grundschule, 4 % in der Orientierungsstufe, 14 % in der Hauptschule, 9 % in der Schule mit mehreren Bildungsgängen, 10 % in Integrierten Gesamtschulen, 2 % in der Realschule und 2 % an Gymnasien. Dies zeigt, dass Inklusion in allen Bildungsgängen vorkommt und notwendig ist (Sekretariat der Ständigen Konferenz der Kultusminister der Länder in der Bundesrepublik Deutschland, 2012). Während in Deutschland das Angebot für den gemeinsamen Unterricht erst in den letzten Jahren ausgebaut wird, haben andere Länder ein integratives Angebot schon früher umgesetzt. Eine komplette Abschaffung der Förderschulen wurde aber, wie in Tabelle 1 zu erkennen ist, in keinem europäischen Land umgesetzt. In Deutschland besuchten nach Berechnung der Daten der European Agency for Development in Special Needs Education (2012) im Schuljahr 2010/11 78,73 % der Schülerinnen und Schüler mit einem sonderpädagogischem Förderbedarf eine Förderschule, während 21,27 % den gemeinsamen Unterricht besucht haben. Wirft man einen Blick auf die nachfolgende Tabelle, dann erkennt man, dass bislang in den offiziellen Angaben der Bildungsstatistik in Deutschland die verschiedenen Modelle zum gemeinsamen Unterricht nicht extra ausgewiesen werden. Deshalb sind in den 21,27 % auch Schülerinnen und Schüler enthalten, welche eine Partnerklasse oder Kooperationsklasse besuchen. Je nach Bundesland kann dies von einer gemeinsamen Pausen- und Schulstunde bis zu einem vollständigen gemeinsamen Schultag gehen. Somit ist anzunehmen, dass in Deutschland auch in der Kategorie Förderschulklassen in der Regelschule ein geringer Prozentsatz der Schülerinnen und Schüler beschult wird.

Tab. 1: Prozentangaben von allen Schülerinnen und Schüler mit sonderpädagogischem Förderbedarf eines Landes aufgeteilt nach den Besuchen in Förderschulen, Förderschulklassen in der Regelschule und im gemeinsamen Unterricht berechnet nach den Zahlen der European Agency for Development in Special Needs Education (2012)

	Förderschulen	Förderschulklassen in der Regelschule	Gemeinsamer Unterricht
Österreich	39,72 %	02,34 %	57,94 %
Dänemark	37,00 %	59,07 %	03,93 %
Deutschland	78,73 %	-	21,27 %
Finnland	13,72 %	31,83 %	54,46 %
Frankreich	15,74 %	58,97 %	25,29 %

	Förderschulen	Förderschulklassen in der Regelschule	Gemeinsamer Unterricht
Italien	00,97 %	-	99,03 %
Niederlande	61,94 %	-	38,06 %
Norwegen	03,60 %	06,13 %	90,26 %
Polen	56,63 %	01,61 %	41,76 %
Tschechien	36,83 %	08,93 %	54,23 %

1 Schulische Leistungen von Schülerinnen und Schülern mit sonderpädagogischem Förderbedarf

Die empirischen Ergebnisse der letzten Jahrzehnte haben gezeigt, dass im gemeinsamen Unterricht Schülerinnen und Schülern mit sonderpädagogischem Förderbedarf bessere schulische Leistungen zeigten als in separierten Klassen oder Schulen (Carlberg/Kavele, 1980; Wang/Baker, 1986; Baker/Wang/Walberg, 1995; Lindsay, 2007). Im Längsschnitt wurde dies in Norwegen untersucht, wo 10 % der Schülerpopulation als Schülerinnen und Schüler mit sonderpädagogischem Förderbedarf gefördert werden. Die 592 Schülerinnen und Schüler mit sonderpädagogischem Förderbedarf in Integrationsklassen entsprachen häufiger den Leistungen des Lehrplans und die Schulabbrecherquote war geringer als in Sonderklassen. Diese Ergebnisse waren unabhängig vom Grad der Behinderung der Kinder (Myklebust, 2002). Auch im Berufsleben erreichten von den Schülerinnen und Schülern mit sonderpädagogischem Förderbedarf die Integrationsschüler bessere schulische Leistungen und berufliche Qualifikationen. Zwar ist der Anteil von schwereren Behinderungsgraden in den separierten Klassen höher, doch wurde dieser Anteil in den Berechnungen berücksichtigt (Myklebust, 2006).

Aus dem deutschsprachigen Raum werden ähnliche Ergebnisse berichtet (Merz, 1982; Haeberlin/Bless/Moser/Klaghofer, 1991); auch hier zeigt sich eine stärkere Verbesserung der Leistungen integrierter Schülerinnen und Schüler. Bei Haeberlin et al. (1991) (n = 1842) verbesserten sich die integrativ beschulten Schülerinnen und Schüler vor allem in Mathematik, so dass die leistungsschwachen integrativ beschulten Schülerinnen und Schüler die

41

leistungsstarken Schülerinnen und Schüler in Sonderklassen ein- bzw. über-
holten. Insgesamt haben Schülerinnen und Schüler mit sonderpädagogischem Förderbedarf im Vergleich zu den anderen Kindern der entsprechenden Klassenstufe auch im deutschen Sprachraum einen Leistungsrückstand
von mindestens zwei Jahren (Haeberlin et al., 1991). Dies zeigen auch die
vorliegenden Querschnittsstudien (Tent/Witt/Bürger/Zschoche-Lieberum,
1991; Wocken, 2000, 2005). Förderschülerinnen und -schüler im Bereich
Lernen erreichen in den 7. Klassen nicht die Leistungen der 5. Klassen in
der Hauptschule (Wocken, 2000). Im Hamburger Schulversuch begann
diese Leistungsschere in der 2. Klasse und wurde bis zur 4. Klasse immer
größer, auch in Klassen mit einer besonders guten integrativen Betreuung
(Hinz/Katzenbach/Rauer/Schluck/Wocken/Wudtke, 1998). Die Leistungs-
differenz wird somit zwischen Schülerinnen und Schüler mit und ohne sonderpädagogischen Förderbedarf immer größer und variiert auch nach der
Art des sonderpädagogischen Förderbedarfs. Sie betrug in der amerikani-
schen Längsschnittstudie SEELS in der 9. Klasse beim Lesen und in Mathematik bei Jugendlichen mit »Learning Disabilities« im Mittel zwischen 3
und 5 Jahren, bei Jugendlichen mit »Emotional Disturbance« im Mittel 1
bis 3 Jahre und bei Jugendlichen mit »Mental Retardation« mehr als 5 Jahre
(Blackorby/Chorost/Garza/Guzman, 2003). Dies hat zur Folge, dass auch
am Ende der Schulzeit Schülerinnen und Schüler mit sonderpädagogischem
Förderbedarf noch nicht über ausreichende Kompetenzen verfügen, um an
der Berufsschule bestehen zu können (Lehmann/Hoffmann, 2009).

Die Leistungsheterogenität im gemeinsamen Unterricht ist eine der großen Herausforderungen in der inklusiven Schule. Die Art des sonderpädagogischen Förderbedarfs spielt bei der Umsetzung des inklusiven Unterrichts eine wichtige Rolle. Für den Bereich der Körperbehindertenpädagogik
hat dies Walter-Klose (2012) mit einem internationalen Review herausgearbeitet. Die große Herausforderung besteht hier darin, dass die Lernbedin-
gungen an die Kompetenzen der Schüler und Schülerinnen angepasst und
von Seiten der Schule Unterstützungssysteme ermöglicht werden (zum Beispiel zusätzliche Hilfs- und Lernmittel sowie Kooperation mit Schulbeglei-
tern und Therapeuten) (Lelgemann/Walter-Klose/Lübbeke/Singer, 2012).
Auch die Umsetzung des gemeinsamen Unterrichts mit Schülerinnen und
Schülern mit geistiger Behinderung kann erfolgreich sein. So erreichten in
einer parallelisierten Längsschnittstudie Schülerinnen und Schüler mit einer
geistigen Behinderung im gemeinsamen Unterricht signifikant bessere Leistungen in den Fächern Mathematik und Deutsch als Schülerinnen und
Schüler mit einer geistigen Behinderung in Sonderschulen (Dessemontet/
Benoit/Bless, 2011). Auch im Bereich der Schülerinnen und Schüler mit

dem Förderschwerpunkt soziale und emotionale Entwicklung gibt es positive Befunde für den gemeinsamen Unterricht, jedoch kann man aufgrund der wenigen Studien und des heterogenen Personenkreises keine empirisch nachhaltige Empfehlung ableiten (Ellinger/Stein, 2012). So kann man insgesamt das Fazit ziehen, dass eine inklusive Beschulung für alle Schülerinnen und Schüler mit sonderpädagogischen Förderbedarf möglich und sinnvoll ist. Je nach Bedürfnis der Schülerin oder des Schülers und nach Anpassungsfähigkeit der Schule sollten mehrere Formen der Förderung im Schulsystem für Eltern wählbar sein.

2 Schulische Leistungen im gemeinsamen Unterricht bei Schülerinnen und Schülern ohne sonderpädagogischem Förderbedarf

Im vorherigen Absatz wurde die Heterogenität der schulischen Leistungen als eine der Gegebenheiten des inklusiven Unterrichts dargestellt. Diese Heterogenität wird aber nicht allein von den Schülerinnen und Schülern mit sonderpädagogischem Förderbedarf erzeugt, sondern durch diese nur verstärkt. Denn die Leistungsheterogenität ist auch in der Regelschule der Fall. So gibt es in der Sekundarstufe Schülerinnen und Schüler ohne sonderpädagogischen Förderbedarf, welche in normierten Schulleistungstests der Grundschule niedrige Leistungen im Risikoprofil (> 16) haben (Gebhardt, 2013; Gebhardt/Schwab/Schaupp/Rossmann/Gasteiger Klicpera, 2012). Für diese Schülerinnen und Schüler beinhaltet der inklusive Unterricht eine höhere Chance adäquate Förderung zu erhalten, falls Screeningverfahren und diagnostische Förderplanung im inklusiven Modell der Schule enthalten sind (siehe RTI-Konzept nach Huber/Grosche, 2012; Rügener Modell nach Mahlau/Diehl/Voß/Hartke, 2011). Für Schülerinnen und Schüler ohne sonderpädagogischen Förderbedarf ergaben sich infolge des gemeinsamen Unterrichts keine negativen Auswirkungen auf die schulischen Leistungen. So konnte in mehreren Untersuchungen kein Unterschied zwischen den Leistungsniveaus in Integrations- und Parallelklassen gefunden werden (Haeberlin et al., 1991; Feyerer, 1998; Farrell/Dyson/Polat/Hutcheson/Gallannaugh, 2007; Dessemontet et al., 2011).

3 Selbstkonzept von Schülerinnen und Schülern mit sonderpädagogischem Förderbedarf im gemeinsamen Unterricht

Das Selbstkonzept umfasst das Wissen und die Wahrnehmung um die eigene Person. Eine Sorge im gemeinsamen Unterricht bestand darin, dass das Selbstkonzept der Schülerin und des Schülers mit sonderpädagogischem Förderbedarf durch den Vergleich mit dem Schüler ohne sonderpädagogischen Förderbedarf belastet sein könnte. In der Metaanalyse von Bear, Minke und Manning (2002; 61 Studien) fand man im globalen Selbstkonzept keinen Unterschied. Im schulleistungsbezogenen Selbstkonzept waren geringere Werte bei Schülerinnen und Schülern mit sonderpädagogischem Förderbedarf festzustellen. So sind diese Schülerinnen und Schüler sich ihrer Schwierigkeiten im Lernen zwar deutlich bewusst, dies hat jedoch keine Auswirkungen auf ihr globales Selbstkonzept (Bear et al., 2002). Ähnliche Befunde erbrachte auch das systematische Review von Elbaum (2002). In Niederösterreich fanden Rossmann, Gasteiger Klicpera, Gebhardt, Roloff und Weindl (2011) bei 54 SchülerInnen mit dem sonderpädagogischen Förderschwerpunkt Lernen in Integrationsklassen und 54 SchülerInnen in Sonderschulen in der 6. bis 8. Klassenstufe keine Unterschiede im akademischen Selbstkonzept und im Ausmaß ihrer Prüfungsangst. Die Autoren schlussfolgerten, dass ihre Ergebnisse als die Folge einer gelungenen Integration zu interpretieren sind. In einer solch gelungenen Integration bewerten die Schülerinnen und Schüler ihre Leistungen anhand ihres individuellen Lernerfolges anstatt den Vergleich mit den Leistungen der anderen Schüler zu suchen.

Ein weiterer Aspekt des Selbstkonzeptes ist der Bereich des sozialen und emotionalen Empfindens. In der Untersuchung von Haeberlin et al. (1991) in der Schweiz fühlten sich die Schülerinnen und Schüler mit sonderpädagogischem Förderbedarf im Bereich Lernen in der Sonderschule emotional und sozial wohler als in der Regelklasse. Dieses Bild der empirischen Ergebnisse hat sich jedoch derzeit gewandelt. So berichten Sauer, Ide und Borchert (2007) in Deutschland, dass sich die Schülerinnen und Schüler mit sonderpädagogischem Förderbedarf in Regelklassen genauso emotional und sozial wohl fühlten wie die Schülerinnen und Schüler in Förderschulen. In Österreich fanden Rossmann et al. (2011), dass die Schülerinnen und Schüler mit sonderpädagogischem Förderbedarf sich in den Integrationsklassen besser emotional integriert fühlten.

4   Soziale Partizipation

Das Bild der Ergebnisse zum Selbstkonzept der Schülerinnen und Schüler mit sonderpädagogischem Förderbedarf im gemeinsamen Unterricht in der Sekundarstufe I ist positiv, fragt man jedoch nach den Freundschaften und der sozialen Teilhabe in der Klasse, zeigt sich ein anderes Ergebnis. Schülerinnen und Schüler mit sonderpädagogischem Förderbedarf haben weniger Freunde, fühlen sich weniger akzeptiert und sehen sich selbst häufiger als Opfer aggressiver Handlungen (Huber, 2006; Klicpera/Gasteiger Klicpera 2003a; Pijl/Frostad/Flem, 2008). Als besondere Risikogruppe sind hierbei SchülerInnen mit geringen Sozialkompetenzen und Kinder mit Verhaltensauffälligkeiten zu sehen, die weder in Integrationsklassen noch in Sonderschulen beliebt sind (Mand, 2007; Müller/Hofmann/Studer, 2012). Die vorgestellten Befunde wurden vor allem in der Primarstufe oder im Gesamtschulsystem berichtet. Mittlerweile wurden diese Ergebnisse aber auch in Forschungsprojekten in der Sekundarstufe I gefunden (Schwab/Gebhardt/Gasteiger-Klicpera, 2013). Aus den Forschungsergebnissen lässt sich ableiten, dass die soziale Partizipation sich nicht von selbst einstellt. Es sind eine Reihe von unterschiedlichen pädagogischen Maßnahmen im und außerhalb des Unterrichts nötig, um die sozialen Beziehungen und ein gemeinsames Verständnis aller Klassenangehörigen zu fördern (Elbaum/Vaughn, 2001, 2003).

5   Einstellungen zur Inklusion

Über die Einstellung von Eltern und Lehrkräften zum gemeinsamen Unterricht wurde im letzten Jahrzehnt viel geforscht. Insgesamt ist die Einstellung zur Inklusion positiv und hängt mit der Erfahrung mit Inklusion zusammen (de Boer/Pijl/Minnaert, 2010). So gibt es bei den Eltern der Sonderschulkinder die Sorge, dass es in Integrationsklassen keine spezielle Förderung für ihre Kinder mehr geben würde (Klicpera/Gasteiger-Klicpera, 2003b). In Bezug auf die Einstellungen zur Inklusion sind Studierende des Lehramtes, Lehrkräfte und Eltern relativ ähnlich positiv (Kunz/Luder/Moretti, 2010). In einer Untersuchung zur Inklusion von Schülerinnen und Schülern mit geistiger Behinderung war es der Fall, dass Lehrkräfte mit mehr als 20-jähriger Berufserfahrung deutlich skeptischer bei der Umsetzung zur Inklusion waren (Dessemontet et al., 2011). Die Einstellung zur Inklusion verbessert sich vor allem durch gelungene Integration. So stieg die positive Einstellung bei Grundschullehrkräften im österreichischen Bundesland Steiermark in einem Zeitraum von 20 Jahren, während die Inklusion dort zur Regel wurde (Gebhardt/Schwab/Reicher/Ellmeier/Gmeiner/Rossmann/Gasteiger-Klicpera, 2011). Auch die Förderschwerpunkte werden von den Lehrkräften verschieden bewertet. So wird der gemeinsame Unterricht mit Schülerinnen und Schülern mit einer körperlichen Behinderung positiver bewertet, als der gemeinsame Unterricht mit Schülerinnen und Schüler mit Lernbehinderung oder einer geistigen Behinderung. Am negativsten ist die Einstellung zum gemeinsamen Unterricht mit Schülerinnen und Schülern mit einer Verhaltensauffälligkeit (Schwab/Gebhardt/Tretter/Rossmann/Reicher/Ellmeier/Gmeiner/Gasteiger-Klicpera, 2012).

6 Lehrerkooperation im gemeinsamen Unterricht

Zur Zusammenarbeit der Lehrkräfte in der allgemeinen Schule und Sonderpädagogen gibt es relativ wenige Studien. Dies liegt einerseits am hohen Aufwand für eine Untersuchung mittels Beobachtungsbögen oder Videographie und andererseits daran, dass die Lehrerkooperation und das gemeinsame Unterrichten erst seit neuerem in der Schule möglich wurden. In der englischsprachigen Fachliteratur gibt es Untersuchungen zu Zwei-Lehrersystemen. Abzugrenzen ist davon der Unterricht mit einem Teaching Assistant, welcher mit Hilfe von paraprofessionellen AssistentInnen ausgeführt wird (Webster et al., 2010). Insgesamt wird das Verhältnis zwischen SonderpädagogIn und KlassenlehrerIn, über den Unterricht hinausgehend, auch in der internationalen Literatur im Sinne einer wechselseitigen Beratung beschrieben (Kilanowski-Press/Foote/Rinaldo, 2010). Einen Forschungsüberblick gibt die Metasynthese von Scruggs, Mastropieri und McDuffie (2007), welche 32 qualitative Studien analysierten. Hier kam man zum Ergebnis, dass die SonderpädagogInnen in den Dyaden am häufigsten eine untergeordnete Rolle einnehmen und ihre Tätigkeit im Rahmen des dominanten Unterrichtsstils hauptsächlich aus Assistieren bestand (»one teach, one assist«). Dies entspricht auch den Ergebnissen von Kilanowski-Press, Foote und Rinaldo (2010), die 71 LehrerInnen in inklusiven Klassen in New York befragten.

In Österreich wurde Team-Teaching mit den Schulversuchen eingeführt und evaluiert (Specht, 1993). Die Lehrkräfte gaben ein hohes Ausmaß an Zufriedenheit mit der Bereicherung durch das Team-Teaching an. Insgesamt äußerten in dieser Befragung nur neun Prozent der LehrerInnen eine Unzufriedenheit mit der LehrerInnenkooperation. In Wien untersuchte Klicpera (1995) 57 SonderpädagogInnen und 107 VolksschullehrerInnen, die im Rahmen der Schulversuche zum integrativen Unterricht im Zwei-LehrerInnensystem arbeiteten. Die Verantwortung wurde in diesen Klassen geteilt und nur wenige Grundschullehrkräfte sahen die Sonderpädagogen als Nachhilfelehrer, welche allein für die SchülerInnen mit sonderpädagogischem Förderbedarf zuständig war. In neuerer Zeit liegen zwei Befragungen von LehrerInnen der allgemeinen Schule und Sonderpädagogen aus der Grundschule zur Kooperation aus den Jahren 1998 und 2009 vor (Gebhardt/Schwab/Gmeiner/Ellmeier/Rossmann/Gasteiger Klicpera, 2013). In diesen Befragungen gaben die LehrerInnen selbst ein sehr positives Bild der Kooperation wieder. So kommen die Erhebungen aus beiden Messzeitpunkten zu ähnlichen Ergebnissen und die Sonderschullehrer unterschieden sich nicht von den Klassenlehrkräften. Unterschiede gab es nur zwischen Integrationsklassen, welche eine volles Lehrerdeputat zugeordnet bekommen haben und Stützlehrerklassen, welche nur für einzelne Kinder mobile Stunden des Sonderpädagogen haben (Gebhardt et al., 2013).

Des Weiteren gibt es in der Lehrerkooperation einen großen Unterschied zwischen Primar- und Sekundarstufe (Moliner/Sales/Ferrandes/Traver, 2011). In Österreich arbeiten die Lehrkräfte in der Primarstufe meist 23 Schulstunden in einem festen Zweierteam. Sie haben Zeit, den Unterricht gemeinsam vorzubereiten und nach zu besprechen. Daher bewerteten sie die verschiedenen Facetten der Kooperation für den gemeinsamen Unterricht als sehr gut. Im Vergleich dazu gaben die Lehrkräfte in der Sekundarstufe nur befriedigende Werte in der Lehrerkooperation an. Durch das Fachlehrersystem mit größerem Lehrerteam sind die Absprachen, die Förderplanung und die Vorbereitung des gemeinsamen Unterrichts schwieriger umzusetzen als in der Primarstufe (Gebhardt/Krammer/Schwab/Gasteiger-Klicpera, 2013).

47

7 Fazit

Die vorgebrachte empirische Literatur legt nahe, dass ein inklusiver Unterricht erfolgreiches Lernen für alle Schülerinnen und Schüler gewährleisten kann. Auf Grund der unterschiedlichen Lernvoraussetzungen ist ein Lernen im Gleichschritt nicht möglich und der inklusive Unterricht sollte durch einen hohen Anteil an offenen und kooperativen Lernformen gekennzeichnet sein (Heimlich, 2007). Welche Modelle des gemeinsamen Unterrichts für welche Zielgruppe eine positive Wirkung haben und wie dies in den einzelnen Unterrichtsfächern umgesetzt werden kann, ist für die Sekundarstufe eine offene Frage. Mit der Umsetzung des gemeinsamen Unterrichts in der Sekundarstufe erhalten solche Fragestellungen eine Relevanz und man kann nun beginnen, die Antworten auf solche Fragestellungen zu untersuchen.

Literatur

Baker, Edward T./Wang, Margaret C./Walberg, Herbert J.: The Effect of Inclusion on Learning. In: Educational Leadership 52 (1995), S. 33-35

Bear, George G./Minke, Kathleen M./Manning, Maureen. A.: Self-Concept of Students with Learning Disabilities: A Meta-Analysis. In: School Psychology Review 31 (2002), S. 405-427

Blackorby, Jose/Chorost, Michael/Garza, Nicolle/Guzman, Anne-Marie.: The Academic Performance of Secondary School Students with Disabilities. In: U.S. Department of Education (Hrsg.): The Achievement of Youth with Disabilities during Secondary School. A Report from the National Longitudinal Transition Study 2. Menlo Park, CA: SRI International, 2003

Carlberg, Conrad/Kavale, Kenneth: The Efficacy of Special versus Regular Class Placement for Exceptional Children: A Meta-Analysis. In: The Journal of Special Education 14 (1980), S. 295-309

De Boer, Anke/Pijl, Sip Jan/Minnaert, Alexander: Regular primary schoolteachers' attitudes towards inclusive education: A review of the literature. In: International Journal of Inclusive Education 15 (2011), S. 331-353

Dessemontet, Rachel S./Benoit, Valérie/Bless, Gérard: Schulische Integration von Kindern mit einer geistigen Behinderung. Untersuchung der Entwicklung der Schulleistungen und der adaptiven Fähigkeiten, der Wirkung auf die Lernentwicklung der Mitschüler sowie der Lehrereinstellungen zur Integration. In: Empirische Sonderpädagogik 4 (2011), S. 297-307

Elbaum, Batya: The self-concept of students with learning disabilities: A meta-analysis of comparisons across different placements. In: Learning Disabilities Research & Practice, 17 (2002), S. 216-226

Elbaum, Batya/Vaughn, S.: School-based interventions to enhance the self-concept of students with learning disabilities: A meta-analysis. In: Elementary School Journal, 101 (2001), S. 303-329

Elbaum, Batya/Vaughn, Sharon: For which students with learning disabilities are self-concept interventions effective? In: Journal of Learning Disabilities 36 (2003), S. 101-108

Ellinger, Stephan/Stein, Roland: Effekte inklusiver Beschulung. Forschungsstand im Förderschwerpunkt emotionale und soziale Entwicklung. In: Empirische Sonderpädagogik 2 (2012), S. 85-109

European Agency for Development in Special Needs Education: Special Needs Education. Country Data 2012. Odense: European Agency for Development in Special Needs Education, 2012

Farrell, Peter/Dyson, Alan/Polat, Filiy/Hutcheson, Graeme/Gallannaugh, Frances : Inclusion and achievement in mainstreaming schools. In: European Journal of Special Needs Education 22 (2007), S. 131-145

Feyerer, Ewald: Behindern Behinderte?: Integrativer Unterricht auf der Sekundarstufe 1. Innsbruck: Studien Verlag, 1998

Gebhardt, Markus/Krammer, Mathias/Schwab, Susanne/Gasteiger Klicpera, Barbara. Zusammenarbeit zwischen KlassenlehrerIn und SonderpädagogIn in der Integration: Eine Untersuchung in integrativen Klassen in der Steiermark. Heilpädagogische Forschung, 39 (2013), S. 54-61

Gebhardt, Markus/Schwab, Susanne/Reicher, Hannelore/Ellmeier, Barbara/Gmeiner, Sonja/Rossmann, Peter/Gasteiger Klicpera, Barbara: Einstellungen von LehrerInnen zur schulischen Integration von Kindern mit einem sonderpädagogischen Förderbedarf in Österreich. In: Empirische Sonderpädagogik 4 (2011), S. 275-290

Gebhardt, Markus/Schwab, Susanne/Schaupp, Hubert/Rossmann, Peter/Gasteiger Klicpera, Barbara: Heterogene Gruppen in mathematischen Grundfertigkeiten: Eine explorative Erkundung der Fähigkeiten im Grundrechnen in Integrationsklassen der 5. Schulstufe. In: Zeitschrift für Inklusion 1/2 (2012).Im Internet unter http://www.inklusion-online.net/index.php/inklusion/article/view/155/147 [13.03.2014]

Gebhardt, Markus/Schwab, Susanne/Gmeiner, Sonja/Ellmeier, Barbara/Rossmann, Peter/Gasteiger Klicpera, Barbara: Grazer Skala zur Lehrerkooperation im integrativen Unterricht. In: Empirische Pädagogik 27 (2013), S. 5-22

Gebhardt, Markus: Integration und schulische Leistungen in Grazer Sekundarstufenklassen. Wien: LIT, 2013

Haeberlin, Urs/Bless, Gerard/Moser, Urs/Klaghofer, Richard: Die Integration von Lernbehinderten: Versuche, Theorien, Forschungen, Enttäuschungen, Hoffnungen (1. Aufl.). Bern: Haupt, 1991

Heimlich, Ulrich: Gemeinsamer Unterricht im Rahmen inklusiver Didaktik. In Heimlich, Ulrich/Wember, Franz B. (Hrsg.): Didaktik des Unterrichts im Förderschwerpunkt Lernen. Ein Handbuch für Studium und Praxis. Stuttgart: Kohlhammer, 2007, S. 69–80

Hinz, Andreas/Katzenbach, Dieter/Rauer, Wulf/Schuck, Karl Dieter/Wocken, Hans/ Wudtke, Hubert: Die Integrative Grundschule im sozialen Brennpunkt: Ergebnisse eines Hamburger Schulversuchs. Hamburg: Hamburger Buchwerkstatt, 1998

Huber, Christian: Soziale Integration in der Schule?!: Eine empirische Untersuchung zur sozialen Integration von Schülern mit sonderpädagogischem Förderbedarf im gemeinsamen Unterricht. Marburg: Tectum, 2006

Huber, Christian/Grosche, Michael: *Das response-to-intervention-Modell als Grundlage für einen inklusiven Paradigmenwechsel in der Sonderpädagogik.* In: *Zeitschrift für Heilpädagogik* 63 (2012), S. 312-321

Kilanowski-Press, Lisa/Foote, Chandra J./Rinaldo, Vince J.: Inclusion classrooms and teachers: A survey of current practice. In: International Journal of Special Education 25 (2010), S. 43-56

Klicpera, Christian: Behindertenintegration und die Situation der Lehrer. In: Severinski, Nikolaus (Hrsg.): Gemeinsame Bildung Behinderter und Nichtbehinderter. Höbers-dorf: Kaiser, 1995, S. 54-67

Klicpera, Christian/Gasteiger Klicpera, Barbara: Soziale Erfahrungen von Grundschülern mit sonderpädagogischem Förderbedarf in Integrationsklassen: Betrachtet im Kon-text der Maßnahmen zur Förderung der sozialen Integration. In: Heilpädagogische Forschung 24 (2003a), S. 61-71

Klicpera, Christian/Gasteiger Klicpera, Barbara: Beratung der Eltern von Kindern mit sonderpädagogischem Förderbedarf in Bezug auf die Wahl der für ihre Kinder geeig-neten Schulform: Aussagen der Eltern. In: Heilpädagogische Forschung 24 (2003b), S. 133-148

Kunz, André/Luder, Reto/Moretti, Marta: Die Messung von Einstellungen zur Integra-tion (EZI). In: Empirische Sonderpädagogik 3 (2010), S. 83-94

Lehmann, Rainer/Hoffmann, Ellen: Berliner Erhebung arbeitsrelevanter Basiskompeten-zen von SchülerInnen und Schüler mit dem Förderbedarf »Lernen«. Münster: Wax-mann, 2009

Lelgemann, Reinhard/Walter-Klose, Christian/Lübbeke, Jelena/Singer, Philipp: Quali-tätsbedingungen schulischer Inklusion für Kinder und Jugendliche mit dem Förder-schwerpunkt köperliche und motorische Entwicklung. In: Zeitschrift für Heilpädago-gik 63 (2012), S. 465-473

Lindsay, Geoff: Educational psychology and the effectivness of inclusive education/ mainstreaming. In: British Journal of Educational Psychology 77 (2007), S. 1-24

Mahlau, Kathrin/Diehl, Kirsten/Voß, Stefan/Hartke, Bodo: *Das Rügener Inklusionsmo-dell (RIM) – Konzeption einer inklusiven Grundschule.* In: *Zeitschrift für Heilpädago-gik* 62 (2011), S. 464-472

Mand, Johannes: Social Position of Special Needs Pupils in Classroom: A Comparison Between German Special Schools for Pupils with Learning Difficulties and Integrated Primary School Classes. In: European Journal of Special Needs Education 1 (2007), S. 7-14

Merz, Karl: Lernschwierigkeiten- Zur Effizienz von Fördermaßnahmen an Grund- und Lernbehindertenschulen. In: Heilpädagogische Forschung 1 (1982), S. 53-69

Moliner, Odet/Sales, Auxiliadora/Ferrández, Reina/Traver, Joan: Inclusive cultures, poli-cies and practices in Spanish compulsory secondary education schools: Teachers' perceptions in ordinary and specific teaching contexts. In: International Journal of Inclusive Education 15 (2011), S. 557-572

Müller, Christoph/Hoffmann, Verena/Studer, Felix: Lässt sich individuelles Problemverhalten durch das Niveau an Verhaltensschwierigkeiten unter den Mitschülern vorhersagen? Ergebnisse einer Querschnittstudie und ihre Relevanz für die Frage einer integrativen vs. separativen Beschulung verhaltensauffälliger Schüler. In: Empirische Sonderpädagogik 2 (2012), S. 111-128

Myklebust, Jon Olav: Inclusion or Exclusion? Transition Among Special Needs Students in Upper Secondary Education in Norway. In: European Journal of Special Needs Education 17 (2002), S. 251-263

Myklebust, Jon Olav: Class Placement and Competence Attainment Among Students with Special Education Needs. In: British Journal of Special Education 33 (2006), S. 76-81

Pijl, Sip Jan/Frostad. Per/Flem, Annlaug: The Social Position with Special Needs in Regular Schools. In: Scandinavian Journal of Educational Research 52 (2008), S. 387-405

Rossmann, Peter/Gasteiger Klicpera, Barbara/Gebhardt, Markus/Roloff, Claudia/Weindl, Alexandra: Zum Selbstkonzept von SchülerInnen mit einem sonderpädagogischen Förderbedarf in Sonderschulen und Integrationsklassen: Eine empirisch fundierter Diskussionsbeitrag. In: Mikula, Regina/Kittl-Satran, Helga (Hrsg.): Dimension der Erziehungs und Bildungswissenschaft. Graz: Leykam, 2011, S. 107-120

Sander, Alfred: Konzepte einer inklusiven Pädagogik. In: Zeitschrift für Heilpädagogik 55 (2004), S. 240-244

Sauer, Stephan/Ide, Sarah/Borchert, Johann : Zum Selbstkonzept von Schülerinnen und Schülern an Förderschulen und integrativer Beschulung: Eine Vergleichsuntersuchung. In: Heilpädagogische Forschung 33 (2007), S. 135-142

Schwab, Susanne/Gebhardt, Markus/Tretter, Tobias/Rossmann, Peter/Reicher, Hannelore/Gmeiner, Sonja/Ellmeier, Barbara/Gasteiger Klicpera, Barbara: Auswirkungen schulischer Integration auf Kinder ohne Behinderung – eine empirische Analyse von LehrerInneneinschätzungen. In: Heilpädagogische Forschung 2 (2012), S. 54-65

Schwab, Susanne/Gebhardt, Markus/Gasteiger-Klicpera, Barbara: Facing the challenges of inclusion – A survey of social integration and social behavior of students with and without SEN in an integrative school system. In: International Journal of Disability, Community & Rehabilitation 12 (2013). Im Internet unter http://www.ijdcr.ca/VOL12_01/articles/schwab.shtml [13.03.2014]

Scruggs, Thomas E./Mastropieri, Margo A./Mc Duffie, Kimberly A.: Co-Teaching in inclusive classrooms: A metasynthesis of qualitative research. In: Council for Exceptional Children 73 (2007), S. 392-416

Sekretariat der Ständigen Konferenz der Kultusminister der Länder in der Bundesrepublik Deutschland 2012: Sonderpädagogische Förderung in Schulen. Im Internet unter http://www.kmk.org/statistik/schule/statistische-veroeffentlichungen/sonderpaedagogische-foerderung-in-schulen.html [10.02.2014]

Specht, Werner: Evaluation der Schulversuche behinderter und nichtbehinderter Kinder. Graz : Leykam, 1993

51

Tent, Lothar/Witt, Matthias/Bürger, Wolfgang/Zschoche-Lieberum, Christiane: Ist die Schule für Lernbehinderte überholt? In: Heilpädagogische Forschung 1 (1991), S. 289-320

Walter-Klose, Christian: Kinder und Jugendliche mit Körperbehinderung im gemeinsamen Unterricht: Befunde aus nationaler und internationaler Bildungsforschung und ihre Bedeutung für Inklusion und Schulentwicklung. Oberhausen: Athena, 2012

Wang, Margaret C./Baker, Edward T.: Mainstreaming Programs: Design Features and Effects. In: The Journal of Special Education 19 (1986), S. 503-521

Webster, Rob/Blatchford, Peter/Bassett, Paul/Brown, Penelope/Martin, Clare/Russell, Anthony: Double standards and first principles: Framing teaching assistant support for pupils with special educational needs. In: European Journal of Special Needs Education 25 (2010), S. 319-336

Wocken, Hans: Leistung, Intelligenz und Soziallage von Schülern mit Lernbehinderungen. Vergleichende Untersuchung an Förderschulen in Hamburg. In: Zeitschrift für Heilpädagogik 12 (2000), S. 492-503

Wocken, Hans 2005: Andere Länder, andere Schüler?: Vergleichende Untersuchungen von Förderschülern in den Bundesländern Brandenburg, Hamburg und Niedersachen, Potsdam. Im Internet unter http://bidok.uibk.ac.at/library/wocken-forschungsbericht.html [10.02.2014]

Unterrichtsgestaltung und Inklusion

Rolf Werning, Ann-Kathrin Arndt

1 Einleitung

Inklusive Unterrichtsgestaltung in der Sekundarstufe – ein provozierender Gedanke?

Eine Auseinandersetzung mit dem Thema »Unterrichtsgestaltung und Inklusion« in der Sekundarstufe kann in verschiedener Hinsicht als provozierend erscheinen: Ist die Frage nach einer inklusiven Unterrichtsgestaltung überhaupt relevant, wenn doch im Sekundarbereich der Anteil der Schüler/innen mit dem Status sonderpädagogischen Förderbedarfs, der an der allgemeinen Schule unterrichtet wird, aktuell noch sehr gering ist (vgl. u. a. Klemm, 2010)? Und wenn ja, von welcher Schulform ist die Rede? Entsprechend formulieren Werning und Lütje-Klose (2012, S. 226): »Insbesondere die zieldifferente gemeinsame Unterrichtung ist in einem nach Leistung differenzierten Schulsystem, in dem Kinder aufgrund nicht ausreichender Leistungen z. B. die Realschule oder das Gymnasium nicht besuchen dürfen, ein provozierender Gedanke«. Diese Provokation wird durch den seitens einiger Lehrkräfte wahrgenommenen Druck durch die Zunahme standardisierter Leistungsmessung, u. a. durch Vergleichsarbeiten, in Folge des »PISA-Schocks« eher noch verstärkt. Zugleich bestehen in diesem Bereich noch grundlegende Forschungsdesiderata (vgl. u. a. Bohl/Batzel/ Richey, 2012; Löser/Werning, 2013; Moser/Demmer-Dieckmann, 2012; Moser, 2013; Müller/Prengel, 2013).

Dennoch wird in diesem Beitrag versucht, das Thema »Unterrichtsgestaltung und Inklusion« auf der Basis bisheriger Forschungsergebnisse darzustellen und vor diesem Hintergrund Implikationen für die Gestaltung eines guten inklusiven Unterrichts zu verdeutlichen. Dass es hierbei nicht um einfach zu übertragende Rezepte gehen kann, verdeutlichen Kahlert und Heimlich (2012, S. 160f.) im Rahmen ihrer Auseinandersetzung mit einem Unterricht für alle Schüler/innen. So grenzen sie sich von der Möglichkeit ab, »pädagogische Fertigware zu liefern, die auch dann nicht individuell ist, wenn sie in Form von Differenzierungsvorschlägen einzeln verpackt wird«. In dieser Hinsicht zielt der vorliegende Beitrag darauf, auf der Basis bisheriger empirischer Erkenntnisse und theoretischer Konzepte wesentliche Elemente und Prinzipien für eine inklusive Unterrichtsgestaltung darzustellen, welche als Reflexionsanlass für einen Unterricht in inklusiven Settings der Sekundarstufe I dienen können.

Überblick über den Beitrag

Als zentrale Anforderung für eine inklusive Unterrichtsgestaltung erscheint es, der Heterogenität der Schüler/innen, u. a. hinsichtlich ihrer verschiedenen sozialen und kulturellen Hintergründe, Vorerfahrungen, Stärken, Schwierigkeiten und Interessen, gerecht zu werden. Hierbei gehen wir in dem Beitrag von drei grundlegenden Annahmen aus, die zugleich die Schwerpunktsetzungen für die vorliegende Auseinandersetzung mit der Thematik darstellen:

Für eine inklusive Unterrichtsgestaltung ist grundlegend eine Auseinandersetzung mit Prinzipien guten Unterrichts relevant. So ist mit Blick auf eine inklusive Unterrichtsgestaltung hervorzuheben, dass sich Unterricht an inklusiven Schulen nicht prinzipiell vom Unterricht an herkömmlichen Schulen unterscheidet (vgl. Davis/Florian, 2004; Lewis/Norwich, 2005; Lütje-Klose, 2011). Es ist somit keine auf spezifische Schülergruppen zugeschnittene, sondern eine gute, allgemeine Didaktik (vgl. Hinz, 1993) sowie spezifische sonderpädagogische Expertise relevant. Vor diesem Hintergrund erfolgt in diesem Beitrag neben einer Auseinandersetzung mit Merkmalen guten Unterrichts eine theoretische Annährung an die Unterrichtsqualität.

Inklusiver Unterricht ist durch bestimmte Spannungsfelder gekennzeichnet, welche in der Gestaltung und Entwicklung von Unterricht zu berücksichtigen sind. Neben dem Verhältnis von Offenheit und Strukturierung ist hierbei insbesondere das Spannungsverhältnis von Gemeinsamkeit und Differenz und damit von gemeinsamem Lernen und Individualisierung grundlegend (vgl. Werning/Lütje-Klose, 2012, S. 153ff.). Hierbei stellt sich u. a. die Frage nach der Relevanz spezieller Settings und damit einer äußeren Differenzierung. Diese wird im Beitrag ausgehend von bisherigen Forschungsergebnissen diskutiert, zugleich wird auf die Bereiche der inneren Differenzierung und Individualisierung eingegangen. Darüber hinaus wird das kooperative Lernen fokussiert.

Die Aufgabe und Herausforderung, inklusiven Unterricht zu gestalten und zu entwickeln, erfordert multiprofessionelle Zusammenarbeit. Das traditionelle Prinzip »Ich und meine Klasse« stößt in Bezug auf eine inklusive Unterrichtsgestaltung an Grenzen und kann mit dem Risiko einer Überforderung der einzelnen Lehrperson einhergehen. Vielmehr wird die Zusammenarbeit von Fachkräften mit unterschiedlicher Qualifikation als ein entscheidender Faktor für eine inklusive Schule und einen inklusiven Unterricht benannt (vgl. u. a. Schwager, 2011; Wallace/Anderson/Bartholomay, 2002). Vor diesem Hintergrund liegt ein weiterer Schwerpunkt dieses Beitrages auf einer Auseinandersetzung mit Forschungsergebnissen zur Kooperation von Lehrkräften, u. a. im Rahmen von Unterrichtsteams. Zudem wird auf die unterrichtsbezogene Zusammenarbeit von Regelschullehrkräften und Sonderpädagog/inn/en eingegangen, welche durch die Entwicklungen in Folge der Ratifizierung der UN Konvention über die Rechte von Menschen mit Behinderungen (wieder) in den Vordergrund gerückt ist.

Der Inklusionsbegriff ist aktuell in aller Munde (vgl. u. a. Werning/Löser, 2012). Auch ausgehend davon, dass Hinz (2013, o. S.) in diesem Zusammenhang eine Entwicklung von der »Unkenntnis zur Unkenntlichkeit« problematisiert, erfolgt im Folgenden eine kurze Auseinandersetzung mit dem Inklusionsbegriff, um auf dieser Basis das für diesen Beitrag grundlegende Verständnis herauszuarbeiten.

2 Inklusionsbegriff

Die britischen Inklusionsforscher Ainscow, Booth und Dyson (2006, S. 14ff.) analysieren sechs unterschiedliche Verständnisse von Inklusion. Ein erstes Verständnis legt den Schwerpunkt auf die gemeinsame Beschulung von Schüler/innen mit und ohne Behinderungen bzw. mit und ohne sonderpädagogischen Förderbedarf. Die Autoren kritisieren, dass durch die alleinige Fokussierung auf Behinderung bzw. sonderpädagogischen Förderbedarf andere Aspekte von Verschiedenheit, die sich ebenfalls auf die Teilhabe an Bildung auswirken können, aus dem Blickfeld geraten können, wie z. B. der sozio-kulturelle Hintergrund der Familie des Schülers oder der Schülerin. Inklusion zielt in diesem erweiterten Sinne auf die Überwindung einer Zwei-Gruppen-Theorie (Hinz, 2003) und nimmt vielmehr die Verschiedenheit in heterogenen Lerngruppen zum Ausgangspunkt. Hierbei ist ein Verständnis von Heterogenität zu überwinden, welches diese als »Streuung um oder Differenz zu einer unterstellten Norm« (Brügelmann, 2002, S. 31 zit. nach Kampshoff, 2009, S. 38) versteht. Für eine Auseinandersetzung mit inklusivem Unterricht bedeutet dies, dass Merkmale eines guten Unterrichts, wie z. B. die hohen Erwartungen an alle Schüler/innen dann »inhaltsleer« (Gomolla, 2010, S. 261) bleiben, wenn sie Differenzen und Ungleichheiten nicht berücksichtigen. Eine Auseinandersetzung mit Inklusion zielt somit grundlegend auf die Frage, wie mit Verschiedenheit in pädagogischen Kontexten – hier dem Unterricht – umgegangen wird (vgl. Werning/Löser, 2010). Die Verschiedenheit in schulischen Settings ist hierbei einerseits im Kontext gesellschaftlicher Verhältnisse und damit machtvoller Unterscheidungen und Ungleichheiten zu betrachten (vgl. hierzu auch Hazibar/Mecheril, 2013). Anderseits wird Verschiedenheit und Differenz in unterrichtlichen Kontexten hergestellt (vgl. auch Sturm, 2011, S. 100ff.), z. B. indem Kinder und Jugendliche als leistungsstarke und leistungsschwache Schüler/innen und/oder als Mädchen und Jungen angesprochen werden.

In diesem Zusammenhang rückt die Frage in den Vordergrund, wie eine Schule gestaltet werden muss, damit sie allen Kindern und Jugendlichen in ihrer Verschiedenheit gerecht wird (Werning, 2011). Inklusion zielt dabei, ausgehend von einem weiter gefassten Verständnis, das diesem Beitrag zu Grunde liegt, auf die Maximierung der Teilhabe und die Minimierung von Diskriminierung (vgl. Heinrich/Urban/Werning, 2013).

Hierfür ist es grundlegend, inklusive Werte und Prinzipien sowie ihre konkreten Implikationen für die Praxis zu entwickeln. Um inklusive Praktiken zu entwickeln, muss die jeweilige Umsetzung in dem lokalen bzw. institutionellen Kontext bedacht werden (»enactment in context«: Ainscow et al. 2006, S. 2f.). Hier wird deutlich, dass Inklusion und damit inklusiver Unterricht nicht als einmal zu erreichender Zustand verstanden werden kann, sondern auf einen fortwährenden Prozess verweist. So formulieren Ainscow et al. (2006, S. 25):

> «Inclusion is concerned with all children and young people in schools; it is focused on presence, participation and achievement; inclusion and exclusion are linked together such that inclusion involves the active combating of exclusion; and inclusion is seen as a never-ending process. Thus an inclusive school is one that is on the move, rather than one that has reached a perfect state«.

Mit Blick auf den Unterricht kann hier deutlich werden, dass eine inklusive Unterrichtsgestaltung auf die kontinuierliche Entwicklung eines inklusiven Unterrichts verweist. Eine solche Unterrichtsentwicklung kann, verknüpft mit einer Personal- und Organisationsentwicklung, als Teilaspekt der Schulentwicklung (vgl. Rolff, 2007) angesehen werden. Entsprechend sind für eine inklusive Unterrichtsgestaltung auch Aspekte der Entwicklung der Schulkultur relevant. In diesem Zusammenhang verweisen Artiles, Kozleski, Dorn und Christensen (2006, S. 67) darauf, dass Inklusion auf eine Veränderung der Kultur der Schule bezogen auf folgende Aspekte zielt (Werning, 2011, S. 4):

1. die Verbesserung des Zugangs aller Schüler/innen zu einer gemeinsamen, allgemeinen Schule
2. die Verbesserung der Akzeptanz aller Schüler/innen mit ihren je individuellen Lern- und Entwicklungsmöglichkeiten durch Schulleitung, Lehrkräfte, Mitschüler/innen und Eltern
3. die Verbesserung der Teilhabe aller Schüler/innen an den Aktivitäten der Schule und
4. die Verbesserung der Leistungsentwicklung aller Schüler/innen.

In Bezug auf den letzten Punkt hebt u. a. Prengel (2012, S. 180) die Bedeutung eines mehrperspektivischen Leistungsbegriffs hervor. Während Inklusion und damit auch eine Auseinandersetzung mit der Thematik »Unterrichtsgestaltung und Inklusion« über die alleinige Fokussierung auf Schüler/innen mit diagnostiziertem sonderpädagogischen Förderbedarf hinaus geht, stellt zugleich die Verbesserung des Zugangs, der Akzeptanz, der Teilhabe und der Leistungsentwicklung dieser im Unterricht der

Sekundarstufe aktuell eine zentrale Herausforderung dar. Vor diesem Hintergrund wird in diesem Beitrag auch auf diese Unterscheidung und damit ein enger gefasstes Verständnis von Inklusion (vgl. Heinrich et al., 2013) Bezug genommen.

3 Herausforderungen eines inklusiven Unterrichts in der Sekundarstufe I

Während der Primarbereich auch als »ideal place« (Shippen et al., 2011, S. 38) für inklusive Prozesse beschrieben wird, zeigen sich in Bezug auf die Sekundarstufe besondere Herausforderungen (vgl. zum Folgenden auch Meijer, 2005, S. 11). Wie eingangs erwähnt, steht insbesondere eine zieldifferente Unterrichtung im Widerspruch zur Selektion nach Leistung und zur durch Leistungsmessung verstärkten Leistungsorientierung. Die von Sander und Christ (1994, S. 350ff.) herausgestellten Schwierigkeiten einer Fortführung der Integration in der Sekundarstufe erscheinen auch für die Auseinandersetzung mit der aktuellen Situation noch relevant: Sie problematisieren u. a., dass der gefächerte Unterricht verbunden mit einer starken Orientierung am Unterrichtsstoff sowie die vorgegebenen Leistungsmessungen eine Orientierung hin zu einer stärkeren Individualisierung und inneren Differenzierung (s. u.) erschweren. Zudem fehlen Fortbildungsangebote für die Lehrkräfte. Das Fachlehrersystem und die damit verbundene hohe Anzahl an Lehrkräften pro Klasse erschwert die Problematik der fehlenden Zeit für einen Austausch unter den Lehrkräften. Meijer (2005, S. 6) nennt in diesem Zusammenhang »Stammklassen« als ein Gelingensfaktor für Inklusion im Sekundarbereich: Zwei oder drei Klassen (mit zusammenliegenden Klassenräumen) arbeiten eng zusammen, so dass »ein überschaubares Team von Lehrkräften« für alle Schüler/innen zuständig ist. Als eine weitere Herausforderung für eine inklusive Unterrichtsgestaltung kann die die hohe Relevanz von Fachbegriffen sowie der Umgang mit abstrakten Inhalten gesehen werden. Hier wird deutlich, wie wichtig die Förderung der Bildungssprache auch im Sekundarbereich ist (siehe hierzu u. a. Gogolin/Lengyel/Drorit/Schwippert, 2011).

Zugleich zeigen die Erfahrungen im Rahmen von integrativen Schulversuchen, dass auch in der Sekundarstufe I unterrichtliche Bedingungen geschaffen werden können, die gemeinsamen Unterricht von Schüler/innen mit und ohne Förderbedarf ermöglichen (vgl. z. B. Dumke/Kellner/Kranenburg, 1993; Feyerer/Prammer, 2003; Köbberling, 1998; Köbberling/Schley, 2000, S. 173ff.; zusammenfassend für Nordrhein-Westfalen: Amrhein, 2011, S. 38ff.). Hierbei wurden im Verlauf der Sekundarstufe I unterschiedliche Entwicklungen deutlich: Ausgehend von einer Analyse von 17 Abschlussklassen (10. Jahrgang) an Hamburger Sekundarschulen, verweist Köbberling (1998) darauf, dass im 5. und 6. Jahrgang, an die Erfahrungen der Primarstufe anknüpfend, offene, differenzierte Unterrichtsformen sowie das soziale Lernen einen hohen Stellenwert haben. Demgegenüber setzt im 7. und 8. Jahrgang ein deutlicher Differenzierungsprozess ein, »der über spannungsvolle Abgrenzungsprozesse Unterschiede sichtbar werden lässt und Individuation ermöglicht« (ebd., S. 272). In dieser Phase werden die Kontakte zwischen Schüler/innen mit und ohne Behinderungen seltener. »Die ›Schere der Entwicklung‹ geht weit auseinander, und die verunsichernde und anstrengende Suche nach der eigenen Identität macht die Jugendlichen zeitweise ungeduldig und abweisend im Umgang miteinander« (ebd., S. 259). Demgegenüber findet in den Jahrgängen 9 und 10 wieder eine Annäherung, eine erneute soziale Zuwendung und auch Kooperation statt. »Nach den schwierigen Auseinandersetzungen in der Phase der Pubertät können wieder Prozesse der Beruhigung und Annäherung eintreten, mit dem Ergebnis, dass sich die Schüler/innen zum Abschluss ihrer Schulzeit deutlich in ihrer Unterschiedlichkeit sehen und zugleich anerkennend als zusammengehörig erleben« (ebd., S. 271). Ähnlich fasst Amrhein (2011, S. 44f.) die Erfahrungen aus einem Schulversuch Ende der 1990er, an dem insgesamt 30 Sekundarschulen in Nordrhein-Westfalen beteiligt waren, zusammen: »Das Lernen am gemeinsamen Lerngegenstand sei in den Klassen 5 und 6 gut zu organisieren. Im Rahmen der ab Klasse 7 einsetzenden Fachleistungsdifferenzierung gingen die Schulen des Schulversuches sehr unterschiedliche Wege. Die Schüler/innen mit sonderpädagogischen Förderbedarf seien nicht automatisch den Grundkursen zuzuweisen, zumal in den E-Kursen nicht selten ein positiveres soziales Klima sowie eine konzentriertere Arbeitsatmosphäre herrschte. In den Klassen 9 und 10 wurde die Doppelbetreuung oft für spezielle Angebote genutzt, welche auf die Zeit nach der Schule vorbereiten sollten«. Die in diesem Zusammenhang relevante Frage des Settings im Sinne einer Förderung innerhalb oder außerhalb der Klasse wird weiter unten aufgegriffen.

4 Guter Unterricht – was ist das? Und was bedeutet dies für inklusiven Unterricht?

Wie eingangs dargestellt, unterscheidet sich inklusiver Unterricht nicht grundlegend von herkömmlichem (guten) Unterricht. In diesem Zusammenhang setzen sich Lewis und Norwich (2005) mit der Frage auseinander, wie besonders bzw. spezialisiert das Lehren und Lernen für Kinder mit Behinderungen bzw. Schwierigkeiten ist. Während Kinder und Jugendliche mit Förderbedarf mehr Übung, Beispiele und konkrete Erfahrungen eines Transfers sowie eine sorgsame Überprüfung der Lernentwicklung brauchen, unterscheidet sich der Unterricht für diese Lerngruppen nicht grundsätzlich vom Unterricht an Regelschulen. Somit ist in diesem Zusammenhang die Auseinandersetzung mit gutem Unterricht bedeutsam.

Guter Unterricht – eine Frage der Perspektive

Nicht nur in Bezug auf den Unterricht zeigt sich eine »Omnipräsenz des Qualitätsbegriffs« im Bildungsbereich (Klieme/Tippelt, 2008, S. 7). Der Begriff »Qualität« wird unterschiedlich verwendet und kann als »semantische Klammer für eine Vielzahl von Perspektiven, Interessen, Intentionen und Konzepten« (Helmke/Hornstein/Terhart, 2000, S. 10) verstanden werden. Der Qualitätsbegriff ist hierbei grundlegend durch eine Relationalität gekennzeichnet: Die Bewertung und damit das, was als guter Unterricht verstanden wird, ist perspektivgebunden (vgl. u. a. Helmke, 2003, S. 46f.) und damit abhängig von unterschiedlichen Maßstäben, Erwartungen und Orientierungen. So können u. a. die Perspektiven von Lehrkräften, Schüler/innen und Eltern in Bezug auf die Frage nach einem guten Unterricht durchaus variieren.

Zudem lässt sich mit Helmke (2003, S. 46f.) in Bezug auf den guten Unterricht fragen: »*Gut wofür?*« (Herv. d. Verf., auch im Folgenden): Was als guter Unterricht verstanden wird, hängt entscheidend von den zu Grunde liegenden Zielen ab, ob man z. B. auf den Erwerb fachlichen Wissens oder das soziale Lernen fokussiert. So können nach Weinert (2000) bestimmte Bildungsziele auf spezifische Unterrichtsformen bezogen werden. Während der Erwerb intelligenten Wissens durch einen lehrergesteuerten, aber schülerzentrierten Unterricht gefördert wird, erleichtert ein Projektunterricht den Aufbau anwendungsfähigen Wissens. Der Erwerb von Schlüsselqualifikationen wird durch eine Kombination von lehrerge-steuertem und schülergesteuertem Unterricht ermöglicht. Das Lernen zu lernen, kann durch angeleitetes, selbstständiges Lernen und Reflexion über das eigene Lernen unterstützt werden. Um soziale Kompetenzen zu erwerben sind eine regelgeleitete Zusammenarbeit, Gruppenunterricht, Teamarbeit und Konfliktlösungsaufgaben günstig. Wertorientierungen werden hingegen nicht durch spezielle Unterrichtsformen gefördert, sondern durch eine lebendige Schulkultur.

Hieran lässt sich auf die Frage anschließen, »*für wann*« ein Unterricht sich als gut erweisen soll. Hierbei spielt neben der Fokussierung auf den schulischen Kontext auch die Relevanz für das weitere Leben, u. a. den Übergang in den Beruf, eine Rolle (vgl. für eine Auseinandersetzung mit dem Übergang in den Beruf: Hohn, 2012).

Grundlegend stellt sich zudem die Frage, »*für wen*« der Unterricht gut ist, »*gemessen an welchen Startbedingungen*« (Helmke, 2003, S. 46f.). Ein Unterricht, der möglichst alle Schüler/innen in ihrer Heterogenität und mit ihren unterschiedlichen Lernvoraussetzungen und Lernstilen fördern möchte, kann entsprechend nicht nur auf z. B. einer Methode oder einer Herangehensweise an Inhalte beruhen. So problematisieren Ainscow, Dyson, Goldrick und West (2012, S. 203) in ihrer Auseinandersetzung mit gerechten Praktiken in inklusiven Schulen:

> »If teachers favour one style it will tend to suit most of those students who are comfortable with that style. In effect, strong teaching orthodoxies can disenfranchise students who are less confident with or less engaged by that approach. Equity, therefore, requires practitioners who understand the importance of teaching the same thing in different ways to different students, and of teaching different things in different ways to the same students«.

Im Zusammenhang mit der Bedeutung von Zielgleichheit und -differenz spiegelt sich hier wider, dass, wie es Fend (2008a, S. 207) formuliert, die »Anschlussfähigkeit der Lehre an die Lernenden zu einem Schlüsselkriterium für die Qualität des Unterrichts« wird. Hier wird zugleich deutlich, dass entgegen der in der Folge des »PISA«-Schocks verstärkten Outcome-Orientierung, welche die Unterrichtsqualität vorrangig an den erzielten Ergebnissen misst, eine erweiterte Betrachtung notwendig ist.

Unterrichtsqualität als Synchronisierungsqualität – das mehrebenen-theoretisch erweiterte Angebot-Nutzungs-Modell von Fend

Verbunden mit der Zielsetzung, die Beziehung zwischen verschiedenen, relevanten Elementen und dem Entstehen von Ergebnissen einzubeziehen, ohne einem »verführerisch(en)« Kausalitätsgedanken zu folgen (Fend, 2008b, S. 26), stellt Fend ein »mehrebenentheoretisches erweitertes Angebot-Nutzungsmodell« als Erweiterung des Input-Prozess-Output/Outcome-Modells der OECD vor. Statt der Annahme einer eindeutigen Kausalität soll damit die Komplexität und Fragilität des Bildungs- und Lehrprozesses vor dem Hintergrund des Technologiedefizits der Pädagogik (Luhmann/Schorr, 1982) in den Vordergrund gerückt werden (vgl. auch ebd., S. 205f.).

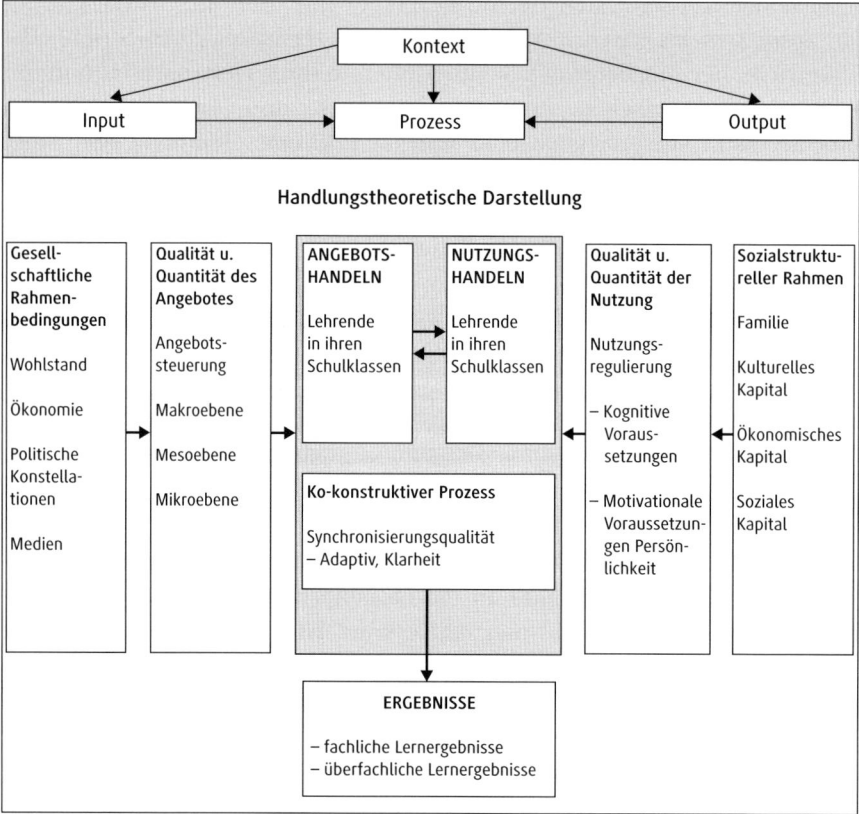

Abb. 1: Mehrebenentheoretisch erweitertes Angebot-Nutzungsmodell von Fend (2008b, S. 22)

Zugleich stellt jedes Modell eine Komplexitätsreduktion dar. Die Darstellung in Abbildung 1 soll dementsprechend nicht suggerieren, dass andere Aspekte, z.B. grundlegende Werte und Haltungen, für inklusive Unterrichtsprozesse nicht relevant sind, sie kann jedoch als Ausgangspunkt für eine Auseinandersetzung mit Merkmalen guten Unterrichts dienen.

Fend (2008a) fasst Unterrichtsqualität als Synchronisierungsqualität im Prozess der Ko-Konstruktion von Lehrenden und Lernenden. Betrachtet man hier die Lehrenden, ist für die Ebene des Unterrichts nach Fend die »Rekontextualisierung« als Adaption bzw. »Reinterpretation von Vorgaben« (Fend, 2009, S. 174) des schulischen »Masterplan(s)« (Fend, 2008b, S. 236), d.h. insbesondere der curricularen Vorgaben, relevant. In diesem Zusammenhang unterscheidet Fend zwischen einer primären und einer sekundären Rekontextualisierung. Die primäre Rekontextualisierung bezieht sich auf die Adaption des Masterplans im Verhältnis zu den Besonderheiten der jeweiligen Lerngruppe, z.B. den individuellen Lernmöglichkeiten und -voraussetzungen der Schüler/innen. Die sekundäre Rekontextualisierung ist durch eine Auseinandersetzung der Lehrperson mit den institutionellen Vorgaben und Regelungen, z.B. Prüfungen, aber auch dem »soziale(n) Erwartungskontext«, also den Erwartungen der Eltern, Gemeinde bzw. Öffentlichkeit, gekennzeichnet (Fend, 2008b, S. 331ff.). Dass diese beiden Anforderungen für die Lehrkraft durchaus spannungsvoll sein können, wird z.B. mit Blick auf eine stärker individualisierende Unterrichtsgestaltung deutlich, wenn diese im Spannungsverhältnis zu vorgegebenen, standardisierten Tests und den durch die eigene Schulzeit geprägten Erwartungen einiger Eltern steht. Hierbei spielt wiederum die dargestellte Perspektivgebundenheit der Qualitätseinschätzung eine Rolle.

Es kann somit nicht um *den* guten Unterricht gehen. Zugleich können, ausgehend von den bisherigen Forschungsergebnissen, bestimmte Elemente eines guten Unterrichts beschrieben werden.

Merkmale guten Unterrichts und spezifische Anforderungen an einen inklusiven Unterricht

Im Bericht zu der Frage »How People Learn« stellt das »Committee on Developments in the Science of Learning« (Bransford/Brown/Donovan, 2000) folgende *Herausforderungen für einen guten Unterricht* heraus:

- *Es geht um verstehendes Lernen*: Ohne die Relevanz von Faktenwissen zu bestreiten, besteht brauchbares Wissen nicht aus unzusammenhängenden, einzelnen Fakten, sondern ist vernetzt und um zentrale Konzepte herum organisiert. So beschreibt Weinert (1996, S. 115) intelligentes Wissen als »ein wohlorganisiertes, disziplinär, interdisziplinär und lebenspraktisch vernetztes System von flexibel nutzbaren Fähigkeiten, Fertigkeiten, Kenntnissen und metakognitiven Kompetenzen«.

◆ *Vorwissen ist der Ausgangspunkt neuen Wissens*: Wissensaufbau ist als Prozess zu verstehen, in den auch die jüngsten Lernenden ihre Sicht auf die Dinge mit in den Unterricht (ein-)bringen. So betonte Ausubel bereits 1968 die entscheidende Bedeutung dessen, was ein Lernender oder eine Lernende bereits weiß. Dies spiegelt sich auch in der Synthese der Metaanalysen durch Hattie (2012, S. 37) wider: »It is the case that prior achievement is a powerful predictor of the outcomes of lessons«. Werden das Vorwissen und die Vorerfahrungen der Schüler/innen nicht einbezogen bzw. verfügen Schüler/innen nicht über die vorausgesetzten Vorkenntnisse, kann dies Lernschwierigkeiten bedingen.

◆ *Aktives Lernen muss gefördert werden*: Lernen ist ein aktiver und konstruktiver Prozess. Sinnvolle Kontextbezüge, die Möglichkeit der Kontrolle und der Übernahme von Verantwortung für das eigene Lernen erhöhen die Produktivität für das lernende Subjekt (vgl. Weinert, 1996; Werning, 2012).

In der Auseinandersetzung mit einer Gestaltung guten Unterrichts werden vielfach die von Helmke (2012, S. 168ff.) auf der Basis von internationalen Ergebnissen der Unterrichtsforschung herausgearbeiteten *Merkmale bzw. Qualitätsbereiche guten Unterrichts* herangezogen (vgl. u. a. Moser/Redlich, 2011, S. 11; Klemm/Preuß-Lausitz, 2011, S. 33f.): Helmke verweist u. a. auf die Bedeutung der »*Aktivierung*«, z. B. durch die Förderung selbstgesteuerten Lernens, und »*Motivierung*« der Schüler/innen. Damit verbunden ist ein »*lernförderliches Klima*«, das u. a. einen konstruktiven Umgang mit Fehlern umfasst, sowie eine *Orientierung* an dem Vorwissen, den Interessen und Bedürfnissen der Schüler/innen (ebd. S. 205ff.; vgl. zur Förderung der Interessen im Unterricht auch: Lichtblau, 2013). Gleichzeitig ist eine »*Kompetenzorientierung*« relevant, wobei sich Helmke (2012, S. 240ff.) auf die Bildungsstandards bezieht. Ausgehend davon, dass für Lernprozesse selten gilt, dass sie ausgehend von einer »bloßen« *Informationsaufnahme* erfolgen, kommt ferner der *Konsolidierung und Sicherung* und damit dem *intelligenten Üben* eine hohe Bedeutung zu (ebd., S. 201ff.).

Neben der »*Klarheit und Strukturiertheit*« u. a. in Hinblick auf die akustische und inhaltliche Verständlichkeit der Lehrperson (ebd., S. 190ff.) wird zudem die »*Klassenführung*« bzw. das Classroom Management als weiteres

Merkmal herausgestellt (vgl. hierzu auch Hattie, 2009; mit Blick auf inklusive Lerngruppen: Emmer/Stough, 2001, S. 108). Ausgehend von den heterogenen sozio-kulturellen Hintergründen hebt Lahtz (2013, S. 28f.) die Relevanz eines kultursensiblen Classroom Managements hervor.

Die bereits herausgestellte Bedeutung einer Vielfalt der Herangehensweisen bzw. »*Methodenvielfalt*« stellt nach Helmke (2012, S. 263ff.) einen weiteren Qualitätsbereich dar. Der »*Umgang mit Heterogenität*« (ebd., S. 248ff.) kann, wie in der Auseinandersetzung mit dem Inklusionsbegriff dargestellt, als zentral für eine inklusive Unterrichtsgestaltung gesehen werden. Hierbei geht Helmke u. a. auf die Themen Differenzierung und Individualisierung ein, die weiter unten noch einmal aufgegriffen werden.

Mit Blick auf die *spezifischen Anforderungen für guten inklusiven Unterricht* heben Moser und Redlich (2011, S. 11) die Relevanz einer »curriculums- und systembezogenen Diagnostik«, »kooperative(r) Lernformen« und »individuelle(r) Feedbacks« hervor (vgl. zur Diagnostik auch: Bundschuh, 2010; Werning/Lichtblau, 2012). Letzteres erscheint auch für die Förderung von Schüler/innen mit Lernschwierigkeiten bedeutsam. Mit Blick auf eine spezifische Unterrichtsgestaltung für die Lernförderung von Schüler/innen mit Lernschwierigkeiten stellen Werning und Baumert (2013, S. 42f.) auf der Basis bisheriger Reviews und Metaanalysen die wesentliche Bedeutung der Vermittlung und Anwendung von kognitiven Strategien sowie direkter Instruktion heraus. Direkte Instruktion ist dabei nicht mit dem »traditionellen Frontalunterricht« zu verwechseln. Vielmehr erscheinen in diesem Zusammenhang folgende Merkmale für die Unterrichtsgestaltung relevant:

»1. Kommunikation der Unterrichtsziele und Erfolgskriterien;
 2. Zerlegung der Aufgaben in Teilschritte;
 3. Anpassung der Schwierigkeit der Aufgaben an die Fähigkeit der Schüler/innen, so dass Bearbeitung und Lösung kognitiv herausfordernd sind, aber im Bereich der proximalen Entwicklung liegen;
 4. Arbeiten mit strukturiertem Material und ausgearbeiteten Lösungsbeispielen
 5. regelmäßige Leitungskontrolle;
 6. häufiges informationshaltiges Feedback;
 7. Hinweise auf Strategieverwendung;
 8. verteiltes Üben und Wiederholen;
 9. interaktive Arbeitsformen in kleinen Gruppen und
10. Vergabe von Zusatzaufgaben« (ebd.).

Dass individuelles Feedback bedeutend für schulische Lernprozesse ist, zeigen Hattie und Timperley (2007). Klemm und Preuss-Lausitz (2011, S. 34) heben in ihrer Zusammenfassung der Ergebnisse der integrativen Begleitforschung ebenfalls die Bedeutung »kommunikativen Lernens« unter Peers für einen guten inklusiven Unterricht hervor (siehe hierzu: Punkt 3.5.4 zum kooperativen Lernen). In diesem Zusammenhang nennen sie, gleichsam als Teilaspekt der Methodenvielfalt, einen häufigen Wechsel der Sozialformen, das »Lernen mit allen Sinnen« sowie das »Lernen durch Handeln« als weitere Kriterien. Darüber hinaus betonen sie die »Verantwortungsübergabe auch an ›schwierige‹ Schüler/innen« sowie die »verstärkte Partizipation« der Schüler/innen, z. B. durch Wahlmöglichkeiten bei den Aufgaben. Die Autoren benennen zudem neben der Dokumentation, z. B. durch Portfolios, die »Einführung von Zielvereinbarungen in Entwicklungsgesprächen generell und durch Förderpläne mit SEN-Schülern«, also Schüler/innen mit diagnostiziertem Förderbedarf.

5   Spannungsfelder inklusiver Unterrichtsgestaltung

Inklusive Unterrichtsgestaltung zwischen individuellen Zielen und Standards

Insbesondere angesichts der dargestellten Bedeutung des individuellen Vorwissens und der Vorerfahrungen der Schüler/innen weist inklusive Unterrichtsgestaltung grundlegend eine Zieldifferenz dahingehend auf, dass im Sinne einer Differenzierung und Individualisierung (s. u.) verschiedene Schüler/innen unterschiedliche Ziele zu gleichen Zeit verfolgen oder aber gleiche Ziele zu unterschiedlichen Zeitpunkten. So ist nach Hinz (2003, S. 331) »ein individualisiertes Curriculum für alle« für Inklusion bedeutend. Demgegenüber ist vor dem Hintergrund der rechtlichen Vorgabe die Unterscheidung zieldifferent – gegenüber zielgleich – in der Praxis meist auf bestimmte Schülergruppen mit sonderpädagogischen Förderbedarf bezogen, also an den Status eines sonderpädagogischen Förderbedarfs im Bereich Lernen bzw. geistige Entwicklung gebunden. Zugleich sind, im Sinne der Kompetenzorientierung nach Helmke, auch für die inklusive Unterrichtsgestaltung die Bildungsstandards bzw. curricularen Vorgaben grundlegend. Damit bewegt sich der Unterricht, wie Werning und Lütje-

Klose (2012, S. 153) anmerken, »ständig zwischen ... kulturell vorgegeben und individuell bedeutsamen Bildungszielen«.

Hiermit ist das Verhältnis von Inklusion und Standards angesprochen, welches aktuell vielfach diskutiert wird, z. B. im Rahmen des Herausgeberbandes »Die inklusive Schule. Standards für die Umsetzung« (Moser, 2012). Ausgehend von der Kontroverse um die Vereinbarkeit von Inklusion und Standards (u. a. Geiling/Hinz, 2005) beziehen sich Boban und Hinz (2012, S. 71) auf eine »vermittelnde Position« und betonen, »dass es eher darauf ankommt, wie Standards definiert werden«. Hierbei erscheint die Verknüpfung von (Regel-)Standards mit einer Fokussierung auf eine standardisierte Leistungsmessung (vgl. Heinrich, 2010) für eine inklusive Unterrichtsgestaltung als erschwerende Bedingung: So weisen Ainscow et al. (2006, S. 12) ausgehend von den (aus inklusiver Perspektive zu problematisierenden) Erfahrungen in den USA und Großbritannien, insbesondere mit den sanktionsbewehrten Leistungstests (High-Stakes-Testing), darauf hin: »On the face of it, inclusion and the standard agenda are in conflict because they imply different views of what makes an improved school, different ways of thinking about achievements and different routes for raising them.«

Ein prinzipiell produktives Verhältnis beschreibt Altrichter (2011, S. 20) in seiner Auseinandersetzung mit der Relation von Bildungsstandards und Individualisierung, welche er als Reformpolitiken diskutiert: »Die BS [Bildungsstandards]-Strategie kann der I/D [Individualisierungs/Differenzierungs]-Strategie die Lösung eines ihrer zentralen Probleme anbieten, nämlich die Frage, wo Individualisierung und Differenzierung eher zu einer Vereinheitlichung der Lernergebnisse genutzt werden sollen und wo sie zu deren Differenzierung beitragen sollen« (vgl. zu dieser Problematik der Differenzierung auch: Wischer/Trautmann, 2012, S. 33ff.).

Wie Standards definiert werden, erscheint somit für die Möglichkeiten einer inklusiven Unterrichtsgestaltung entscheidend. In diesem Zusammenhang wird die Festlegung von Mindeststandards gefordert (vgl. u. a. Mahnke, 2012, S. 127; Werning, 2012, S. 58). Prengel (2012, S. 178) hebt demgegenüber die Bedeutung »individualisierungsfähige(r) Standards« hervor, die sich auf »domänenspezifische Stufenmodelle, zum Beispiel des Schriftspracherwerbs und des mathematischen Lernens« beziehen. Wenngleich hiermit die Schwierigkeit verbunden ist, dass sich nicht alle Lernbereiche und -inhalte auf hierarchisch organisierte Stufenmodelle beziehen lassen, wird hier für die Sekundarstufe zugleich die Herausforderung angesprochen, sich mit der Förderung von Basiskompetenzen in diesem Bereich auseinanderzusetzen und diese zu berücksichtigen. Dass neben »entwicklungslogisch bestimmten Lehrgangsthemen« individuelle Zielsetzungen mit

Blick auf den Lebensweltbezug bedeutend sind, betonen u. a. Meister und Schnell (2012, S. 185).

Während dies auf die Relevanz differenzierter und individueller Ziele für die Gestaltung eines inklusiven Unterrichts verweist, ist zugleich kritisch zu reflektieren, inwiefern dadurch bestimmte Schüler/innen keinen Zugang zu bestimmten Inhalten erhalten: So problematisieren Wischer und Trautmann (2012, S. 33ff.): »Ein differenzierendes Curriculum kann nämlich schnell zu einem reduzierten Curriculum für bestimmte Schüler(gruppen) werden«. Sturm (2011, S. 101f.) weist in diesem Zusammenhang auf eine niederländische Studie von Jungbluth (1994) hin, deren Ergebnisse verdeutlichen, dass die Lehrkräfte Lernziele und Anforderungen in Abhängigkeit von der sozialen Herkunft der Schüler/innen konzipieren. Hier zeigt sich wiederum die eingangs dargestellte Relevanz, mit Blick auf eine inklusive Unterrichtsgestaltung die Konstruktion von Differenz kritisch zu analysieren.

Inklusive Unterrichtsgestaltung – (k)eine Frage des Settings?

Ausgehend von der dargestellten Relevanz individueller bzw. differenzierter Zielsetzung stellt sich grundlegend die Frage nach den Auswirkungen einer durchgehenden Förderung im Klassenzusammenhang gegenüber denen einer zeitlich begrenzten Förderung in einem speziellen, additiven Setting in einer (Klein-) Gruppe für die Lernentwicklung von Schüler/innen mit besonderen Förderbedarf. Mit Blick auf die Unterscheidung in äußere und innere Differenzierung (Binnendifferenzierung) nach Klafki und Stöcker (1976) verweist letzteres auf einer Form der äußeren Differenzierung, die als schulorganisatorische Maßnahme auf mehr oder weniger »stabile Teilgruppen« zurückgreift (Altrichter, 2011, S. 15; vgl. auch Bohl et al., 2012). Basierend auf den bisherigen Forschungsergebnissen – hier ist wiederum die eingangs erwähnte unzureichende Forschungslage relevant – kann ausgehend von Zigmond (2003, S. 196) nicht *das* beste Setting für Schüler/innen mit Förderbedarfe festgelegt werden: »The empirical research not only does not identify one best place but also often finds equivalent progress being made by students with disabilities across settings« Auch der von Dyson, Howes und Roberts (2004) erstellte systematische Forschungsüberblick kommt zu einem ähnlichen Ergebnis. So fasst Dyson (2010, S. 118) mit Blick auf die Strukturen und Praktiken zusammen: »Aus den Studien konnte kein gemeinsames Modell für die Organisation inklusiver Schulen abgeleitet werden. Doch immerhin tendierten alle Schulen in gewissem Grade zu einer Umstrukturierung in Richtung flexibler und weniger segregierender Unterrichtsformen«.

68

Im Rahmen ihrer Darstellung von bisherigen Forschungsergebnissen zu dieser Frage verweisen Löser und Werning (2013, S. 24f.) u. a. auf die Studie von Rea, McLaughlin und Walther-Thomas (2002) zur Lernentwicklung von Schüler/innen mit Lernbeeinträchtigungen an zwei »middle schools«. Während die eine Schule mittels Teamteaching eine durchgängige Förderung innerhalb der Klasse realisierte, förderte die andere Schule Schüler/innen mit besonderen Förderbedarf in speziellen, segregierenden Fördergruppen. Ausgehend von ihren Ergebnissen stellten Rea et al. (2002) die Annahme, dass ein Unterricht und eine Förderung in der Kleingruppe das Abschneiden in standardisierten Tests zwangsläufig verbessere, in Frage. Zudem kann, ausgehend von den Ergebnissen der ethnografischen Studie von Vehkakoski (2012) an finnischen Schulen, Differenzierung mit Spannungen in der Lerngruppe verbunden sein. Die zeitweise Förderung in einem speziellen Setting (»part-time special education environment«) kann die Bewusstheit der Schüler/innen für Leistungshierarchien und ihre Leistung im sozialen Vergleich zu anderen verstärken. Zudem kann eine äußere Differenzierung dazu führen, dass Schüler/innen verstärkt vermeiden, eigene Schwierigkeiten zu zeigen (»to avoid appearing stupid and to prove their competence«; ebd., S. 167).

Diese Ergebnisse stellen den Nutzen einer separierenden, äußeren Differenzierung in Frage. Entsprechend problematisieren auch Heinrich et al. (2013, S. 81) die mit additiven, speziellen Settings verbundene »Etikettierungs- und Stigmatisierungsgefahr«, die das Erreichen einer möglichst weitgehenden Akzeptanz und Partizipation aller Schüler/innen erschwert. Eine solche Gefahr der Etikettierung und Stigmatisierung spiegelt sich u. a. in Forschungsergebnissen zu den Sichtweisen von Schüler/innen wider: So erkennen Schüler/innen die Gruppe der Kinder und Jugendlichen mit Förderbedarf z. T. daran, dass diese »immer« in einen speziellen Förder- bzw. Differenzierungsraum gehen (Arndt/Gieschen, 2013, S. 54; vgl. auch Laubner, 2012). Auch Kahlert und Heimlich (2012, S. 170f.) problematisieren, »dass für Kinder mit sonderpädagogischen Förderbedarf wiederum besondere Lernwege, besondere Organisationsformen und besondere Förderangebote unterbreitet werden. Das damit verbundene Risiko der sozialen Ausgrenzung und Diskriminierung im Klassenverband darf nicht unterschätzt werden«.

Innere Differenzierung – Individualisierung

Als Alternative wird insbesondere eine innere Differenzierung und, damit verbunden, eine Individualisierung diskutiert. Die innere Differenzierung

69

wird in Abgrenzung zur äußeren Differenzierung nicht als schulorganisatorische, sondern didaktische Maßnahme, ohne eine »langfristig stabile Trennung« der Lerngruppe (Altrichter, 2011, S. 15) verstanden. Zugleich erscheint innere Differenzierung als »Sammelbegriff« (Wischer/Trautmann, 2012, S. 36). Das Verhältnis von Individualisierung und innerer Differenzierung wird unterschiedlich bestimmt, einerseits werden die Begriffe nahezu synonym verwendet, anderseits wird Individualisierung z. T. als übergeordnete Zieldimension innerer Differenzierung beschrieben. Bohl et al. (2012, S. 5f.) beziehen innere Differenzierung auf Teilgruppen, Individualisierung auf das Individuum. In dieser Perspektive ist Individualisierung die »extremste Ausprägung der Differenzierung«. Zugleich ist für die Unterscheidungen in der konkreten Unterrichtspraxis relevant, dass z. T. übereinstimmende Konzepte und Methoden, wie die Arbeit mit Wochenplänen, genutzt werden (Bohl et al., 2012, S. 47).

Bönsch (2011, S. 7ff.) unterscheidet in Hinblick auf die innere Differenzierung zwei »Differenzierungsstrategien«: zum einen die »unterrichtsprozessgebundene innere Differenzierung« (ausgehend von der »herkömmlichen Planung und Gestaltung des Unterrichtsprozesses«), zum anderen die »freigebende innere Differenzierung«, z. B. durch eine jahrgangsübergreifende Arbeit. Eine Differenzierung bzw. Individualisierung kann auf ganz unterschiedliche Aspekte bezogen sein. Bönsch (2011, S. 71) unterscheidet hier die folgenden »Differenzierungskriterien«: »Er-, Be- und Verarbeitungsweise; Quantität der Unterrichtsinhalte; Anspruchsniveau (Qualität); Selbstständigkeit – Umfang benötigter Hilfen; Zeit; Kooperationskompetenz; Zieldifferenzierung; Planerfüllung oder zusätzliche Interessen.«

Klieme und Warwas (2011, S. 810) nehmen in ihrer Auseinandersetzung mit »Binnendifferenzierung durch adaptiven Unterricht« für diesen folgende Unterscheidung vor:

◆ *Makro-Adaptation*: auf Klassenebene; »Anpassung des Curriculums (im umfassenden Sinne: Ziele, Inhalte, Methoden, Medien und Materialien, Sozialform und Lernzeit)«
◆ *Mikro-Adaptation*: »auf der Prozessebene im Verlauf der Lehrer-Schüler-Interaktion hergestellt«, z. B. »individuell abgestimmte Rückmeldungen und Fragen«

Hier kann deutlich werden, dass für eine innere Differenzierung und Individualisierung die Vorbereitung des Unterrichts einen hohen Stellenwert erhält, jedoch zugleich die konkrete Unterrichtssituation und deren Reflexion bedeutend ist. Seitz (2008, S. 177) sieht grundsätzlich das besondere

Potential einer inklusiven Didaktik darin, Lernbeobachtung, Reflexion und didaktisches Handeln zu verknüpfen.

Mit Blick auf Forschungsergebnisse zu dem Bereich innere Differenzierung und Individualisierung weisen Bohl et al. (2012, S. 61) darauf hin, dass auch vor diesem Hintergrund die »Forschungslage ... sehr uneinheitlich und lückenhaft« ist. Die in dem Titel des Beitrages von Wischer (2008) zitierte Aussage einer Lehrkraft – »Binnendifferenzierung ist ein Wort für das schlechte Gewissen des Lehrers« – verweist auf die Problematik, dass eine innere Differenzierung und Individualisierung wenig umgesetzt wird bzw. als Belastung und Überforderung erscheint. So verdeutlichen Shippen et al. (2011, S. 37ff.) in ihrem Forschungsüberblick, dass Lehrkräfte im Sekundarbereich im Vergleich zum Primarbereich größere Schwierigkeiten mit einer schülerzentrierten und differenzierenden Unterrichtsgestaltung haben. Dies gilt insbesondere für eine gezielte und systematische Differenzierung des Unterrichtsinhalts für die Schüler/innen mit festgestellten Förderbedarf (vgl. auch: Amrhein, 2011; Werning, 2011). Wenngleich sich die quantitative Studie von McGhie, Underwood und Jordan (2007) auf den Primarbereich bezieht, erscheint auch für eine Reflexion der Unterrichtsgestaltung in der Sekundarstufe ihr Ergebnis relevant: Während u. a. individuelle Entwicklungspläne Lehrkräfte darin unterstützen, die Bedürfnisse der Schüler/innen mit festgestellten Förderbedarfen (»designated as exceptional«) zu beachten, besteht gerade für Schüler/innen »at risk« die Gefahr, dass ihre Bedürfnisse keine Aufmerksamkeit erhalten (ebd., S. 41). Bezogen auf die Wirksamkeit einer inneren Differenzierung spiegeln sich positive Auswirkungen z. B. für den Leselernprozess in der Studie von Reis, McCoach, Little, Muller und Kaniskan (2011, S. 495) wider. Darüber hinaus stellen Lipkowsky, Kastens, Lotz und Faust (2011, S. 880) für den Anfangsunterricht der Grundschule einen positiven Zusammenhang zwischen einer aufgabenbezogenen Differenzierung und einer positiven Entwicklung des Selbstkonzeptes der Schüler/innen heraus. Während sich dieses Ergebnis nicht für den Leselernprozess zeigt, wird insgesamt deutlich, dass »der soziale Vergleich der Schüler in Klassen, deren Lehrkräfte über eine ausgeprägtere Differenzierungspraxis berichten, offenbar abgeschwächt (wird)« (ebd.). Wenngleich auch grundsätzlich für einen inklusiven Unterricht nicht davon ausgegangen werden kann, dass ein sozialer Vergleich in der Lerngruppe gar keine Rolle mehr spielt (vgl. Prengel, 2012, S. 180), kann dies als bedeutend für eine inklusive Unterrichtsgestaltung auch im Sekundarbereich angesehen werden.

Zugleich bestehen hier noch grundlegende Forschungsdesiderata. Bohl et al. (2012, S. 61) heben in diesem Zusammenhang hervor, dass »die Forschungslage (insgesamt verdeutlicht), dass individualisierter, differenzierter oder offener Unterricht keinesfalls per se wirksam ist, sondern im Gegenteil insbesondere mit Blick auf hohe Fachleistungen und mit Blick auf leistungsschwächere Schülerinnen und Schüler intelligent organisiert sein muss«. Entsprechend betont Helmke (2012, S. 262), dass Leistungsdifferenzierung den Rahmen darstellt, jedoch entscheidend ist, »wie lernförderlich die dabei eingesetzten Unterrichtsmethoden sind«. Vor diesem Hintergrund ist aus der Sicht von Helmke (2012, S. 262) die Frage nach der Qualität wichtiger als nach der Quantität. Hierbei spielt wiederum die oben dargestellte Perspektivgebundenheit eine Rolle. So weist Helmke mit Blick auf die Metaanalysen von Hattie (2009) auf die Schwierigkeit hin, dass dieser die Auswirkungen auf die fachlichen Leistungen fokussiere, während die Maßnahmen z. T. andere Zielsetzungen verfolgen. Für die anglo-amerikanische Auseinandersetzung mit »differentiated instruction«, welches sich als Konzept aus der Hochbegabtenförderung entwickelt hat, werden die Arbeiten von Tomlinson und Kolleg/innen vielfach zitiert. Ausgehend von dem Ergebnis, dass Lehrkräfte v. a. differenzieren, indem sie reagieren, betonen diese als ein entscheidendes Prinzip: »Effective differentiation of curriculum and instruction is proactive, rather than reactive« (Tomlinson et al., 2003, S. 131).

Mit Blick auf eine Differenzierung sehen Bohl et al. (2012, S. 51f.) zudem einen zentralen Unterschied in der Selbst-/Mitbestimmung der Schüler/innen bzw. der Frage: »Wie kommt also der Schüler bzw. die Schülerin zur Aufgabe«? Grundlegend kann hier unterschieden werden zwischen einer Entscheidung durch die Lehrkraft oder durch die Schüler/innen selbst (ebd.; vgl. auch: Smit/Humpert, 2012, S. 1153). Während innere Differenzierung und Individualisierung häufig auf Formen des selbstständigen, individuellen Lernens bezogen werden, sind zugleich kooperative Formen für eine inklusive Unterrichtsgestaltung relevant. Diese sollen im Folgenden im Vordergrund stehen.

Kooperatives Lernen im inklusiven Unterricht

Kooperatives Lernen wird als bedeutend für den Unterricht in heterogenen Gruppen angesehen (vgl. u. a.: Avci-Werning/Lanphen, 2013, S. 150; Lütje-Klose, 2011, S. 13; Meijer, 2005, S. 5; Moser/Redlich, 2011, S. 11; Vehkakoski, 2012, S. 167). Zugleich kann nicht davon ausgegangen werden, dass sich aus der gleichzeitigen Anwesenheit im Raum bereits kooperatives bzw. inklusives Lernen ergibt. Im Rahmen der Diskussion der integrativen Pädagogik bzw. Didaktik hebt u. a. das Modell der integrativen Prozesse (Reiser/Klein/Kreie, 1986) hervor, dass immer wieder Aushandlungen auf unterschiedlichen Ebenen notwendig sind. Sich auf dieses Modell beziehend, unterscheidet Wocken (1998) vier verschiedene Formen der Kooperation von Schüler/innen (vgl. hierzu auch Werning/Lütje-Klose, 2012, S. 149):

- *Koexistente Lernsituationen*: Hier verfolgen die Schüler/innen jeweils eigene Pläne, ein Austausch ist am Rande möglich, z. B. im Rahmen der selbstständigen Bearbeitung von Wochenplanaufgaben.
- *Kommunikative Lernsituationen*: Die Schüler/innen verhandeln Themen, die für sie aktuell relevant sind, ohne dass diese direkt auf den Unterrichtsinhalt bezogen sind oder durch die Lehrkraft angeregt wurden. Für die Unterrichtsgestaltung ist es entsprechend bedeutend, diese Kommunikation zu ermöglichen.
- *Subsidiäre Lernsituationen*: Diese sind durch eine Asymmetrie der Rollen gekennzeichnet: ein Schüler bzw. eine Schülerin hilft einem oder einer anderen. Dies wird auch unter dem Begriff Peer-Tutoring diskutiert. Hierbei ist darauf zu achten, dass die Unterstützung nicht dauerhaft einseitig erfolgt und der Tutor bzw. die Tutorin auch eigene Ziele verfolgen kann.
- *Kooperative Lernsituationen*: Wocken fasst hierunter einerseits komplementär organisierte Situationen, in denen beide Partner/innen zusammenarbeiten, jedoch unterschiedliche Ziele verfolgen. Anderseits Situationen, in denen beide angenäherte oder sogar gleiche Ziele verfolgen, z. B. im Rahmen von Projekten.

Hier wird bereits deutlich, dass Situationen kooperativen Lernens an bestimmte Voraussetzungen und Zielsetzungen gebunden sind. Nach Weidner (2009, S. 33) ist für das kooperative Lernen grundlegend, dass »Lernen ... in weiten Teilen als sozialer Prozess« verstanden wird und der Kontakt und Austausch zwischen Mitschüler/innen nicht negativ sanktioniert, sondern gezielt genutzt wird. Hierbei wird davon ausgegangen, dass »Lernen durch Lehren« vorteilhaft und nachhaltig ist. Kooperatives Lernen unterscheidet sich von einer unstrukturierten Gruppenarbeit. Johnson und Johnson (1999) benennen *fünf Basiselemente des kooperativen Lernens* (vgl. hierzu auch: Avci-Werning/Lanphen, 2013, S. 151; Weidner, 2009, S. 34):

- »*positive interdependence*«: Zentral ist die positive, wechselseitige Abhängigkeit, z. B. über ein gemeinsames Ziel. Jeder bzw. jede Einzelne ist nur dann erfolgreich, wenn die Gruppe Erfolg hat (bzw. umgekehrt).

Hierzu kann neben einem Gruppenziel z. B. die Verteilung bestimmter, komplementärer Rollen oder das Bereitstellen von nur einem Material für die ganze Gruppe beitragen (vgl. hierzu auch: Weidner, 2009, S. 55).

◆ *»individual accountability«*: Alle Gruppenmitglieder sind für den Lern- bzw. Arbeitsprozess der Gruppe und das Ergebnis verantwortlich. Hierbei kann z. B. bedeutend sein, dass jeder bzw. jede für die Präsentation der Ergebnisse ausgewählt werden könnte (vgl. auch Avci-Werning/Lanphen, 2013, S. 151).

◆ *»face-to-face interaction«*: Die Gestaltung des äußeren Rahmens der Gruppenarbeit ermöglicht einen direkten Kontakt. Die Aufgabenstellung ermöglicht einen intensiven Austausch.

◆ *»social skills«*: Soziale Kompetenzen werden gezielt trainiert, um Misserfolge z. B. durch häufige Konflikte zu vermeiden. Dies setzt eine bewusste Auseinandersetzung mit den für die jeweilige Aufgabe relevanten sozialen Fähigkeiten voraus (vgl. zur Diagnostik und Förderung sozialer Kompetenzen in der Klasse auch: Lichtblau, 2010).

◆ *»group processing«*: Der Arbeitsprozess und das Ergebnis der Gruppe werden reflektiert, um die kooperativen Kompetenzen weiter zu entwickeln. Beispiele und weiterführende Hinweise für die Gestaltung kooperativer Lernformen finden sich u. a. bei Weidner (2009) sowie Green und Green (2007).

Avci-Werning und Lanphen (2013, S. 150) stellen einen aktuellen Überblick über Forschungsergebnisse zur Frage dar, wie kooperatives Lernen »zu einem Abbau von Vorurteilen gegenüber ›anderen‹ und zu einer Förderung gleicher Lernchancen in inklusiven Schulen beitragen kann«. In diesem Zusammenhang stellen sie u. a. heraus, dass ein »förderlicher Kontakt – z. B. durch kooperatives Lernen in inklusiven Klassen mit Mitschülerinnen und Mitschülern, die sich gegenseitig als ›anders‹ wahrnehmen – ... insgesamt zu einer veränderten Haltung gegenüber anderen Gruppen und zu mehr Toleranz von Andersartigkeiten zu führen« scheint (ebd., S. 159). Zudem setzten sich die Autorinnen mit dem »Stereotype Threat«, der »Bedrohung durch negative Stereotype« auseinander. Hier verdeutlichen bisherige Forschungsergebnisse negative Auswirkungen auf die Leistungen der stereotypisierten Schüler/innen für verschiedene Gruppen, u. a. für Personen mit niedrigen sozioökonomischen Status bei der Bearbeitung von standardisierten Leistungstests oder für Frauen bei der Bearbeitung von mathematischen Aufgaben (vgl. ebd., S. 162ff.). Avci-Werning und Lanphen (2013, S. 163f.) verweisen in diesem Zusammenhang darauf, dass kooperatives Lernen »durch Stereotype ausgelösten negativen Prozessen entgegenwirken« kann, da die Heterogenität der Schüler/innen nicht als Problem gesehen wird, sondern gezielt genutzt wird. Zudem können Erwartungseffekte seitens der Lehrkraft verhindert werden, »da die Interaktion der Lehrkraft in dieser Lernsituation mit der gesamten Kleingruppe erfolgt und weniger mit individuellen Schülerinnen und Schülern, ... implizite Erwartungen über eine geringere Leistungsfähigkeit Einzelner [können sich] nicht mehr so stark auswirken« (ebd., S. 163). Dass kooperatives Lernen für die Sprachförderung förderlich sein kann, zeigen Avci-Werning und Lanphen (2013, S. 165) ausgehend von den Ergebnisse von Shachar und Sharan (1994): im Kontrast zu lehrerzentrierten Unterrichtsformen oder Formen des individuellen Lernens erhöht kooperatives Lernen die Möglichkeiten zur verbalen Äußerungen und führt auch langfristig zu häufigeren und ausführlicheren Äußerungen in anderen Situationen.

Zugleich ist kooperatives Lernen dahingehend durch eine höhere Komplexität im Vergleich zum individuellen Lernen gekennzeichnet, dass neben der Bearbeitung der inhaltlichen Aufgabe (»taskwork«), die Arbeit im Team (»teamwork«) erforderlich ist (Johnson et al., 1998, zit. nach Avci-Werning/Lanphen, 2013, S. 165). Vor diesem Hintergrund wird z. T. auf die begrenzten Möglichkeiten kooperativer Lernformen für Schüler/innen mit Lernschwierigkeiten hingewiesen (vgl. zusammenfassend: Souvignier, 2007). Neben dem gezielten Training sozialer Kompetenzen (s. o.), weisen Avci-Werning und Lanphen (2013, S. 165f.) in diesem Zusammenhang auf die Bedeutung einer »individuelle(n) Adaption des Arbeitsauftrages« sowie einer »Unterstützung mittels technologischer Hilfsmittel (z. B. mündliche Instruktion über einen MP3-Player bei Leseschwierigkeiten)« hin. Souvignier (2007, S. 464f.) verweist darauf, dass es für Schüler/innen mit Lernschwierigkeiten leichter sein kann, die Ergebnisse anderer zu kontrollieren, als die eigenen, was entsprechend berücksichtigt werden kann. Zudem können an Stelle des Lernergebnisses andere Zielsetzungen, wie z. B. die Förderung der Planungsfähigkeit, bedeutend sein (vgl. ebd.). Zugleich stellen Avci-Werning und Lanphen (2013, S. 168) zusammenfassend fest, dass »Schülerinnen und Schüler *aller* Leistungsniveaus von dieser Unterrichtsmethode profitieren« können (Herv. i. Org.). Wird kooperatives Lernen im inklusiven Kontext angewandt, verändert sich zugleich die Rolle der Lehrkraft, er oder sie wird zur/zum Interaktionsmanager/in. Neben der Einstellung der Lehrkräfte wird in diesem Zusammenhang der Kooperation im Kollegium ein hoher Stellenwert beigemessen (vgl. ebd., S. 154f.). Eine Auseinandersetzung mit der Kooperation im Kollegium soll im Folgenden im Vordergrund stehen.

6 Inklusiven Unterricht gemeinsam gestalten – Kooperation im Kollegium

Die Kooperation von Fachkräften mit unterschiedlicher Qualifikation kann als grundlegendes Element inklusiver Schulen und einer inklusiven Unterrichtsgestaltung gesehen werden. Entsprechend formulieren Wallace et al. (2002, S. 350): »A collaborative approach to teaching and support for collaborative practices appears to be an essential part of successful inclusion«. So gilt die Zusammenarbeiten von Regelschullehrkräften und Sonderpädagog/inn/en seit Beginn des gemeinsamen Unterrichts als »unstrittige Voraussetzung« (Schwager, 2011, S. 92). Bevor die Gestaltung dieser Zusammenarbeit fokussiert wird, wird im Folgenden auf die Kooperation von Lehrkräften eingegangen, insbesondere mit Blick auf die Unterrichtsentwicklung in Unterrichtsteams. Neben einer Auseinandersetzung mit dem Kooperationsbegriff werden hierzu bisherige Forschungsergebnisse im Überblick dargestellt. Zugleich werden auch für den Bereich der Kooperation von Lehrkräften (mit unterschiedlicher Qualifikation) grundlegende Forschungsdesiderata hervorgehoben (vgl. u. a. Gräsel/Fußangel/Probst, 2006, S. 216; Lindmeier/Beyer, 2011, S. 397; Ihme/Schwartz/Möller, 2012, S. 125; Moser/Redlich, 2011, S. 10; Schwager, 2011, S. 92).

Kooperation von Lehrkräften

In der Auseinandersetzung mit der Kooperation von Lehrkräften wird ein »Auseinanderklaffen von Anspruch und Wirklichkeit« (Terhart/Klieme, 2006, S. 163f.) deutlich. Gegenüber dem Hervorheben der »Notwendigkeit von Kooperation« und den mit der Kooperation verbundenen »Vorteile[n] und positiven Wirkungen« zeigt sich, »dass diese Kooperation entweder gar nicht oder nicht im notwendigen Maße bzw. nicht in anspruchs- und wirkungsvollen Formen stattfindet« (ebd.; vgl. auch: Steinert/Klieme/Maag Merki/Döbrich/Halbheer/Kunz, 2006, S. 187). Mit Blick auf Forschungsergebnisse zur Kooperation sowie in Hinblick auf die Gestaltung der Zusammenarbeit ist in diesem Zusammenhang bedeutend, dass Kooperation sehr unterschiedlich definiert wird (siehe zu einer Systematisierung unterschiedlicher Definitionen von Kooperation: Ahlgrimm/Krey/Huber, 2012). So kann Kooperation als eine Frage der Einstellung verstanden werden oder auf der Beziehungsebene verortet werden (vgl. ebd.). Zugleich passiert Kooperation, wie Kelchtermans (2006, S. 221) betont, immer in einem spezifischen Kontext. Kooperation setzt in dieser Hinsicht v. a. »die räumliche und zeitliche Gelegenheit zur Zusammenarbeit« (Ahlgrimm et al. 2012, S. 26) voraus. Kooperation kann somit – im Sinne des in diesem Beitrag zu Grunde gelegten Verständnisses – als Zusammenspiel der individuellen, interpersonellen und individuellen Ebene im Kontext der jeweiligen politisch-administrativen Rahmenbedingungen betrachtet werden (vgl. Arndt/Werning, 2013, S. 19; zu den verschiedenen Ebenen: Lütje-Klose/Willenbring, 1999; Reiser et al., 1986).

Zugleich können verschiedene Formen der Kooperation unterschieden werden. Wie Gräsel et al. (2006, S. 209ff.) herausstellen, erfüllen »verschiedene Formen ... unterschiedliche Funktionen«. Es gilt also nicht: »je mehr x, desto mehr y« (ebd., S. 216) bzw. das Prinzip »more is better« (Friend, 2000, S. 132). Orientiert an organisationspsychologischer Forschung unterscheiden sie folgende Kooperationsformen (ebd., S. 209ff.):

- »*Austausch*«: »Austausch ist erforderlich, damit in einem Kollegium alle über relevante oder hilfreiche Informationen (beispielsweise über Schüler) und Materialien verfügen«. Diese Form setzt keine Interdependenz der Ziele voraus, sondern »lediglich die Gelegenheit für (kurze) Gespräche und Treffen«. Die Autonomie der einzelnen Lehrkräfte ist »sehr hoch«. Wenngleich eine Voraussetzung ist, dass die »Informationssuche nicht als Inkompetenz abgewertet wird«, ist diese Form mit relativ geringen »negativen Konsequenzen«, wie z. B. zeitintensiven Aushandlungsprozessen, verbunden (ebd., S. 209f.).
- »*Arbeitsteilung*«: Diese Form erfordert Aufgaben, die eine »verteilte Bearbeitung ermöglichen oder sogar nahe legen« sowie eine gemeinsame Zielsetzung. Grundlegend hierfür ist, »sich über eine präzise Zielstellung sowie eine möglichst gute Form der Aufgabenteilung und -zusammenführung zu verständigen«. Diese Form zielt insbesondere auf eine »Effizienzsteigerung«, indem z. B. Unterrichtseinheiten oder einzelne Aufgaben arbeitsteilig erstellt werden (ebd., S. 210).
- »*Kokonstruktion*«: Diese Form »liegt dann vor, wenn die Partner sich intensiv hinsichtlich einer Aufgabe austauschen und dabei ihr individuelles Wissen so aufeinander beziehen (kokonstruieren), dass sie dabei Wissen erwerben oder gemeinsame Aufgaben- und Problemlösungen entwickeln«. Da Kokonstruktion als bedeutend für die »Effektivität von Innovationen, deren Implementation und der Entscheidungsfindung« angesehen wird (ebd., S. 210f.), ist diese Form für die Unterrichtsentwicklung wesentlich. Kokonstruktion setzt die Möglichkeit einer gemeinsamen Arbeit an einer »›produktorientierte(n)‹ Zielstellung« sowie eine

Abstimmung über den Arbeitsprozess voraus. Dies schränkt die Autonomie der einzelnen Lehrkräfte stärker ein, erfordert Vertrauen und ist zugleich mit einem vergleichsweise hohen Risiko, dass »sachliche und soziale Konflikte« entstehen, verbunden. Gräsel et al. (2006, S. 211) sehen »die eindeutigste Form von Kokonstruktion ... im Teamtaching«.

Zugleich kommen bisherige Studien zu diesem Bereich übereinstimmend zu dem Ergebnis, dass diese intensivere Kooperation in der Praxis nicht oder nur selten realisiert wird (Gräsel et al., 2006; Steinert et al., 2006; Terhart/Klieme, 2006; zusammenfassend: Soltau/Berthe/Mienert, 2012, S. 89). Es gilt, wie es Idel, Ullrich und Baum (2012, S. 14) formulieren: »Je näher man dem Unterricht kommt, desto seltener wird zusammengearbeitet«. Für den Sekundarbereich werden in diesem Kontext hinderliche Bedingungen für eine Kooperation u.a. in Hinblick auf das Fachlehrersystem sowie die Fachleistungsdifferenzierung beschrieben (vgl. u.a. Amrhein, 2011, S. 44ff.; Wessel, 2005, S. 144). Zugleich wurden Unterschiede in Bezug auf die Lehrerkooperation zwischen verschiedenen Schulformen festgestellt: So formulieren Steinert et al. (2006, S. 189): »Lehrkräfte an den integrierten Gesamtschulen kooperieren hinsichtlich der Unterrichtsarbeit auf höherem Niveau als Lehrkräfte an Gymnasien« (vgl. hierzu auch: DESI- Konsortium, 2006, S. 31).

Als Erklärung für die fehlende (intensivere) Kooperation von Lehrkräften wird insbesondere die »additive, ›zelluläre‹ Struktur der Schule als Arbeitsplatz« (Terhart/Klieme, 2006, S. 164) herangezogen. Zudem wird auf das Autonomie-Paritäts-Muster nach Lortie verwiesen: Lehrkräfte sollen nicht in den Unterricht anderer eingreifen, sich als »Gleichberechtigte« behandeln und »im Umgang miteinander zuvorkommend sein und nicht in die Angelegenheiten des Kollegen intervenieren« (Lortie, 1972, S. 42). Die fehlende Realisierung der Kooperation wird auf ein professionelles Selbstverständnis der Lehrkräfte bezogen, welches die eigene Autonomie betont (vgl. zum Verhältnis von Autonomie und Kooperation: Kelchtermans, 2006). So sehen Gräsel et al. (2006, S. 214) auf der Basis ihrer Analyse der subjektiven Theorien von Lehrkräften zur Kooperation bisherige Ergebnisse zu einem »individualistischen Berufsverständnis« bestätigt. Auf Basis ihrer Fragebogenstudie (n = 170) kommen Soltau et al. (2012, S. 100) demgegenüber zu dem Ergebnis, dass »die Mehrheit der Befragten dem Autonomie-Paritäts-Muster nicht zustimmt«. Bei einer Gruppe von Lehrkräften (26 %) sehen sie das Muster jedoch bestätigt. Zugleich verweisen sie auf die Bedeutung weiterer Forschung zu dieser Thematik. Auf Basis seiner qualitativen Inhaltsanalyse von Gruppen- und Einzelinterviews mit Lehrkräften verweist Ahlgrimm (2012, S.176) auf eine »Abwärtsspirale«: »je isolierter Lehrkräfte arbeiten, desto weniger Rückmeldung« erfahren sie, was zu Unsicherheit seitens der Lehrkräfte führen kann, die »wiederum in Abschottungstendenzen mündet«.

Als weitere Bedingung für die Lehrerkooperation erscheint zudem die begrenzte Möglichkeit einer Arbeitsteilung, da eine Arbeitsteilung im Sinne »einer funktionalen Gliederung einzelner Prozesse« nur bedingt realisierbar ist (Kuper/Kapelle, 2012, S. 42). Die »unvollständige Standardisierbarkeit der Unterrichtsarbeit« (Kullmann, 2012, S. 71) stellt zudem eine weitere, entscheidende Bedingung der Kooperation von Lehrkräften dar.

Ahlgrimm (2012, S. 180) sieht gerade in der Reduktion der damit verbundenen Unsicherheit eine Begründung für die Bedeutung der Lehrerkooperation. Die wahrgenommene Unterstützung im Kollegium erscheint als »Schutzschild gegen Arbeitsunzufriedenheit und Burnout« (Gräsel et al., 2006, S. 205). Als weiterer Vorteil der Lehrerkooperation wird der Beitrag der Zusammenarbeit für die Professionalisierung der Lehrkräfte diskutiert (vgl. u. a. Ahlgrimm, 2012, S. 181; Idel/Ullrich/Baum, 2012, S. 9). Hierbei wird u. a. auf die Möglichkeit der Selbstreflexion und des Lernens durch Kolleg/innen verwiesen (vgl. Ahlgrimm, 2012, S. 180). Jedoch betonen Idel, Baum und Bondorf (2012) auf der Basis ihrer Analyse von Gruppendiskussionen und Teamgesprächen mit verschiedenen Lehrerteams an unterschiedlichen Sekundarschulformen, dass eine Zusammenarbeit nicht ohne weiteres zu einer Professionalisierung führt, vielmehr erscheinen Kooperation und Professionalisierung wechselseitig verbunden (vgl. auch Kelchtermans, 2006).

Einen zentralen Fokus in der Diskussion um die Kooperation von Lehrkräften stellt die Bedeutung dieser Kooperation für gute Schulen bzw. guten Unterricht dar. Im Rahmen der Schuleffektivitätsforschung wurde die Art und Weise der Lehrerkooperation als ein zentraler Aspekt effektiver Schulen analysiert (vgl. Steinert et al., 2006, S. 186; Terhart/Klieme, 2006, S. 163ff.). Die Identifikation als effektiver Schule erfolgte dabei ausgehend davon, dass die Schulleistungen der Schüler/innen höher waren als ausgehend von dem sozioökonomischen Status erwartet. Zugleich erscheinen die Ergebnisse zum Zusammenhang zwischen Lehrerkooperation und Schülerleistung nicht durchgehend konsistent, was auf die unzureichende Konzeptualisierung des Konstrukts Lehrerkooperation bezogen wird (vgl. Steinert et al., 2006, S. 186f.). Dennoch sehen Ahlgrimm und Huber (2012, S. 373) sich »aufgrund der vorliegenden empirischen Ergebnisse bestätigt in der Annahme, dass letztlich alle Lernenden in der Schule von Kooperation profitieren können«.

Ein positiver Zusammenhang von Kooperation und Leistungen der Schüler/innen wurde insbesondere für das Konzept der professionellen Lerngemeinschaften herausgestellt (vgl. u. a. Lomos/Hofman/Bosker, 2012, S. 62). Für professionelle Lerngemeinschaften sind die folgenden Merkmale charakteristisch: »Reflektierender Dialog«; »De-Privatisierung der Unterrichtspraxis«; »Fokus auf das Lernen statt auf das Lehren«; »Zusammenarbeit«; »gemeinsame handlungsleitende Ziele« (Bonsen/Rolff, 2006, S. 179; vgl. auch: Bonsen/Hübner, 2012, S. 60; Lomos et al., 2012, S. 55). Als Beispiel für Professionelle Lerngemeinschaften wird im Folgenden kurz auf die Arbeit in Unterrichtsteams eingegangen.

Beispiel: Unterrichtsentwicklung in Unterrichtsteams

Im Rahmen des Projektes »Schul-In IS UE« (2008-2012) wurde die Einführung integrativer Beschulung im Kanton Aargau durch das Institut Weiterbildung und Beratung der Pädagogischen Hochschule der Fachhochschule Nordwestschweiz begleitet (vgl. für eine ausführliche Darstellung: Eschelmüller, 2013; Windlinger/Achermann/Eschelmüller, 2010). Neben weiteren Unterstützungsangeboten wurde hierbei die »Unterrichtsentwicklung mit Unterrichtsteams« (Eschelmüller, 2013) fokussiert. Unterrichtsteams sind eine Form von Professionellen Lerngemeinschaften, welche jedoch im Gegensatz zu anderen Modellen nicht das ganze Kollegium umfassen (vgl. ebd., S. 136). Unterrichtsteams sind klassenübergreifend angelegt und arbeiten langfristig zusammen. Zielsetzung ist, dass in den Unterrichtsteams »Unterrichtsalltag und Unterrichtsentwicklung« verbunden werden (ebd., S. 137). Während die Entwicklung hin zu dem Fokus »Wir und unsere Schule« nach Windlinger et al. (2010, S. 4) für viele Lehrkräfte mit der Schwierigkeit verbunden ist, dass »sie den Zusammenhang zu ihrem Unterricht nicht erkennen oder gar erleben«, verfolgen Unterrichtsteams damit konsequent den Ansatz »Wir und unserer Unterricht«. In Unterrichtsteams können beispielsweise Lehrkräfte aus Parallelklassen eines Jahrgangs- oder Stufenteams zusammenarbeiten oder aber Lehrkräfte, welche die gleichen Fächer/Fachbereich unterrichten (vgl. Eschelmüller, 2013, S. 136). Die Arbeit im Unterrichtsteam setzt regelmäßige zeitliche Ressourcen voraus. So sollten nach Eschelmüller (2013, S. 141) »mind. zwei Stunden pro Woche« eingeplant werden, um »eine ertragreiche Arbeit« zu ermöglichen. Zudem wird empfohlen eine Leitung der Unterrichtsteams zu bestimmen, die insbesondere die »Planung, Moderation, Koordination und Dokumentation der Arbeit« übernimmt (ebd.). Die Leitungen können in einer Steuergruppe zusammenarbeiten, um den »Überblick über die verschiedenen Entwicklungsvorhaben der einzelnen Unterrichtsteams« zu ermöglichen (vgl. ebd., S. 146).

Für die Unterrichtsteams werden vier Funktionen beschrieben. Abhängig von der Intention und Arbeitsweise kann der Schwerpunkt auf einer Funktion liegen, wobei Windlinger et al. (2010, S. 11) darauf verweisen, dass sich die Teams typischerweise nicht auf eine Funktion beschränken.

- *Arbeitsteam*: Neue Unterrichtsteams beginnen als Arbeitsteam. Die »gegenseitige zeitliche Entlastung« und das Schaffen von Synergien stehen im Vordergrund (Eschelmüller, 2013, S. 139). Zum Beispiel kann die Wochenplan-Arbeit gemeinsam organisiert werden, indem u. a. Materialien ausgetauscht werden (Windlinger et al., 2010, S. 11).
- *Lernteam*: Hier steht die Entwicklung der Kompetenzen der einzelnen Lehrkräfte und des Unterrichts im Vordergrund (vgl. ebd., S. 12). Für den Zeitraum von ein bis zwei Schuljahren werden Entwicklungsvorhaben geplant, durchgeführt und ausgewertet. Hierbei wird u. a. Intervision genutzt (vgl. Eschelmüller, 2013, S. 139).
- *Qualitätsteam*: Als Qualitätsteam fokussieren die Lehrkräfte insbesondere »die Wirkungen ihrer Arbeit«, indem sie gegenseitig im Unterricht hospitieren, die Rückmeldungen von Schüler/innen und Eltern einholen und »Optimierungsschritte« entwickeln (ebd., S. 140).
- *Organisationseinheit*: Unterrichtsteams sind »kleine teilautonome Organisationseinheiten in einer Schule«, was die Möglichkeit einer höheren Identifikation der Lehrkräfte im Vergleich zur »Gesamtorganisation« bieten kann (Wildlinger et al., 2010, S. 12).

Materialien bzw. »Werkzeuge« für die Arbeit mit Unterrichtsteams finden sich auch unter: http://www.schul-in.ch/unterrichtsteams.cfm. Mit der Arbeit im Unterrichtsteam ist bereits eine Form der Zusammenarbeit von Regelschullehrkräften und Lehrkräften für Sonderpädagogik angesprochen.

Kooperation von Regelschullehrkräften und Sonderpädagog/inn/en

Regelschullehrkräfte und Sonderpädagog/inn/en arbeiten aktuell in verschiedenen Konstellationen zusammen. Im Folgenden wird die Zusammenarbeit im gemeinsamen Unterricht bzw. in doppelbesetzten Stunden betrachtet. In Hinblick auf das »gemeinsame Unterrichten« (Schwager, 2011, S. 92) bzw. »co-teaching« (u. a. Friend/Cook, 2010) wird die – gegenüber der Rolle als (Klassen-)Lehrkraft an Förderschulen – veränderte Rolle der Sonderpädagog/inn/en (vgl. u. a. Agaliotis/Kalyva, 2011; Reiser, 1997) hervorgehoben. Zugleich betrifft diese Kooperation ebenso die Regelschullehrkräfte und verweist grundlegend auf das Verhältnis von Allgemeiner Pädagogik und Sonderpädagogik (vgl. Friend/Cook/Hurley-Chamberlain/ Shamberger, 2010). Trotz der beschriebenen Forschungsdesiderata wird die Kooperation von Regelschullehrkräften und Sonderpädagog/inn/en als bedeutend für die (inklusive) Beschulung von Schüler/innen mit Behinderung bzw. sonderpädagogischem Förderbedarf angesehen (vgl. ebd.). In diesem Zusammenhang wird u. a. ein positiver Einfluss der Kooperation ausgehend von der Sichtweise der Lehrkräfte beschrieben: So kommen Wallace et al. (2002, S. 374) auf der Basis ihrer Analyse von Fragebogen und (Gruppen-)Interviewdaten an vier ausgezeichneten Sekundarschulen zu dem Ergebnis: »stakeholders ... identified collaboration as a key factor associated with the school's success«. Gleichzeitig wird im Rahmen von Untersuchungen der Kooperation im Rahmen des gemeinsamen Unterrichts auch die Sorge deutlich, dass dieser Unterricht den Schüler/innen mit Förderbedarf nicht gerecht werde bzw. diese »untergingen« (Lindmeier/Beyer, 2011, S. 403).

Im Zusammenhang mit einer übergeordneten, positiven Bewertung der Kooperation durch die Lehrkräfte (vgl. auch: Amrhein, 2011, S. 205; Friend et al., 2010, S 15ff.), wird, neben einer Entlastung für die Regelschullehrkräfte, ein positiver Einfluss auf die professionelle Entwicklung beschrieben (vgl. Scruggs/Mastropieri/McDuffie/Kimberly, 2007, S. 401ff.). Der »Verlust der Privatheit« erscheint für die kooperierenden Lehrkräfte einer Integrierten Gesamtschule in der Untersuchung von Jacobs (2005, S. 234) nicht als Problem, sondern als Möglichkeit der eigenen Weiterentwicklung, ausgehend von der gemeinsamen Reflexion. Demgegenüber verweisen die Ergebnisse von Wessel (2005, S. 90) in seiner Untersuchung der Kooperation in der Integration von Kindern mit Hörbeeinträchtigungen auf die Sorge der Regelschullehrkräfte, in einer intensiveren Kooperation im gemeinsamen Unterricht ihre Autonomie einzubüßen und stärker fremdbestimmt zu sein. Mit Blick auf die Sonderpädagog/inn/en kann ein Verlust an Autonomie und Handlungsspielraum u. a. ausgehend von den Ergebnissen der Gruppendiskussionen von Werning und Lohse (2011, S. 11) deutlich werden, so werden die eigenen »Möglichkeiten, auf den Unterricht an der allgemeinen Schule einzuwirken« problematisiert. Eine weitere Unsicherheit bzw. Schwierigkeit in Bezug auf die Kooperation stellt eine Unklarheit über bzw. eine divergente Definition der Rollen- und Aufgaben dar (vgl. u. a. Anliker/Lietz/Thommen, 2008, S. 227f.; Lindmeier/Beyer, 2011, S. 404;

Lütje-Klose/Urban/Werning/Willenbring, 2005, S. 85; Müller, 2010, S. 206f.; Wessel, 2005, S. 136). Betrachtet man die Rollen- und Aufgabenverteilung in der unterrichtsbezogenen Kooperation, zeigen bisherige Studien einerseits, dass u. a. aufgrund des geringen Umfangs der Doppelbesetzung und/ oder des Fehlens einer gemeinsamen Vorbereitung (s. u.) äußere Differenzierungsformen umgesetzt werden (vgl. u. a. Anliker et al., 2008, S. 227; Lütje-Klose et al., 2005, S. 85; Müller, 2010, S. 108).

Für die Auseinandersetzung mit der Frage, wie Regelschullehrkräfte und Sonderpädagog/inn/en in gemeinsamen Unterrichtsituationen zusammenarbeiten können, wird vielfach die Unterscheidung von sechs Kooperationsformen nach Friend und Cook (u. a. 2010) herangezogen (siehe z. B. Löser, 2013; Lütje-Klose/Willenbring, 1999). Die Autorinnen unterscheiden sechs Kooperationsformen:

- »one teach, one assist«: eine Lehrkraft unterrichtet, die andere unterstützt einzelne Schüler/innen bzw. eine Gruppe.
- »one teach, one observe«: eine Lehrkraft unterrichtet, die andere beobachtet.
- »alternative teaching«: eine Lehrkraft unterrichtet den Großteil der Klasse, während die andere eine Gruppe auf einem anderen Leistungsniveau unterstützt.
- »parallel teaching«: die Gruppe wird geteilt, jede Lehrkraft unterrichtet zeitgleich den gleichen Gegenstand.
- »station teaching«: jede Lehrkraft führt ein Angebot durch, die Gruppen wechseln; ggf. arbeitet zudem ein Teil der Klasse selbstständig.
- »teaming« bzw. »team teaching«: beide Lehrkräfte unterrichten gemeinsam, indem sie z. B. ein Thema aus unterschiedlichen Perspektiven beleuchten.

Ausgehend von verschiedenen Studien überwiegt, v. a. zu Beginn der Kooperation, das Modell »one teach, one assist«, also eine Rollenaufteilung, in der die Regelschullehrkraft unterrichtet, während die Lehrkraft für Sonderpädagogik einzelne Schüler/innen unterstützt. Damit bleibt die traditionelle Rolle der Regelschullehrkraft weitgehend unverändert (vgl. u. a. Arndt/Werning, 2013, S. 25; Müller, 2010, S. 104; Scruggs et al., 2007, S. 409f.). Seitens der Schüler/innen kann dies dazu führen, dass sie die Regelschullehrkraft als »richtige« Lehrkraft wahrnehmen, die Förderlehrkraft hingegen als »Hilfslehrerin« (Arndt/Gieschen, 2013, S. 51). In diesem Zusammenhang kann in Bezug auf die Zusammenarbeit von Regelschullehrkräften und Sonderpädagog/inn/en, auch ausgehend von den Sichtweisen der beteiligten Lehrkräfte, ein Spannungsverhältnis »zwischen Assistenz und Teamarbeit« (Arndt/Werning, 2013, S. 36) deutlich werden.

Zugleich wird, ausgehend von Forschungsergebnissen, auch eine dominierende Rolle der Sonderpädagog/inn/en problematisiert. So verweisen Werning, Urban und Sassenhausen (2001, S. 185), ausgehend von ihren Ergebnissen zur Kooperation im Rahmen der sonderpädagogischen Grundversorgung, auf die »Gefahr der Klientifizierung bzw. Pädagogisierung des Kooperationsverhältnisses« zur Regellehrkraft. Gleichzeitig werden mit Blick auf die bisherigen Studien auch Beispiele für eine gleichberechtigte Rollenverteilung deutlich, z. B. in offenen Unterrichtssituationen (vgl. Jacobs, 2005, S. 235) oder im Rahmen der Kooperationsformen »team teaching« oder »station teaching« (vgl. Arndt/Werning, 2013, S. 26; Scruggs et al., 2007, S. 406).

Friend und Cook (2010, S. 112) beziehen sich in ihrer Definition des »co-teaching«, mit Ausnahme z. B. der Nutzung eines Computerraums, auf die Arbeit in einem Raum: »co-teachers operate in a single physical space or classroom«. Demgegenüber wurde in einer eigenen qualitativen Fallstudie zur Zusammenarbeit an einer Integrierten Gesamtschule deutlich, dass die Lehrkräfte einen zusätzlichen Raum nutzen (vgl. Arndt/Werning 2013, S. 27ff.), um die Gruppe zu teilen. Situationen, in denen dies zu der Bildung eher leistungshomogener Gruppen führt – hier geht i. d. R. die Förderlehrkraft mit Schüler/innen, die Schwierigkeiten beim Bearbeiten der Aufgabenstellung haben, »raus« – können zu einer sich verfestigenden, äußeren Differenzierung führen und, wie dargestellt, mit der Gefahr einer Stigmatisierung verbunden sein. Demgegenüber wurde der zusätzliche Raum in anderen Teams bzw. Situationen eher zur Reduktion der Größe der (weiterhin heterogenen) Gruppe genutzt, indem z. B. ähnlich zum »parallel teaching« eine Lektüre bearbeitet wurde oder indem sowohl die Regel- als auch die Förderlehrkraft die Schüler/innen bei Formen des selbstständigen oder kooperativen Lernens unterstützen. Auch angesichts der z. T. begrenzten räumlichen Möglichkeiten in Schulen erscheint es vor diesem Hintergrund mit Blick auf eine Gestaltung und Entwicklung der Kooperation im Unterricht bedeutsam zu reflektieren, wie und mit welchen Konsequenzen für die Schüler/innen und Lehrkräfte ein zusätzlicher Raum genutzt wird.

Grundlegend wird mit Blick auf die Weiterentwicklung der Kooperation die Klärung der Rollen im jeweiligen Team als wesentlich erachtet, wobei zugleich auf die Bedeutung von Unterstützungssystemen wie Fortbildung oder Supervision, die bisher häufig nicht verfügbar sind, verwiesen wird (vgl. u. a. Jacobs, 2005, S. 236ff.; Lindmeier/Beyer, 2011, S. 410f.; Lütje-Klose et al., 2005, S. 92f.; Müller, 2010, S. 355f.).

Für die Schwierigkeiten in der Kooperation, welche »oftmals ... auf der Beziehungsebene ihren Kristallisationspunkt« finden (Lütje-Klose/Willenbring, 1999, S. 2), wird, neben einer fehlenden oder nicht zufriedenstellenden Klärung der Rollen, eine fehlende Passung der kooperierenden Lehrkräfte etwa hinsichtlich ihrer persönlichen Präferenzen und/oder ihrer didaktisch-methodischen Herangehensweise herausgestellt (vgl. ebd., S. 19f.; Conderman, 2011; sowie zur Bedeutung der »compatibility«: Scruggs et al., 2007, S. 405). Zugleich können insbesondere die (unzureichenden) Rahmenbedingungen und Ressourcen die Zusammenarbeit erschweren: So wird die fehlende strukturelle Verankerung der Kooperation (vgl. u. a. Werning et al., 2001, S. 182f.) problematisiert. Insbesondere in Kooperationsmodellen »auf Zeit« (Müller, 2010, S. 104) – in denen Sonderpädagog/inn/en nur für einen begrenzten Zeitraum an die allgemeine Schule kommen – werden die Möglichkeiten der Kooperation durch eine unklare Zukunftsperspektive negativ beeinflusst. Seitens der Sonderpädagog/inn/en wird zudem ein Pendeln zwischen verschiedenen Schulen, v. a. bei inkompatiblen Stundenplänen (vgl. ebd., S. 243f.) und eine damit (potentiell) verbundene »Kofferpädagogik« (Dumke/Eberl/Venker, 1998, S. 400) problematisiert. Demgegenüber werden Situationen, in denen die Sonderpädagog/inn/en langfristig an einer Schule arbeiten, positiv bewertet und mit der Möglichkeit, intensivere Formen der Kooperation zu entwickeln, verbunden (vgl. ebd.; Voß 2013, S. 79).

Mit Blick auf die fehlende strukturelle Einbettung der Kooperation erscheint insbesondere die Zeit als »der limitierende Faktor« (Arndt/Werning 2013, S. 20): Zum einen werden die, je nach Kooperations- bzw. Integrationsmodell (vgl. für einen Vergleich der Kooperation in unterschiedlichen Kooperationsmodellen: Lindmeier/Beyer, 2011) verfügbaren zeitlichen Ressourcen im Unterricht, d. h. der Umfang der Doppelbesetzung, als zu gering bewertet (vgl. u. a. Lütje-Klose et al., 2005, S. 85; Müller, 2010, S. 254). Zum anderen kommen verschiedene Studien zu dem übereinstimmendem Ergebnis, dass es an Zeit für eine Kooperation außerhalb des Unterrichts und damit für eine gemeinsame Unterrichtsvorbereitung fehlt (vgl. u. a. Arndt/Werning, 2013, S. 20; Friend et al., 2010, S. 17; Jacobs, 2005, S. 94; Müller, 2010, S. 283; Scruggs et al., 2007, S. 404; Wessel, 2005, S. 133). Dabei bedingen die Möglichkeiten der Kooperation außerhalb des Unterrichts die Kooperation im (gemeinsamen) Unterricht, insbesondere dahingehend, dass intensivere Kooperationsformen ausgehend von den Sichtweisen der kooperierenden Lehrkräfte eine gemeinsame Unterrichtsvorbereitung voraussetzen (Arndt/Werning, 2013, S. 24; vgl. auch Gurgur/Uzuner, 2011, S. 599f.).

Für die Entwicklung der Kooperation erscheint entsprechend eine strukturelle Verankerung der Zusammenarbeit, u. a. im Sinne fester Kooperations-
zeiten, von Bedeutung. Zugleich kann eine Klärung der Rollen- und Aufgabenverteilung, im Sinne einer Arbeitsplatzbeschreibung (vgl. für eine
Arbeitsplatzbeschreibung von in einer Integrierten Gesamtschule tätigen
Sonderpädagog/inn/en: Reiche, 2013) oder eines gemeinsamen Gesprächs
im Team bedeutend sein. Für die Gestaltung von letzteren finden sich
Reflexionsinstrumente, wie z. B. ein »Erhebungsbogen der Planungs- und
Durchführungsaufgaben« oder ein »Fragebogen zum Kommunikationspro-
zess«, bei Lütje-Klose und Willenbring (1999). Darüber hinaus findet sich
dort ein Fragebogen zur Reflexion von Konflikten. Conderman (2011,
S. 224f.) stellt proaktive Strategien vor und empfiehlt u. a. zu Beginn zu klären, wie Konflikte angesprochen werden sowie die Konflikte frühzeitig
anzusprechen. Zudem geht er darauf ein, Herangehensweisen an den
Unterricht zu besprechen, bevor man diesen beginnt. Damit die Rollen klar
sind, empfiehlt er einen kurzen schriftlichen Plan für die Stunden anzuferti-
gen.

7   Ausblick

Im Beitrag wurden verschiedene Facetten einer inklusiven Unterrichtsgestaltung dargestellt. Hierbei wurde deutlich, dass es nicht um *den* guten,
inklusiven Unterricht und damit verbunden den einen Weg zu einer inklusiven Unterrichtsgestaltung gehen kann. Jedoch konnten Merkmale und
Spannungsfelder aufgezeigt werden, die für eine Gestaltung inklusiven
Unterrichts zu berücksichtigen sind. Zugleich erfordert inklusive Schule
neben einer »Vielfalt des Unterrichts« eine »Vielfalt der PädagogInnen«
(Wocken, 2011, S. 122ff.), die kooperativ ihren Unterricht gestalten und
entwickeln. Unterrichtsentwicklung fängt dabei bei einem konkreten Punkt
an und rückt jeweils spezifische Aspekte, wie z. B. die Kooperation unter
den Schüler/innen, in den Vordergrund. Dass neben einzelnen Entwicklungsvorhaben die Koordination dieser auf Schulebene bedeutend ist, zeigt
das Beispiel der Unterrichtsteams. Darüber hinaus kann für die Entwicklung an der einzelnen Schule die Arbeit im Netzwerk mit anderen Schulen
unterstützend sein (vgl. Ainscow et al., 2012, S. 204ff.). Ziel kann dabei
nicht ein einmal zu erreichender Zustand »guten inklusiven Unterrichts«

sein, vielmehr verweist Inklusion und damit inklusive Unterrichtsgestaltung auf einen fortwährenden Prozess. Die Entwicklung inklusiven Unterrichts ist mit der Herausforderung verbunden, »Selbstverständlichkeiten« immer wieder in Frage zu stellen. Dies setzt die Bereitschaft und Möglichkeit voraus, dem eigenen Unterrichtsalltag reflexiv zu begegnen. Inklusive Unterrichtsgestaltung erfordert somit sowohl Mut und pädagogische Kreativität als auch Strukturen und die dafür notwendigen Ressourcen (vgl. Werning/Löser, 2012).

Literatur

Agaliotis, Ioannis/Kalyva, Efrosini: A Survey of Greek General and Special Education Teachers' Perceptions regarding the Role of the Special Needs Coordinator. In: Teaching and Teacher Education: An International Journal of Research and Studies 27 (2011), S. 543-551

Ahlgrimm, Frederik: Wirkungen von Zusammenarbeit auf das Selbstbild und die professionelle Entwicklung von Lehrkräften. In: Huber, Stephan G./Ahlgrimm, Frederik (Hrsg.): Kooperation: Aktuelle Forschung zur Kooperation in und zwischen Schulen sowie mit anderen Partnern. Münster: Waxmann, 2012, S. 159-183

Ahlgrimm, Frederik/Huber, Stephan G.: Abschließende Betrachtungen. In: Huber, Stephan G./Ahlgrimm, Frederik (Hrsg.): Kooperation: Aktuelle Forschung zur Kooperation in und zwischen Schulen sowie mit anderen Partnern. Münster: Waxmann, 2012, S. 373-376

Ahlgrimm, Frederik/Krey, Jens/Huber, Stephan G.: Kooperation – was ist das? Implikationen unterschiedlicher Begriffsverständnisse. In: Huber, Stephan G./Ahlgrimm, Frederik (Hrsg.): Kooperation: Aktuelle Forschung zur Kooperation in und zwischen Schulen sowie mit anderen Partnern. Münster: Waxmann, 2012, S. 17-29

Ainscow, Mel/Booth, Tony/Dyson, Alan: Improving schools, developing inclusion. London u. a.: Routledge, 2006

Ainscow, Mel/Dyson, Alan/Goldrick, Sue/West, Mel: Making schools effective for all: rethinking the task. In: School Leadership & Management 32 (2012), S. 197-213

Altrichter, Herbert: Bildungsstandards und Individualisierung im Unterricht – Zwei Reformpolitiken im Spannungsfeld. In: Hofmann, Franz/Martinek, Daniela/Schwantner, Ursula (Hrsg.): Binnendifferenzierter Unterricht und Bildungsstandards – (k)ein Widerspruch? Wien: Lit, 2011, S. 9-27

Amrhein, Bettina: Inklusion in der Sekundarstufe. Eine empirische Analyse. Bad Heilbrunn: Klinkhardt, 2011

Anliker, Brigitte/Lietz, Meike/Thommen, Beat: Zusammenarbeit zwischen integrativ tätigen schulischen Sonderpädagoginnen/Sonderpädagogen und Regellehrpersonen. In: Vierteljahresschrift für Heilpädagogik und ihre Nachbargebiete (2008), S. 226-236

Arndt, Ann-Kathrin/Gieschen, Annika: Kooperation von Regelschullehrkräften und Lehrkräften für Sonderpädagogik: Perspektiven von Schülerinnen und Schülern. In: Werning, Rolf/Arndt, Ann-Kathrin (Hrsg.): Inklusion Kooperation und Unterricht entwickeln. Bad Heilbrunn: Klinkhardt, 2013, S. 41-62

Arndt, Ann-Kathrin/Werning, Rolf: Unterrichtsbezogene Kooperation von Regelschullehrkräften und Lehrkräften für Sonderpädagogik: Ergebnisse eines qualitativen Forschungsprojektes. In: Werning, Rolf/Arndt, Ann-Kathrin (Hrsg.): Inklusion Kooperation und Unterricht entwickeln. Bad Heilbrunn: Klinkhardt, 2013, S. 12-40

Artiles, Alfredo J./Kozleski, Elizabeth B./Dorn, Sherman/Christensen, Carol: Chapter 3: Learning in Inclusive Education Research: Re-mediating Theory and Methods With a Transformative Agenda. In: Review of Research in Education 30 (2006), S. 65-108

Ausubel, David P.: Educational psychology. A cognitive view. New York: Holt Rinehart and Winston, 1968

Avci-Werning, Meltem/Lanphen, Judith: Inklusion und kooperatives Lernen. In: Werning, Rolf/Arndt, Ann-Kathrin (Hrsg.): Inklusion Kooperation und Unterricht entwickeln. Bad Heilbrunn: Klinkhardt, 2013, S. 150-175

Boban, Ines/Hinz, Andreas: Auf dem Weg zur inklusiven Schule – mit Hilfe des Index für Inklusion. In: Moser, Vera (Hrsg.): Die inklusive Schule: Standards für die Umsetzung. Standards für die Umsetzung. Stuttgart: Kohlhammer, 2012, S. 71-76

Bönsch, Manfred: Heterogenität und Differenzierung. Baltmannsweiler: Schneider-Verl. Hohengehren, 2011

Bohl, Thorsten/Batzel, Andrea/Richey, Petra: Öffnung – Differenzierung – Individualisierung – Adaptivität. In: Bohl, Thorsten/Bönsch, Manfred/Trautmann, Matthias/Wischer, Beate (Hrsg.): Didaktische Grundlagen und Forschungsergebnisse zur Binnendifferenzierung im Unterricht. Immenhausen bei Kassel: Prolog-Verl, 2012, S. 40-69

Bonsen, Martin/Hübner, Carola: Unterrichtsentwicklung in Professionellen Lerngemeinschaften. In: Bauer, Karl-Oswald/Logemann, Niels (Hrsg.): Effektive Bildung: Zur Wirksamkeit und Effizienz pädagogischer Prozesse. Zur Wirksamkeit und Effizienz pädagogischer Prozesse. Münster: Waxmann, 2012, S. 55-76

Bonsen, Martin/Rolff, Hans-Günter: Professionelle Lerngemeinschaften von Lehrerinnen und Lehrern. In: Zeitschrift für Pädagogik 52 (2006), S. 167-184

Bransford, John/Brown, Ann/Donovan, M. S.: How people learn. Brain, mind, experience, and school. Washington, DC: National Academy Press, Expanded ed., 2000

Bundschuh, Konrad: Einführung in die sonderpädagogische Diagnostik, Basel: Reinhardt, 7. Aufl., 2010

Conderman, Greg: Methods for Addressing Conflict in Cotaught Classrooms. In: Intervention in School and Clinic 46 (2011), S. 221-229

Davis, Pauline/Florian, Lani: Teaching strategies and approaches for pupils with special educational needs: A scoping study, 2004. Im Internet unter http://orphansfamilyproject.pbworks.com/f/II.teaching%20strategies%20including%20aspects%20of%20II.pdf [23.11.2013]

DESI-Konsortium 2006: Unterricht und Kompetenzerwerb in Deutsch und Englisch: Zentrale Befunde der Studie. Deutsches Institut für Internationale Pädagogische Forschung. Im Internet unter http://www.dipf.de/de/forschung/projekte/pdf/biqua/desi-zentrale-befunde [23.11.2013]

Dumke, Dieter/Eberl, Doris/Venker, Sandra: Gemeinsamer Unterricht im Urteil von Lehrern und Schulleitern an Sonderschulen. In: Zeitschrift für Heilpädagogik 49 (1998), S. 394-401

Dumke, Dieter/Kellner, Magdalene/Kranenburg, Mishell: Unterrichtsorganisation in Integrationsklassen. In: Dumke, Dieter (Hrsg.): Integrativer Unterricht. 2. Aufl., Weinheim: Deutscher Studien-Verl., 1993, S. 109-160

Dyson, Alan: Die Entwicklung inklusiver Schulen. Drei Perspektiven aus England. In: Die deutsche Schule 102 (2010), S. 115-126

Dyson, Alan/Howes, Andy/Roberts, Barbara: What do we really know about inclusive schools? A systematic review of the research evidence. In: Mitchell, David R. (Hrsg.): Special Educational Needs and Inclusive Education: Major Themes in Education. London: Routledge, 2004, S. 280-294

Emmer, Edmund T./Stough, Laura M.: Classroom Management: A Critical Part of Educational Psychology, With Implications for Teacher Education. In: Educational Psychologist 36 (2001), S. 103-112

Eschelmüller, Michele: Unterrichtsentwicklung mit Unterrichtsteams in integrativen Schulen. In: Werning, Rolf/Arndt, Ann-Kathrin (Hrsg.): Inklusion Kooperation und Unterricht entwickeln. Bad Heilbrunn: Klinkhardt, 2013, S. 125-148

Fend, Helmut: Dimensionen von Qualität im Bildungswesen. Von Produktindikatoren zu Prozessindikatoren am Beispiel der Schule. In: Klieme, Eckhard/Tippelt, Rudolf (Hrsg.): Qualitätssicherung im Bildungswesen. Weinheim: Beltz, 2008a, S. 190-209

Fend, Helmut: Schule gestalten. Systemsteuerung, Schulentwicklung und Unterrichtsqualität. Wiesbaden: VS Verlag für Sozialwissenschaften, 2008b

Fend, Helmut: Neue Theorie der Schule. Einführung in das Verstehen von Bildungssystemen. Wiesbaden: VS Verlag für Sozialwissenschaften, 2., durchges. Aufl., 2009

Feyerer, Ewald/Prammer, Wilfried: Gemeinsamer Unterricht in der Sekundarstufe I. Anregungen für eine integrative Praxis. Weinheim: Beltz, 2003

Friend, Marylin: Myths and Misunderstandings About Professional Collaboration. In: Remedial and Special Education 21 (2000), S. 130-160

Friend, Marilyn/Cook, Lynne: Interactions: Collaboration skills for school professionals. Collaboration skills for school professionals. Boston: Pearson Education, 6. Aufl., 2010

Friend, Marilyn/Cook, Lynne/Hurley-Chamberlain, DeAnna/Shamberger, Cynthia: Co-Teaching: An Illustration of the Complexity of Collaboration in Special Education. In: Journal of Educational and Psychological Consultation 20 (2010), S. 9-27

Geiling, Ute/Hinz, Andreas (Hrsg.): Integrationspädagogik im Diskurs. Auf dem Weg zu einer inklusiven Pädgogik? Bad Heilbrunn: Klinkhardt, 2005

Gogolin, Ingrid/Lengyel, Drorit/Neumann, Ursula/Schwippert, Knut: Förderung von Kindern und Jugendlichen mit Migrationshintergrund FörMig. Bilanz und Perspektiven eines Modellprogramms. Münster: Waxmann, 2011

Gomolla, Mechtild: Differenz, Anti-Diskriminierung und Gleichstellung als Aufgabenfelder von Qualitätsentwicklung im Bildungsbereich. Konzeptionelle Überlegungen in Anlehnung an die Gerechtigkeitstheorie Nancy Frasers. In: Tertium comparationis 16 (2010), S. 200-229

Gräsel, Cornelia/Fußangel, Kathrin/Pröbstel, Christian: Lehrkräfte zur Kooperation anregen – eine Aufgabe für Sisyphos? In: Zeitschrift für Pädagogik 52 (2006), S. 205-219

Green, Norm/Green, Kathy: Kooperatives Lernen im Klassenraum und im Kollegium. Seelze-Velber: Klett; Kallmeyer, 2007

Gurgur, Hasan/Uzuner, Yildiz: Examining the implementation of two co-teaching models: team teaching and station teaching. In: International Journal of Inclusive Education (2011), S. 589-61

Hattie, John: Visible Learning. London: Routledge, 2009

Hattie, John: Visible learning for teachers. London: Routledge, 2012

Hattie, John/Timperley, Helen: The Power of Feedback. In: Review of Educational Research 77 (2007), S. 81-112

Hazibar, Kerstin/Mecheril, Paul: Es gibt keine richtige Pädagogik in falschen gesellschaftlichen Verhältnissen. Widerspruch als Grundkategorie einer Behinderungspädagogik. In: Zeitschrift für Inklusion (2013). Im Internet unter http://www.inklusion-online.net/index.php/inklusion/article/view/202 [23.11.2013]

Heimlich, Ulrich/Kahlert, Joachim (Hrsg.): Inklusion in Schule und Unterricht. Stuttgart: Kohlhammer, 2012

Heinrich, Martin: Testen, prüfen, vergleichen – und dann? Über die Auswirkungen von Lernstandserhebungen und Vergleichsarbeiten auf die Lehrerarbeit. In: Friedrich Jahresheft (2010), S. 116-119

Heinrich, Martin/Urban, Michael/Werning, Rolf: Grundlagen, Handlungsstrategien und Forschungsperspektiven für die Ausbildung und Professionalisierung von Fachkräften für inklusive Schulen. In: Döbert, Hans (Hrsg.): Inklusive Bildung professionell gestalten: Situationsanalyse und Handlungsempfehlungen. Münster: Waxmann, 2013, S. 69-133

Helmke, Andreas: Unterrichtsqualität erfassen, bewerten, verbessern. Seelze: Klett Kallmeyer, Neuausg., 2003

Helmke, Andreas: Unterrichtsqualität und Lehrerprofessionalität. Diagnose, Evaluation und Verbesserung des Unterrichts. Unter Mitarbeit von Franz E. Weinert. Seelze-Velber: Klett/Kallmeyer, 4. Aufl., 2012

Helmke, Andreas/Hornstein, Walter/Terhart, Ewald: Qualität und Qualitätssicherung im Bildungsbereich. In: dies. (Hrsg.): Qualität und Qualitätssicherung im Bildungsbereich. Weinheim: Beltz, 2000, S. 7-14

Herz, Birgit (Hrsg.): Schulische und ausserschulische Erziehungshilfe. Ein Werkbuch zu Arbeitsfeldern und Lösungsansätzen. Bad Heilbrunn: Klinkhardt, 2013

Hinz, Andreas: Heterogenität in der Schule. Integration – Interkulturelle Erziehung – Koedukation. Hamburg: Curio, 1993

Hinz, Andreas: Die Debatte um Integration und Inklusion – Grundlage für aktuelle Kontroversen in Behindertenpädagogik und Sonderpädagogik? In: Sonderpädagogische Förderung 48 (2003), S. 330-347

Hinz, Andreas: Inklusion – von der Unkenntnis zur Unkenntlichkeit!? – Kritische Anmerkungen zu einem Jahrzehnt Diskurs über schulische Inklusion in Deutschland. In: Zeitschrift für Inklusion (2013). Im Internet unter http://www.inklusion-online.net/index.php/inklusion/article/view/201/182 [21.11.2013]

Hohn, Kirsten: Inklusionsstandards für Schulen für den Bereich Übergang Schule – Beruf. In: Moser, Vera (Hrsg.): Die inklusive Schule: Standards für die Umsetzung. Standards für die Umsetzung. Stuttgart: Kohlhammer, 2012, S. 135-149

Idel, Till-Sebastian/Baum, Elisabeth/Bondorf, Nadine: Wie Lehrkräfte kollegiale Kooperation gestalten: Potenziale einer fallorientierten Prozessforschung in Lehrergruppen. In: Huber, Stephan G./Ahlgrimm, Frederik (Hrsg.): Kooperation: Aktuelle Forschung zur Kooperation in und zwischen Schulen sowie mit anderen Partnern. Münster: Waxmann, 2012, S. 141-158

Idel, Till-Sebastian/Ullrich, Heiner/Baum, Elisabeth: Kollegialität und Kooperation in der Schule – Zur Einleitung in diesen Band. In: Baum, Elisabeth/Idel, Till-Sebastian/ Ullrich, Heiner (Hrsg.): Kollegialität und Kooperation in der Schule. Wiesbaden: VS Verlag für Sozialwissenschaften, 2012, S. 9-25

Ihme, Toni A./Schwartz, Katja/Möller, Jens: Kooperatives Lehren: Theoretische Annahmen und empirische Befunde. In: Huber, Stephan G./Ahlgrimm, Frederik (Hrsg.): Kooperation: Aktuelle Forschung zur Kooperation in und zwischen Schulen sowie mit anderen Partnern. Münster: Waxmann, 2012, S. 125-140

Jacobs, Sven: Integrative Prozesse bei der Teamarbeit im gemeinsamen Unterricht:. Hamburg: Kovac, 2005

Johnson, David W./Johnson Roger T.: Making Cooperative Learning Work. In: Theory into Practice 38 (1999), S. 67-93

Jungbluth, Paul: Lehrererwartungen und Ethnizität. Innerschulische Chancendeterminanten bei Migrantenschülern in den Niederlanden. In: Zeitschrift für Pädagogik 40 (1994), S. 113-125

Kahlert, Joachim/Heimlich, Ulrich: Inklusionsdidaktische Netze – Konturen eines Unterrichts für alle. In: Heimlich, Ulrich/Kahlert, Joachim (Hrsg.): Schule und Unterricht. Stuttgart: Kohlhammer, 2012, S. 153-190

Kampshoff, Marita: Heterogenität im Blick der Schul- und Unterrichtsforschung. In: Budde, Jürgen/Willems, Katharina (Hrsg.): Bildung als sozialer Prozess. Heterogenitäten, Interaktionen, Ungleichheiten. Weinheim: Juventa, 2009, S. 35-52

Kelchtermans, Geert: Teacher collaboration and collegiality as workplace conditions. A review. In: Zeitschrift für Pädagogik 52(2006), S. 220-237

Klafki, Wolfgang/Stöcker, Hermann: Innere Differenzierung des Unterrichts. In: Zeitschrift für Pädagogik 22 (1976), S. 497-523

Klemm, Klaus, 2010: Gemeinsam lernen. Inklusion leben. Status Quo und Herausforderungen inklusiver Bildung in Deutschland. Bertelsmann Stiftung. Im Internet unter http://www.bertelsmann-stiftung.de/bst/de/media/xcms_bst_dms_32811_32812_2.pdf [22.11.2013]

Klemm, Klaus/Preuss-Lausitz, Ulf: Auf dem Weg zur schulischen Inklusion in Nordrhein-Westfalen. Empfehlungen zur Umsetzung der UN-Behindertenrechtskonvention im Bereich der allgemeinen Schulen, 2011. Im Internet unter http://www.dgfe.de/fileadmin/OrdnerRedakteure/Sektionen/Sek06_SondPaed/Studie_Klemm_Preuss-Lausitz_NRW_Inklusionskonzept_2011.pdf [23.11.2013]

Klieme, Eckhard/Tippelt, Rudolf: Qualitätssicherung im Bildungswesen: Eine aktuelle Zwischenbilanz. In: dies. (Hrsg.): Qualitätssicherung im Bildungswesen. Eine aktuelle Zwischenbilanz. Weinheim: Beltz, 2008, S. 7-13

91

Klieme, Eckhard/Warwas, Jasmin: Konzepte der individuellen Förderung. In: Zeitschrift für Pädagogik 57 (2011), S. 805-818

Köbberling, Almut: Gemeinsamkeit und Vielfalt in der Sekundarstufe: Wege in verschiedene Lebenswelten teilen. In: Hildschmidt, Anne; Schnell, Irmtraud (Hrsg.): Integrationspädagogik. Auf dem Weg zu einer Schule für alle. Weinheim: Beltz, Juventa, 1998, S. 257-276

Köbberling, Almut/Schley Wilfried: Sozialisation und Entwicklung in Integrationsklassen. Untersuchungen zur Evaluation eines Schulversuches in der Sekundarstufe. Weinheim: Juventa, 2000

Kullmann, Harry: Lesson Study – Eine konsequente Form unterrichtsbezogener Lehrerkooperation. In: Huber, Stephan G./Ahlgrimm, Frederik (Hrsg.): Kooperation: Aktuelle Forschung zur Kooperation in und zwischen Schulen sowie mit anderen Partnern. Münster: Waxmann, 2012, S. 69-88

Kuper, Harm/Kapelle, Nicole: Lehrerkooperation aus organisationssoziologischer Sicht. In: Baum, Elisabeth/Idel, Till-Sebastian/Ullrich, Heiner (Hrsg.): Kollegialität und Kooperation in der Schule. Wiesbaden: VS Verlag für Sozialwissenschaften, 2012, S. 41-51

Lahtz, Thorben: Heterogenität als Belastung? Classroom Management in inklusiven Lerngruppen. In: Lernchancen 16 (2013), S. 27-29

Laubner, Marian: »Also das ist unsere Förderlehrerin« – Deutungsmuster von Schülerinnen und Schülern zum Zwei-Lehrer-System im Gemeinsamen Unterricht. In: Herz, Birgit (Hrsg.): Schulische und außerschulische Erziehungshilfe. Bad Heilbrunn: Klinkhardt, 2012, S. 141-156

Lewis, Ann/Norwich, Brahm: Special teaching for special children? Maidenhead: Open University Press, 2005

Lichtblau, Michael: Eine klasse Klasse!? Diagnostik und Förderung von Sozialkompetenz. In: Lernchancen 13 (2010), S. 65-69

Lichtblau, Michael: Eine Klasse voller Experten. Auf der Basis individueller Interessen inklusiv unterrichten. In: Lernchancen 16 (2013), S. 60-63

Lindmeier, Bettina/Beyer, Tomke: Kooperation von Lehrkräften in verschiedenen Formen schulischer Integration. In: Sonderpädagogische Förderung heute (2011), S. 396-413

Lipowsky, Frank/Kastens, Claudia/Lotz, Miriam/Faust, Gabriele: Aufgabenbezogene Differenzierung und Entwicklung des verbalen Selbstkonzepts im Anfangsunterricht. In: Zeitschrift für Pädagogik 57 (2011), S. 868-884

Lomos, Catalina/Hofman, Roelande H./Bosker, Roel J.: The concept of professional community and its relationship with student performance. In: Huber, Stephan G./Ahlgrimm, Frederik (Hrsg.): Kooperation: Aktuelle Forschung zur Kooperation in und zwischen Schulen sowie mit anderen Partnern. Münster: Waxmann, 2012, S. 51-68

Lortie, Dan C.: Team Teaching, Versuch der Beschreibung einer zukünftigen Schule. In: Dechert, Hans W. (Hrsg.): Team Teaching in der Schule. München: R. Piper, 1972, S. 37-76

Löser, Jessica M.: »Support Teacher Model« – Eine internationale Perspektive auf Lehrerkooperation an inklusiven Schulen. In: Werning, Rolf/Arndt, Ann-Kathrin (Hrsg.):

Inklusion Kooperation und Unterricht entwickeln. Bad Heilbrunn: Klinkhardt, 2013, S. 107-124

Löser, Jessica M./Werning, Rolf: Inklusion aus internationaler Perspektive – ein Forschungsüberblick. In: Zeitschrift für Grundschulforschung 6 (2013), S. 21-33

Lütje-Klose, Birgit: Müssen Lehrkräfte ihr didaktisches Handeln verändern? Inklusive Didaktik als Herausforderung für den Unterricht. In: Lernende Schule 55 (2011), S. 13-15

Lütje-Klose, Birgit/Urban, Michael/Werning, Rolf/Willenbring, Monika: Sonderpädgogische Grundversorgung in Niedersachsen. Qualitative Studie zur pädagogischen Arbeit in Regionalen Integrationskonzepten. In: Zeitschrift für Heilpädagogik 56 (2005), S. 82-94

Lütje-Klose, Birgit/Willenbring, Monika: »Kooperation fällt nicht vom Himmel«. Möglichkeiten der Unterstützung kooperativer Prozesse in Teams von Regelschullehrerin und Sonderpädagogin aus systemischer Sicht. In: Behindertenpädagogik 38(1999), S. 2-31

Luhmann, Niklas/Schorr, Karl-Eberhard: Zwischen Technologie und Selbstreferenz. Fragen an die Pädagogik. Frankfurt am Main: Suhrkamp, 1982

Mahnke, Ursula: Von der Grundschule in die Sekundarstufe I. In: Moser, Vera (Hrsg.): Die inklusive Schule: Standards für die Umsetzung. Standards für die Umsetzung. Stuttgart: Kohlhammer, 2012, S. 126-134

McGhie-Richmond, Donna/Underwood, Kathryn/Jordan, Anne: Developing Effective Instructional Strategies for Teaching in Inclusive Classrooms. In: Exceptionality Education Canada 17 (2007), S. 27-52

Meijer, Cor J: Integrative und inklusive Unterrichtspraxis im Sekundarschulbereich: Zusammenfassender Bericht, 2005. Im Internet unter unter https://www.european-agency.org/publications/ereports/inclusive-education-and-classroom-practice-in-secondary-education/iecp_secondary_de.pdf [23.11.2013]

Meister, Ulrike/Schnell, Irmtraud: Gemeinsam und individuell – Anforderungen an eine inklusive Didaktik. In: Moser, Vera (Hrsg.): Die inklusive Schule: Standards für die Umsetzung. Standards für die Umsetzung. Stuttgart: Kohlhammer, 2012, S. 184-189

Mitchell, David R. (Hrsg.): Special Educational Needs and Inclusive Education: Major Themes in Education. London: Routledge, 2004

Moser, Vera (Hrsg.): Die inklusive Schule: Standards für die Umsetzung. Standards für die Umsetzung. Stuttgart: Kohlhammer, 2012

Moser, Vera: Professionsforschung als Unterrichtsforschung. In: Döbert, Hans (Hrsg.): Inklusive Bildung professionell gestalten: Situationsanalyse und Handlungsempfehlungen. Situationsanalyse und Handlungsempfehlungen. Münster: Waxmann, 2013, S. 135-146

Moser, Vera/Demmer-Dieckmann, Irene: Professionalisierung und Ausbildung von Lehrkräften für inklusive Schulen. Unter Mitarbeit von Birgit Lütje-Klose, Simone Seitz, Ada Sasse und Ursula Schulzeck. In: Moser, Vera (Hrsg.): Die inklusive Schule: Standards für die Umsetzung. Standards für die Umsetzung. Stuttgart: Kohlhammer, 2012, S. 153-172

Moser, Vera/Redlich, Hubertus: Qualitätsmaßstäbe für inklusive Schulen: Zur Notwendigkeit von Qualitätsmaßstäben für inklusive Schulentwicklungen. In: Lernende Schule 14 (2011), S. 9-12

Müller, Frank J./Prengel, Annedore: Empirische Zugänge zu Inklusion in der Früh- und Grundschulpädagogik. In: Zeitschrift für Grundschulforschung 6 (2013), S. 7-20

Müller, Kathrin: Bayerische Kooperationsklassen im Konflikt zwischen integrativer Schulentwicklung und separativem Schulsystem. Hamburg: Kovac, 2010

Prengel, Annedore: Humane entwicklungs- und leistungsförderliche Strukturen im inklusiven Unterricht. In: Moser, Vera (Hrsg.): Die inklusive Schule: Standards für die Umsetzung. Standards für die Umsetzung. Stuttgart: Kohlhammer, 2012, S. 175-183

Rea, Patricia J./McLaughlin, Virginia L./Walther-Thomas, Chriss: Outcomes for Students with Learning Disabilities in Inclusive and Pullout Programs. In: Exceptional Children 68 (2002), S. 203-22

Reiche, Dirk: Entwicklung der Zusammenarbeit von multiprofessionellen Klassenteams im Sekundarstufenbereich I anhand einer Arbeitsplatzbeschreibung für Förderschullehrkräfte im Rahmen des Regionalen Konzeptes Hannover Nordwest. In: Werning, Rolf/Arndt, Ann-Kathrin (Hrsg.): Inklusion Kooperation und Unterricht entwickeln. Bad Heilbrunn: Klinkhardt, 2013, S. 86-106

Reis, Sally M./McCoach, D. B./Little, Catherine A./Muller, Lisa M./Kaniskan, R. B.: The Effects of Differentiated Instruction and Enrichment Pedagogy on Reading Achievement in Five Elementary Schools. In: American Educational Research Journal 48 (2011), S. 462-501

Reiser, Helmut/Klein, Gabriele/Kreie, Gisela: Integration als Prozess. (1. und 2. Teil). In: Sonderpädagogik 16 (1986), S. 115-122; S. 154-160

Reiser, Helmut: Lern- und Verhaltensstörungen als gemeinsame Aufgabe von Grundschul- und Sonderpädagogik unter dem Aspekt der pädagogischen Selektion. In: Zeitschrift für Heilpädagogik 48 (1997), S. 266-275

Rolff, Hans-Günter: Studien zu einer Theorie der Schulentwicklung. Weinheim: Beltz, 2007

Sander, Alfred/Christ, Klaus: Schulreform Integration. Entwicklungen der gemeinsamen Erziehung behinderter und nichtbehinderter Kinder und Jugendlicher im Saarland 1990 – 1993/94. St. Ingbert: Röhrig, 1994.

Schwager, Michael: Gemeinsames Unterrichten im Gemeinsamen Unterricht. In: Zeitschrift für Heilpädagogik (2011), S. 92-98

Scruggs, Thomas E./Mastropieri, Margo A./McDuffie, Kimberly A.: Co-Teaching in Inclusive Classrooms: A Metasynthesis of Qualitative Research. In: Exceptional Children 73 (2007), S. 392-415

Seitz, Simone: Zum Umgang mit Heterogenität: inklusive Didaktik. In: Ramseger, Jörg/ Wagener, Matthea (Hrsg.): Chancenungleichheit in der Grundschule. Wiesbaden: VS Verlag für Sozialwissenschaften, 2008, S. 175-178

Shachar, Hanna/Sharan, Shlomo.: Talking, relating, and achieving: Effect of cooperative learning and whole-class instruction. In: Cognition and Instruction 12 (1994), S. 313-353

Shippen, Margaret E./Flores, Margaret M./Crites, Steven A./Patterson, DaShaunda/Ramsey, Michelle L./Houchins, David E./Jolivette, Kristine: Classroom Structure and Teacher Efficacy in Serving Students with Disabilities: Differences in Elementary and Secondary Teachers. In: International Journal of Special Education 26 (2011), S. 36-44

Smit, Robbert/Humpert, Winfried: Differentiated Instruction in Small Schools. In: Teaching and Teacher Education: An International Journal of Research and Studies 28 (2012), S. 1152-1162

Soltau, Andreas/Berthe, Sarah/Mienert, Malte: Das Autonomie-Paritäts-Muster: Der Lehrer im Spannungsfeld von kollegialer Norm und Entwicklungsanspruch. In: Huber, Stephan G./Ahlgrimm, Frederik (Hrsg.): Kooperation: Aktuelle Forschung zur Kooperation in und zwischen Schulen sowie mit anderen Partnern. Münster: Waxmann, 2012, S. 89-102

Souvignier, Elmar: Kooperatives Lernen. In: Walter, Jürgen/Wember, Franz B. (Hrsg.): Sonderpädagogik des Lernens. Göttingen: Hogrefe, 2007, S. 452-465

Steinert, Brigitte/Klieme, Eckhard/Maag Merki, Katharina/Döbrich, Peter/Halbheer, Ueli/Kunz, André: Lehrerkooperation in der Schule. Konzeption, Erfassung, Ergebnisse: In: Zeitschrift für Pädagogik 52 (2006), S. 185-204

Sturm, Tanja: Differenzkonstruktionen in unterrichtlichen Praktiken. In: Flieger, Petra/Schönwiese, Volker (Hrsg.): Menschenrechte – Integration – Inklusion: Aktuelle Perspektiven aus der Forschung. Bad Heilbrunn: Klinkhardt, 2011, S. 99-104

Terhart, Ewald/Klieme, Eckhard: Kooperation im Lehrerberuf – Forschungsproblem und Gestaltungsaufgabe. In: Zeitschrift für Pädagogik 52 (2006), S. 163-166

Tomlinson, Carol A./Brighton, Catherine/Hertberg, Holly/Callahan, Carolyn M./Moon, Tonya R./Brimijoin, Kay/Conover, Lynda A./Reynolds, Timothy: Differentiating Instruction in Response to Student Readiness, Interest, and Learning Profile in Academically Diverse Classrooms: A Review of Literature. In: Journal for the Education of the Gifted 27 (2003), S. 119-145.

Vehkakoski, Tanja M.: »More Homework for Me, Too«. Meanings of Differentiation Constructed by Elementary-Aged Students in Classroom Interaction. In: European Journal of Special Needs Education 27(2012), S. 157-170

Voß, Lena: Die Konzepte »Kompetenzzentren für sonderpädagogische Förderung« und »Regionale Integrationskonzepte« als Wegbereiter für Inklusion: Eine qualitative Untersuchung. In: Werning, Rolf/Arndt, Ann-Kathrin (Hrsg.): Inklusion Kooperation und Unterricht entwickeln. Bad Heilbrunn: Klinkhardt, 2013, S. 63-85

Wallace, Teri/Anderson, Amy R./Bartholomay, Tom: Collaboration: An Element Associated With the Success of Four Inclusive High Schools. In: Journal of Educational and Psychological Consultation 13 (2002), S. 349-381

Weidner, Margit: Kooperatives Lernen im Unterricht. Das Arbeitsbuch. Seelze: Kallmeyer, 5. Aufl., 2009

Weinert, Franz E: Lerntheorien und Instruktionsmodelle. In: Ders. (Hrsg.): Psychologie des Lernens und der Instruktion. Göttingen: Hogrefe, 1996, S. 1-48

Weinert, Franz E.: Lehren und Lernen für die Zukunft – Ansprüche an das Lernen in der Schule. In: Pädagogische Nachrichten Rheinland-Pfalz, 2, 2000

Werning, Rolf: Inklusive Pädagogik. Eine Herausforderung für die Schulentwicklung. In: Lernende Schule 14 (2011), S. 4-8

Werning, Rolf: Inklusive Schulentwicklung. In: Moser, Vera (Hrsg.): Die inklusive Schule: Standards für die Umsetzung. Standards für die Umsetzung. Stuttgart: Kohlhammer, 2012, S. 49-61

Werning, Rolf/Baumert, Jürgen: Inklusion entwickeln: Leitideen für Schulentwicklung und Lehrerbildung. Forschungsergebnisse und Perspektiven. In: Schulmanagement-Handbuch 146 (2013), S. 39-55

Werning, Rolf/Lichtblau, Michael: Sonderpädagogische Diagnostik. In: Werning, Rolf/Balgo, Rolf/Palmowski, Winfried/Sassenroth, Martin (Hrsg.): Sonderpädagogik. Lernen, Verhalten, Sprache, Bewegung und Wahrnehmung. 2. Aufl. München: Olden-bourg, 2012, S. 229-259

Werning, Rolf/Löser, Jessica M.: Inklusion: aktuelle Diskussionslinien,. Widersprüche und Perspektiven. In: Die deutsche Schule 102, H. 2, 2010, S. 103-114

Werning, Rolf/Löser, Jessica M.: Inklusive Perspektiven – zwischen Anspruch und Wirklichkeit. In: Bertelsmann Stiftung/Beauftragter der Bundesregierung für die Belange behinderter Menschen, Deutsche U.-K./Sinn-Stiftung (Hrsg.): Gemeinsam lernen – auf dem Weg zu einer inklusiven Schule. 2. Aufl. Gütersloh: Verl. Bertels-mann-Stiftung, 2012, S. 60-75

Werning, Rolf/Lohse, Simon: Gutachten Kompetenzzentren für sonderpädagogische Förderung im Bereich der Lern- und Entwicklungsstörungen in Nordrhein-Westfa-len. Leibniz Universität Hannover, 2011. Im Internet unter http://www.schulministe-rium.nrw.de/BP/Inklusion_Gemeinsames_Lernen/Gutachten__Kompetenzzentren_-Lern-_und_Entwicklungsst__rungen_/Expertise_Endfassung_3.pdf [23.11.13]

Werning, Rolf/Lütje-Klose, Birgit: Einführung in die Pädagogik bei Lernbeeinträchtigun-gen. München, Basel: Reinhardt, 3. Aufl., 2012

Werning, Rolf/Urban, Michael/Sassenhausen, Björn: Kooperation zwischen Grundschul-lehrern und Sonderpädagogen im Gemeinsamen Unterricht. In: Zeitschrift für Heil-pädagogik 52 (2001), S. 178-186

Wessel, Jürgen: Kooperation im gemeinsamen Unterricht: Die Zusammenarbeit von Lehrern in der schulischen Integration hörgeschädigter Kinder und Jugendlicher. Münster: Verl.-Haus Monsenstein und Vannerdat, 2005

Windlinger, Regula/Achermann, Edwin/Eschelmüller, Michele: Unterrichtsteams. Zusammenarbeiten, entwickeln, entlasten. Aarau und Solothurn, 2010

Wischer, Beate: »Binnendifferenzierung ist ein Wort für das schlechte Gewissen des Lehrers«. In: Erziehung & Unterricht 158 (2008), S. 714-722

Wischer, Beate/Trautmann, Matthias: Innere Differenzierung als reformerischer Hoff-nungsträger – Eine einführende Problemskizze zu Leerstellen und ungelösten Fra-gen. In: Bohl, Thorsten/Bönsch, Manfred/Trautmann, Matthias/Wischer, Beate (Hrsg.): Didaktische Grundlagen und Forschungsergebnisse zur Binnendifferenzie-rung im Unterricht. Immenhausen bei Kassel: Prolog-Verl, 2012, S. 24-39

Wocken, Hans: Gemeinsame Lernsituationen. In: Hildeschmidt, Anne/Schnell, Irm-traud: Integrationspädagogik. Auf dem Weg zu einer Schule für alle. Weinheim: Juventa, 1998, S. 37-52

Wocken, Hans: Das Haus der inklusiven Schule. Baustellen – Baupläne – Bausteine. Hamburg: Feldhaus, Ed. Hamburger Buchwerkstatt, 2011

Zigmond, Naomi: Where should students with disabilities receive special education ser-vices? Is one place better than another? In: Journal of Special Education 37 (2003), S. 193-199

Spielräume nutzen – Perspektiven inklusiver Schulentwicklung

Barbara Koch, Annette Textor

1 Einleitung

Im Rahmen dieses Beitrags wird analysiert, wie Schulorganisation in der Sekundarstufe I mit dem Ziel der inklusiven Schule gestaltet werden kann. Zur Zielklärung wird zunächst der Begriff der Inklusion theoretisch gefasst, bevor die Schwerpunkte dieses Beitrages vorgestellt werden.

In der Theorie bedeutet Inklusion, dass niemand wegen individueller Merkmale bzw. Zugehörigkeitszuschreibungen zu bestimmten Gruppen aus dem jeweiligen System und seinen Subsystemen ausgeschlossen wird – weder organisatorisch noch auf der Ebene des sozialen Miteinanders. Statt dessen sollen in einem inklusiven Bildungssystem »*alle* Schülerinnen und Schüler in der Erreichung ihrer individuellen Lernziele unterstützt werden« (Powell, 2013, S. 141f.) und die individuellen Unterschiede der Schüler von allen Beteiligten – pädagogischem Personal, aber auch Mitschülern und Eltern – akzeptiert und produktiv für das Lernen verwendet werden (vgl. Sander, 2004; Löser/Werning, 2013, S. 22). Weitere Merkmale, die den Begriff »Inklusion« präzisieren, sind (vgl. Wocken, 2010; Sander, 2004; Hinz, 2004):

1. *Einbezug aller Heterogenitätsdimensionen:* Inklusion schließt alle Heterogenitätsdimensionen ein – die Leistungsfähigkeit in unterschiedlichen Bereichen, die ethnische Zugehörigkeit, den sozioökonomischen Hintergrund und das Geschlecht.
2. *Systembezogene Sichtweise:* Inklusion legt den Schwerpunkt auf die Beschreibung von Systemen, nicht von Personen – das Bildungssystem oder eine Schule kann inklusiv sein oder nicht, indem es bzw. sie einzelne Personengruppen ein- oder ausschließt. Einzelne Personen können hingegen zwar »inklusive Werte« (Booth/Ainscow, 2011) vertreten, aber nur schwerlich »inklusiv« sein.
3. *Verzicht auf gruppenbezogene Ressourcenzuweisung:* Anstelle einer an sonderpädagogischen Förderschwerpunkten orientierten Ressourcenzuweisung für Einzelschüler wird eine systembezogene Ressourcenzuweisung für Einzelschulen gefordert, damit die Schulen die individuellen Bedürfnisse aller Schüler berücksichtigen können (vgl. Abschnitt 4).
4. *Rechtlicher Anspruch:* der Anspruch auf Inklusion legitimiert sich durch die Anwendung allgemeiner Menschenrechte und ist in Deutschland völkerrechtlich bindend, seitdem die Behindertenrechtskonvention der Vereinten Nationen (UN-BRK), die das Recht auf ein inklusives Schulsystem festschreibt (UN-BRK, 2008, Art. 24), auch im Bundesrat ratifiziert wurde (vgl. Abschnitt 2).

Vor dem Hintergrund dieses Inklusionsbegriffes werden im Folgenden einige für die Sekundarstufe I wesentliche Aspekte der Schulorganisation aufgegriffen. Um die Relevanz dieser Thematik zu verdeutlichen und Argumentationshilfen für die Elternarbeit o. Ä. zu geben, beschreiben wir zunächst unterschiedliche Argumentationslinien, in welche die Diskussion um Förderschulen und Inklusion strukturiert werden kann. Auf welche spezifischen Probleme Inklusion in der Sekundarstufe trifft, wird im darauf folgenden Abschnitt analysiert. Schließlich werden verschiedene schulorganisatorische Modelle zur Umsetzung von Inklusion diskutiert und Möglichkeiten der Entwicklung der Einzelschule vorgestellt.

2 Das Schulsystem in Deutschland im Spannungsfeld von Segregation und Inklusion

Trotz der Unterzeichnung der Salmanca-Erklärung im Jahr 1994 (UNESCO, 1994) und trotz einer *Integrationsquote*[1], die sich zwischen 2001 (12,4 %) und 2010 (22,3 %) fast verdoppelt hat (vgl. KMK, 2012a, XIII), ist das Schulsystem in Deutschland nicht weniger segregierend geworden – die *Förderquote*[2] und auch die *Förderschulbesuchsquote*[3] sind im selben Zeitraum sogar gestiegen (vgl. KMK, 2012a, S. 3ff.). Da offenbar politische Absichtserklärungen und die tatsächliche Umsetzung von Inklusion in der Praxis bisher einander zuwiderlaufen, werden im Folgenden entlang von drei Argumentationslinien die Gründe für die Einführung von Inklusion vorgestellt und es wird diskutiert, was für und was gegen die Beibehaltung von Förderschulen – ggf. auf freiwilliger Basis – spricht.

Die demokratietheoretische Argumentation

Im Rahmen der *demokratietheoretischen Argumentationslinie* wird Inklusion als eine bewusste, demokratisch geprägte Positionierung wahrgenommmen, etwa wenn Kobi (1997) sie als einen »Programmpunkt innerhalb eines umfassend egalitären Bildungssystems« (S. 77) bezeichnet, oder sie bei Muth (2009), der Inklusion als »politisches Phänomen« (S. 43) beschreibt, mit der Notwendigkeit, Demokratie auch im Alltag zu leben, begründet wird[4] (vgl. auch Beer, 2003, S. 31). Diese Argumentation geht von der Prämisse aus, dass Demokratie, soll sie nicht nur Herrschafts-, sondern auch Lebensform sein, auch im schulischen Alltag gelebt werden muss und ent-

---

1 Die Integrationsquote besagt, wie viel Prozent der Schüler mit sonderpädagogischem Förderbedarf eine Regelschule besuchen.

2 Die Förderquote besagt, wie viel Prozent aller Schüler einen sonderpädagogischen Förderbedarf zugesprochen bekommen haben; unabhängig davon, ob sie in einer Förderschule oder einer Regelschule gefördert werden. Sie ist von 5,4 % (2001) auf 6,4 % (2010) gestiegen (vgl. KMK, 2012a, S. 4).

3 Die Förderschulbesuchsquote besagt, wie viel Prozent aller Schüler eine Förderschule besuchen. Sie ist von 4,7 % (2001) auf 4,9 % (2010) gestiegen (vgl. KMK, 2012a, S. 7).

4 Kobi und Muth verwenden zwar den Begriff »Integration«, da die Publikationen bereits älter sind als der Inklusionsbegriff in Deutschland, meinen damit aber das, was heute mit dem Begriff »Inklusion« bezeichnet wird (vgl. Hinz, 2004).

sprechende demokratische Wertvorstellungen einen Ausschluss bestimmter Schülergruppen nicht erlauben.

Diese demokratietheoretische Argumentation verbindet Slavin (1993, S. 537) folgendermaßen mit einer evidenzbasierten: Die empirische Beweislast, effektiver zu sein, liegt ihm zufolge bei den Befürwortern einer äußeren Differenzierung, denn während sich eine äußere Differenzierung ausschließlich über vermutete bessere Leistungen begründet, begründet sich die Bildung heterogener Lerngruppen zudem noch über die Umsetzung und Vermittlung demokratischer Werte. Letztere sollte daher nicht nur dann bevorzugt werden, wenn sie zu besseren Schulleistungen führt, sondern auch, wenn sie zu ähnlich guten Leistungen führt.

In dieser Hinsicht zeigt die empirische Forschung, dass es möglich ist, in inklusiven Schulen ähnlich gute oder auch bessere Schulleistungen zu erzielen als im segregierenden System: Schüler mit sonderpädagogischem Förderbedarf zeigen in unterschiedlichen Varianten inklusiver Schulen durchweg bessere Schulleistungen als in Förderschulen (vgl. Tent/Witt/Zschoche-Lieberum/Bürger, 1991; Haeberlin, 2002; Dessemontet/Benoit/Bless, 2011; Myklebust, 2006; Newman, 2006 sowie die Übersichten bei Walter-Klose, 2013, S. 63; Möller, 2013, S. 20ff.) und ihre berufliche Integration gelingt leichter (vgl. Ginnold, 2008, S. 258ff.; Eckart et al., 2011, S. 63ff. sowie die Übersicht bei Löser/Werning, 2013, S. 24). Ein Teil der Studien weist allerdings darauf hin, dass dies u. U. mit einer höheren psychosozialen Belastung dieser Schüler »erkauft« werden könnte (vgl. Tent et al., 1991; Möller, 2013). Außerdem ist die Forschungslage zu den Schulleistungen der Schüler ohne sonderpädagogischen Förderbedarf nicht ganz eindeutig, in den meisten Studien ist sie aber in inklusiven Klassen nicht schlechter als in Klassen ohne Schüler mit sonderpädagogischem Förderbedarf (vgl. Feyerer, 1998; Dumke/Schäfer, 1993; Textor, 2010; Textor/Funger, 2012; Dessemontet et al., 2011 und die Übersicht bei Möller, 2013, S. 27f.). Die uneinheitliche Forschungslage hinsichtlich sozialer und emotionaler Variablen der Schüler mit sonderpädagogischem Förderbedarf sowie der Schulleistung der Schüler ohne sonderpädagogischen Förderbedarf lässt vermuten, dass die konkrete Art der Umsetzung von Inklusion auf diese Bereiche einen besonders hohen Einfluss hat. Die schlechteren Schulleistungen von Schülern in Förderschulen hingegen scheinen tatsächlich mit dem generellen Setting zusammenzuhängen. Sie können vermutlich auf Kompositionseffekte, also Effekte, die sich aus der Zusammensetzung der Schülerschaft heraus ergeben, zurückgeführt werden, wie sie auch in Hauptschulen zu finden sind (vgl. Schümer, 2004, S. 101ff.).

Im Rahmen der *demokratietheoretischen* Argumentationslinie lassen sich Förderschulüberweisungen unter der Prämisse, dass die Aussonderung bestimmter Gruppen nicht mit demokratischen Werten vereinbar ist, somit nicht rechtfertigen. Zumal die empirische Forschung darauf hinweist, dass Förderschulüberweisungen für die Förderschüler selbst in der Regel nicht vorteilhaft sind, weil sie weder zu besseren Schulleistungen führen noch sicher ist, dass sie Schüler in ihrer emotionalen und sozialen Entwicklung unterstützen. Die Ergebnisse der Schulforschung zeigen vielmehr, dass gute Konzepte inklusiver Schule (vgl. Abschnitt 4 und 5) sowie eine angemessene Ausstattung der Schulen mit Ressourcen durchaus dazu führen können, dass eine inklusive Schule ohne Zwang zur Segregation jeder Schülerin und jedem Schüler gerecht werden kann. Von einer solchen Verwendung von Ressourcen zur sonderpädagogischen Förderung würden u. E. auch Schüler ohne sonderpädagogischen Förderbedarf stark profitieren.

Die menschenrechtsorientierte Argumentation

Die Prämisse der *menschenrechtsorientierten Argumentationslinie* ist, dass eine menschenwürdige Gesellschaft jedem Menschen unabhängig von seiner individuellen Situation gesellschaftliche Teilhabe ermöglichen muss. Inklusion im Bildungssystem wird in diesem Zusammenhang damit begründet, dass sie besser als ein segregierendes Bildungssystem eine solche Teilhabe ermöglicht und daher ethisch geboten und rechtlich umzusetzen ist (vgl. Wocken, 2010, S. 218f.). So enthält das Grundgesetz bereits seit 1994 den Passus, dass niemand »wegen seiner Behinderung benachteiligt werden« darf (GG Artikel 3), im selben Jahr wird Inklusion in der Salamanca-Erklärung empfohlen (UNESCO, 1994) und seit 1994 wird die sonderpädagogische Förderung in Deutschland nicht mehr an den Förderort Förderschule gebunden (vgl. KMK, 1994). Allerdings hat erst die Ratifizierung der UN-BRK (2008) in Bundestag und Bundesrat dazu geführt, dass schulische Inklusion in Deutschland auch einklagbar geworden ist. Diese rechtliche Fundierung von Inklusion führt zurzeit zu einem massiven Ausbau inklusiver Bildungsangebote in allen Bundesländern.

Die UN-BRK schließt mit dem »Rechtsanspruch auf eine inklusive, wohnortnahe und hochwertige allgemeine Bildungseinrichtung« (DIM, 2012, S. 275) eine »zwangsweise Zuweisung an eine Sondereinrichtung gegen den Willen des Kindes beziehungsweise der Erziehungsberechtigten« (DIM, 2012, S. 275) und somit eine Förderschulbesuchspflicht für Schüler mit Behinderungen der vorherrschenden Rechtsauffassung zufolge aus. Nicht ausgeschlossen wird hingegen, dass der Besuch einer Förderschule auf freiwilliger Basis angeboten wird (vgl. auch Avenarius, 2012, S. 68). Dann wäre allerdings – unabhängig von Art und Schwere der Behinderung! – die Entscheidung gegen ein inklusives Bildungsangebot von Seiten der Eltern und nicht die Entscheidung gegen eine Förderschule zu rechtfertigen (vgl. DIM, 2012, S. 277). Ein solches freiwilliges Angebot wäre mit der UN-BRK vereinbar, sofern die Entscheidung der Eltern tatsächlich freiwillig bleibt und aus ihrer Sicht auch die finanziellen, strukturellen und didaktischen Voraussetzungen für inklusive Settings mindestens ähnlich gut sind wie für separierende Settings. Hier besteht eine ernstzunehmende Gefahr latenter Steuerung, beispielsweise indem die Inklusion seitens der Bildungspolitik so schlecht ausgestattet wird, dass dies für Eltern offensichtlich ist und sie ihre Kinder mit sonderpädagogischem Förderbedarf »freiwillig« an Förderschulen anmelden.

Kontrovers diskutiert wird, inwiefern für Schüler, die durch ihre Anwesenheit den Unterricht in einer Regelschule gefährden, Förderschulen weiterhin empfohlen oder sogar verpflichtend vorgesehen werden sollten (vgl. Avenarius, 2012, S. 69). Avenarius führt als Beispiel einen Schüler an, der »beispielsweise durch fortdauerndes Schreien den gemeinsamen Unterricht zum Erliegen bringe« (Avenarius, 2012, S. 69), womit eine Förderschule für den Förderschwerpunkt emotionale und soziale Entwicklung besser umgehen könne als eine Regelschule. Hier wird damit argumentiert, dass die Kinderrechtskonvention insofern eine Einschränkung des Rechts auf Inklusion darstellt, als dass durch die vorrangige Berücksichtigung des Kindeswohls sowohl der Schüler mit Behinderungen als auch der Mitschüler »die Zuweisung eines Kindes zur Förderschule im konkreten Fall auch nach den Regelungen der Konvention sogar geboten sein kann« (Avenarius, 2012, S. 68). Mehrere Argumente sprechen aber gegen die Beibehaltung von verpflichtenden Förderschulüberweisungen für wenige Gruppen von Schülern. Erstens blieben in diesem Falle die mit der Förderschulzuweisung verbundenen diagnostischen Probleme bestehen: Die Ausprägungen von emotionalen, sozialen, kognitiven, kommunikativen und motorischen Kompetenzen bilden Kontinuen, und die Grenze, ab wann Segregation als legitimierbar gilt, hängt stark von den jeweiligen gesellschaftlichen, institutionellen und individuellen Verhaltens- oder Leistungsnormen ab (vgl. Textor, 2007, S. 18ff.). Zweitens hängt es stark von den zur Verfügung gestellten Ressourcen und der Qualität inklusiver Praxis ab, welche Problemlagen eine Schule bewältigt und welche sie überfordern. Insofern gibt es keinen Grund zu der Annahme, dass ein gefährdendes

Verhalten in einer Förderschule weniger kindeswohlgefährdend sei als in einer inklusiven Regelschule, die bei entsprechender Ausstattung ggf. ebenfalls zeitlich befristete Maßnahmen zur Einzelförderung durchführen könnte. Somit ist die Abgrenzung zwischen »inkludierbaren Förderbedürfnissen« und »nicht inkludierbaren Förderbedürfnissen« aus wissenschaftlicher Sicht nicht haltbar (vgl. Preuss-Lausitz, 2013a, S. 207).

Die bildungsökonomische Argumentation

Im Kontext der *bildungsökonomischen Argumentationslinie* wird Inklusion als Möglichkeit gesehen, insgesamt einen höheren Bildungserfolg zu erreichen und die Ressourcen, die in das Bildungssystem fließen, insgesamt effizienter einzusetzen (vgl. Beer, 2003, S. 32) – auch angesichts des demografischen Wandels (vgl. Preuss-Lausitz, 2007). Gerade vor diesem Hintergrund ist es fraglich, ob es ökonomisch sinnvoll ist, mit Förderschulen und inklusiven Regelschulen zwei Systeme parallel vorzuhalten.

Kostenargumente sprechen nicht für Förderschulen (vgl. Klemm, 2009, S. 23), insbesondere wenn Einsparungen bei den Beförderungs- und ggf. Unterbringungskosten eingerechnet werden. Diese entstehen dadurch, dass für einen Regelschulbesuch in der Regel deutlich kürzere Wege zurückgelegt werden müssen als für einen Förderschulbesuch, sowie dadurch, dass Kosten für den Gebäudeunterhalt entfallen, wenn Förderschulen geschlossen werden (vgl. Klemm, 2009, S. 15ff.; Preuss-Lausitz 2009[5]). Schwierigkeiten bereitet allerdings die Trägerstruktur bei diesen Kosten. In allen Bundesländern werden die sonderpädagogischen Lehrkräfte sowie die Regelschullehrkräfte vom Land finanziert, während die Finanzierung der Schulwege und des Gebäudeunterhaltes zwischen den Bundesländern differieren kann, in der Regel aber von anderen Trägern als vom Land sichergestellt wird. Dies macht eine Umschichtung der Mittel politisch schwierig (vgl. Preuss-Lausitz, 2009). Die demografische Entwicklung in Deutschland, die seit dem Jahr 2000 zu rückläufigen Schülerzahlen

---

5 Leider wird die Ausstattung der inklusiven Beschulung nicht näher beschrieben, aber angedeutet, wenn bedauert wird, »dass in Berlin ab Schuljahr 2000/2001 die Personalmittel für den gemeinsamen Unterricht von 5,5 Stunden pro Kind auf 4,0 Stunden gekürzt wurden« (Preuss-Lausitz, 2009, S. 521). Damit ist der gemeinsame Unterricht kostengünstiger, obwohl die Anzahl der Unterrichtsstunden für die sonderpädagogische Förderung deutlich über den von Klemm berechneten Stunden liegt.

geführt hat und vermutlich weiterhin führen wird (vgl. KMK, 2012b, VII), macht die Förderschulen zusätzlich unrentabler, da bei sinkenden Schülerzahlen pro Schule relativ zu der Anzahl der Schüler die Betriebskosten steigen und bei einer Schließung einzelner Förderschulen die Fahrtwege für die Schüler noch länger und damit auch teurer werden (vgl. Preuss-Lausitz, 2007, S. 65).

3 Spezifika der Sekundarstufe

In diesem Abschnitt werden zwei für die Sekundarstufe spezifische Problemlagen aufgegriffen, die die Inklusion in besonderem Maße betreffen: die vertikale Gliederung der Sekundarstufe I in mindestens zwei leistungsdifferenzierte Schultypen und die Aufgabe, neben der Vermittlung von Allgemeinbildung auch die Einmündung in den Beruf vorzubereiten.

Die vertikale Gliederung: Inklusion im selektiven System?

In der Grundschule ist der gemeinsame Unterricht deutlich weiter verbreitet als in der Sekundarstufe: Im Jahr 2010 wurden 61.099 Schüler mit sonderpädagogischem Förderbedarf in Grundschulen beschult, in den Schulformen der Sekundarstufe I insgesamt 43.835 Schüler (vgl. Tabelle 1; KMK, 2012a, S. 12ff. sowie die Zahlen in Klemm, 2013, S. 17f.) – obwohl die Grundschulzeit in den meisten Bundesländern vier Jahre dauert und damit kürzer ist als die Zeit in der Sekundarstufe I. Bereits im Jahr 2006 besuchten 47.318 Schüler mit sonderpädagogischem Förderbedarf eine Grundschule. Da die Alterskohorte dieser Schüler vier Jahre später vollständig an der Sekundarstufe I zu finden sein sollte, ist also von einem systemisch bedingten Drop-Out von Schülern mit Förderbedarf aus Regelschulen in Förderschulen beim Übergang in die Sekundarstufe I auszugehen.

Tab. 1: Anzahl der Schüler mit sonderpädagogischem Förderbedarf in den einzelnen Schulformen (absolute Zahlen; Quelle: KMK, 2012a, S. 12ff.)

	2006	2010
Schulformunabhängige Orientierungsstufe	2.982	4.601
Hauptschule	12.601	16.793
Realschule	1.241	1.954
Gymnasium	1.076	2.451
Schule mit mehreren Bildungsgängen	4.178	9.155
Integrierte Gesamtschule	4.887	8.871
Summe Sekundarstufe I	28.971	45.835
Grundschule	47.318	61.099

Zu der Frage, wie dieser Drop-Out zu erklären ist, gibt es nur wenige empirische Befunde; die Studien von Sander (1998) und Amrhein (2011) lassen jedoch auf folgende Problembereiche schließen (vgl. auch Pütz/Textor, 2010):

Das erste Problem besteht in der Selektivität des vertikal gegliederten Schulsystems in der Sekundarstufe I (vgl. Köbberling, 1999): Am Ende der Grundschulzeit werden alle Kinder je nach Schulleistung auf einer der weiterführenden Schulen der Sekundarstufe I platziert. Zumindest für zieldifferent zu unterrichtende Schüler mit sonderpädagogischem Förderbedarf in den Förderschwerpunkten Lernen und Geistige Entwicklung stellt sich daher die Frage, welche weiterführende Schulform sie besuchen sollen: ausschließlich Haupt- und Gesamtschulen? Wenn aber zieldifferent zu unterrichtende Schüler an Realschulen oder Gymnasien integriert werden, stellt sich die Frage, wieso dies nicht auch für andere Schüler möglich ist, die die Leistungsheterogenität vergrößern würden, ohne aber einen ausgewiesenen sonderpädagogischen Förderbedarf zu haben. Dieser Widerspruch »von Integrationsvorhaben einerseits und schulischen Selbstverständnissen und Arbeitsstrukturen andererseits« (Köbberling, 1999, S. 113) ist ungelöst. In der gymnasialen Sekundarstufe II stellt sich dieses Problem weniger, da hier u.W. ausschließlich Schüler mit Förderschwerpunkten inkludiert werden, die zielgleich unterrichtet werden können, d. h. ebenso wie alle übrigen Schüler in der gymnasialen Oberstufe das Abitur anstreben. Im beruflichen Bildungssystem findet sich der Widerspruch von segregierenden Strukturen und der Forderung nach Inklusion aber ebenfalls (vgl. Abschnitt 3). Ein zweites Problem sind die Formen der Leistungsbewertung, die eine zieldifferente Integration, die auch individualisierte Formen von Leistungsmessung erfordert, schwieriger machen (vgl. Köbberling, 1999, S. 112; Begalke/Clevere/Demmer-Dieckmann/Siepmann, 2011, 70ff.). Ein ähnliches Dilemma erzeugt der derzeitige Umgang mit Bildungsstandards, der ebenfalls einer an individuellen Maßstäben orientierten Leistungsbeurteilung und Leistungsförderung widerspricht (vgl. Feyerer, 2007, S. 73ff.; Werning, 2011). Als ein drittes Problem wird überdies häufig noch die Relevanz des Fachunterrichts und des Fachlehrerprinzips in der Sekundarstufe I genannt, da dies ein fächerübergreifendes oder projektorientiertes Arbeiten erschwert.

Das Grundproblem von Inklusion in der Sekundarstufe besteht also jenseits von unterrichtsorganisatorischen Problemen offenbar darin, dass hier der Versuch unternommen wird, in einem auf Segregation ausgelegten Schulsystem inklusiv zu arbeiten. Dies erzeugt systemimmanente Widersprüche, die auf Ebene der Einzelschule nicht zu lösen sind, sondern Strukturveränderungen im Bildungssystem erfordern. Wie diese aussehen und in der Einzelschule konkretisiert werden können, erprobt die Laborschule in Bielefeld nun seit etwa 40 Jahren (vgl. Begalke et al., 2011).

Übergänge von der Schule in den Beruf: Berufsorientierung und berufliche Integration

Jenseits der bisher beschriebenen Strukturfragen sind Berufsorientierung und berufliche Integration konzeptionelle Arbeitsfelder von Schulen, die durch ihre Ausgestaltung den Übergang von der Schule in die weiterführende Bildung für Jugendliche optimieren sollen. Der Unterschied zwischen beruflicher Integration und Berufsorientierung ist dabei, dass die berufliche Integration noch stärker als die Berufsorientierung den Unterstützungsbedarf der Jugendlichen betont und auf die Anbahnung von Ausbildung bereits während der Schulzeit setzt.

Inklusiv ist der Übergang dann, wenn alle Jugendlichen einen Anschluss finden und annehmen, der ihren Möglichkeiten in der Übergangssituation entspricht. Dazu benötigen sie berufsorientierende Informations-, Lern- und Reflexionsangebote, die sie individuell bei der Klärung ihrer Interessen, Fähigkeiten und Bedürfnisse unterstützen, damit sie Entscheidungen für den weiteren beruflichen Werdegang treffen können. Bei fehlender oder unzureichender Unterstützung der Jugendlichen, beispielsweise mit Behinderung oder mit Migrationshintergrund, werden oftmals Anschlüsse gewählt, die unter ihren Möglichkeiten liegen. Dies wiederum hat weitgehende Konsequenzen für die Chance zur Teilhabe an Erwerbstätigkeit in der weiteren Berufsbiographie.

Im Rahmen dieses Abschnittes wird zunächst erläutert, inwieweit die berufliche Ausbildung segregierend wirkt, und es werden zentrale Anschlüsse von der Schule in das berufliche Bildungssystem thematisiert, um deren Konsequenzen für die Möglichkeit der Teilhabe an Erwerbstätigkeit aufzuzeigen. Es folgt eine Darstellung der Berufsorientierung und der beruflichen Integration als Aufgaben von Schule sowie eine Übersicht über die zentralen Gelingensbedingungen.

In der UN-BRK wird in Artikel 24 Inklusion auch für die berufliche Ausbildung verlangt. Der Zugang zu beruflicher Ausbildung wird in Deutschland jedoch über den Arbeitsmarkt gesteuert, der sich an dem Kriterium des erreichten Schulabschlusses orientiert. Angesichts dieser durch Wettbewerb gekennzeichneten Situation ist der Übergang von der Schule in den Beruf hoch selektiv und erzeugt Benachteiligungen für Frauen sowie für Jugendliche mit niedrigen Schulabschlüssen (vgl. Reißig/Gaupp, 2007, S. 12), mit Migrationshintergrund und mit Behinderung (vgl. Beicht/Ulrich, 2008). Dies wird dadurch verschärft, dass es für Betriebe anscheinend nicht genug Anreize gibt, Ausbildungsplätze für *alle* Jugendlichen anzubieten. Von Seiten der Wirtschaft wird dies oftmals mit einer nicht ausreichenden Motivation und Qualifikation der Schulabgänger und somit mit einer mangelnden *Ausbildungsfähigkeit* der Jugendlichen begründet. Diese auf eine Individualisierung der Ursachen zielende Argumentation ist angesichts der vorliegenden Forschung allerdings nicht bzw. nur zum Teil zutreffend. Die Ursachen von Arbeitslosigkeit sind vielmehr in beträchtlichem Ausmaß institutionell geprägt (Eberhard/Ulrich, 2010, S. 137). Die erkennbare Bildungspraxis entspricht nicht der Forderung der UN-BRK (2008; Artikel 27), dass der Ausbildungsstellenmarkt offen, integrativ und für Menschen mit Behinderung zugänglich sein soll.

Das bestehende berufliche Bildungssystem hält unterschiedliche Anschlüsse für *alle* Jugendliche vor. Deren *tatsächliche* Anschlussfähigkeit muss gerade im Hinblick auf Inklusion allerdings an der Frage beurteilt werden, inwieweit damit die Möglichkeit einer langfristig angelegten Teilhabe an Erwerbstätigkeit verbunden sein kann. So stellt eine abgeschlossene berufliche Ausbildung auf dem allgemeinen Arbeitsmarkt eine zentrale Voraussetzung dar, um über einen längeren Zeitraum in der Berufsbiographie erwerbstätig zu sein (z. B. Doose, 2007, S. 13). Ungelernte Tätigkeiten werden hingegen auf dem Arbeitsmarkt immer weniger nachgefragt (vgl. Bojanowski, 2008, S. 41). Im Folgenden werden die unterschiedlichen Anschlüsse des beruflichen Bildungssystems und deren

Konsequenzen für die Möglichkeit der Teilhabe an Erwerbstätigkeit angedeutet.

Regelausbildung. Der Hauptschulabschluss ist eine zentrale Voraussetzung für die berufliche Integration (vgl. Beicht/Ulrich, 2008); dieser wird aber nur von einer Minderheit der Jugendlichen an Förderschulen erreicht. Darüber hinaus ist erstens zu erwarten, dass »die betriebliche Berufsausbildung [...] aus Gründen der Wirtschaftlichkeit dann, wenn es genügend ›leistungsstarke‹ Bewerber gibt, keine Beeinträchtigten inkludieren« wird (Biermann/Bonz, 2011, S. 221). Zweitens bildet sich bei faktisch ungleichen Anforderungen eine Hierarchie der Berufe heraus, obwohl eine formale Gleichheit der Berufsabschlüsse gegeben ist (vgl. Biermann, 2004, S. 4). Ausbildungsberufe auf einer niedrigeren Stufe sind in der Regel eher mit einem Beschäftigungsrisiko verbunden als Ausbildungsberufe auf einer höheren Stufe. Jugendliche mit niedrigen Schulabschlüssen erhalten, u. a. in Abhängigkeit von der Situation auf dem Ausbildungsstellenmarkt, überwiegend Zugang zu Ausbildungsberufen auf einer niedrigen Stufe (vgl. Biermann, 2004).

Benachteiligtenförderung. Die seit den 1970er Jahren bestehende Benachteiligtenförderung hat das Ziel der Arbeitsmarktintegration. Versucht wird, die mangelnde Ausbildungsfähigkeit auszugleichen und die Berufswahl zu unterstützen. Zielgruppe sind Jugendliche ohne Schulabschluss und mit Verhaltens- und Lernproblemen (vgl. Bylinski/Rützel, 2011, S. 15). Die Benachteiligtenförderung ist ein sehr unübersichtliches Feld (vgl. Biermann, 2008) und unterliegt einem ständigen Wandel. Sie führt bei Jugendlichen zu Etikettierungs- und Stigmatisierungsprozessen (vgl. Biermann, 2011, S. 31). Langfristig angelegte Studien zu benachteiligten Jugendlichen der beruflichen Bildungsforschung zeigen, dass die Angebote für Jugendliche im Übergangssystem oftmals nur »Warteschleifen« darstellen (vgl. Bojanowski, 2008, S. 34) und die Chancen auf eine Integration in den ersten Arbeitsmarkt weitgehend nicht erhöhen (Bylinski/Rützel, 2011, S. 15). Der selektierende Zugang zum Ausbildungsstellenmarkt und die Defizite der Benachteiligtenförderung, die soziale Exklusion zur Folge haben (vgl. Bojanowski, 2008, S. 36), stellen dieses Segment des Berufsbildungssystems in Frage. Der Forderung nach grundsätzlichen strukturellen Änderungen wurde allerdings bisher nicht gefolgt (vgl. Bylinski/Rützel, 2011).

Berufliche Rehabilitation. Um Angebote der beruflichen Rehabilitation wahrnehmen zu können, ist der Status der Behinderung notwendig. Diese Zuweisung erfahren Jugendliche oftmals als stigmatisierend und etikettierend (vgl. Biermann, 2008). Das sonderpädagogische Konzept der *Berufsbildungswerke* sieht vor, »über den Umweg einer zeitlich befristeten Separation eine Integration in den Arbeitsmarkt und in die Gesellschaft zu bewirken« (Biermann, 2011, S. 15). Die *Werkstätten für Behinderte* stellen einen geschützten Arbeitsbereich für Personen dar, die dem allgemeinen Ausbildungs- und Arbeitsmarkt aufgrund der Schwere der Behinderung nicht zur Verfügung stehen (vgl. Biermann, 2011, S. 16). Darüber hinaus sind *neue Dienste* hinzugekommen, bei denen die personenbezogene Förderung überwiegt: z. B. Integrationsfachdienste (IFD) zur Vermittlung schwerbehinderter Jugendliche in Ausbildung. Sie beraten sowohl die Jugendlichen als auch die Betriebe. Sie unterstützen Jugendliche bei der Vertretung ihrer Interessen in den Betrieben. Ein zentrales Problem dieser Angebote sind die geringen Übergangszahlen in den allgemeinen Arbeitsmarkt.

Biermann und Bonz (2011) sehen in den beschriebenen Angeboten eine Bildungspraxis, die »in vielen Fällen eine angemessene Berücksichtigung und Förderung von behinderten und benachteiligten Menschen in der Berufsbildung ermöglicht« (S. 226). Allerdings wird an diesen drei Segmenten, die sich jeweils nochmals auffächern, die Segmentierung des beruflichen Bildungssystems deutlich, die einem inklusiven System nur in ausgesprochen geringem Maße entspricht. Entwicklungen zu mehr Inklusion sind erkennbar, wenn die unterschiedlichen Segmente zur beruflichen Ausbildung miteinander kooperieren (vgl. Biermann/Bonz, 2011). Insgesamt muss festgestellt werden: »Im Hinblick auf eine institutionalisierte inklusive Berufsbildung liegen noch keine nennenswerten Ansätze vor, geschweige denn dass solche realisiert wurden.« (Biermann/Bonz, 2011, S. 223)

Dass auch Lehrkräfte an allgemeinbildenden Schulen der Sekundarstufe I über Kenntnisse zum beruflichen Bildungssystem verfügen, ist von Bedeutung, weil diese Schulen den Auftrag haben, Jugendliche auf diesen Übergang angemessen vorzubereiten (vgl. Biewer/Fasching, 2012, S. 130ff.). Hierbei ist es von Bedeutung, die Konsequenzen, die der jeweilige Anschluss mit sich bringt, mitzudenken und »Versorgung« nicht als hinreichendes Ziel zu betrachten.

Die *Berufsorientierung und berufliche Integration in der allgemeinbildenden Schule* wird angesichts der bestehenden Struktur des Berufsbildungssystems als »vorausschauende Problemvermeidung« und damit »erster Schritt zur Inklusion« (Bylinski/Rützel, 2011, S. 16) beschrieben. Ziel von schulischen Übergangskonzepten ist es, gemeinsam mit den Jugendlichen zu erarbeiten, mit welchem Anschluss eine berufliche Teilhabe entsprechend der individuellen Interessen, Fähigkeiten und Bedarfe möglich wird. Dafür liegen unterschiedliche Konzepte vor (z. B. Individuelle Förderplanung – Berufliche Integration: Koch/Kortenbusch, 2007; Regionales Übergangsmanagement in Form einer »biographischen Berufswegebegleitung«:

Bylinski/Vollmer, 2010, S. 219; Berufswahlpass: Bundesarbeitsgemeinschaft Berufswahlpass, 2013). Es ist ein zentrales Problem aller berufsorientierender Konzepte, dass ihre Wirkungen bisher nur vereinzelt in Evaluationsstudien untersucht worden sind (vgl. Thielen, 2011, S. 9). Allerdings können durch eine Analyse vorliegender Maßnahmen (z. B. Koch/Kortenbusch, 2009), vereinzelter (Evaluations-)Studien (vgl. z. B. Neuenschwander/Schaffner, 2011; Ginnold, 2007; Famulla et al., 2008) und theoretischer Beiträge zur Übergangsforschung (vgl. z. B. Biermann, 2008; Bylinski/Rützel, 2011; Biewer/Fasching, 2012, S. 130ff.) folgende Gelingensbedingungen für schulpädagogische Konzepte zur Förderung der Berufsorientierung und beruflichen Integration herausgearbeitet werden:

- Die Berufsorientierung und die berufliche Integration sind als ein *fächerübergreifendes Prinzip* in der Schule verankert (Famulla et al., 2008) und sind ein *über mehrere Jahre angelegter Prozess* (vgl. Rahn/Brüggemann/Hartkopf, 2011). Für Jugendliche mit sonderpädagogischem Förderbedarf empfiehlt es sich, spätestens in der 7. Jahrgangstufe mit der Berufsorientierung und der beruflichen Integration zu beginnen. Zudem sollte der Übergang im Sinne einer »nachgehenden Betreuung« (Koch/Kortenbusch, 2009) nach dem Ende der Schulzeit mindestens noch über ein halbes Jahr fortgesetzt werden.
- Konzepte zum Übergang sind *individualisiert* auszurichten, um auf die Heterogenität der Ausgangslagen hinsichtlich Interessen, Bedürfnissen, Fähigkeiten und Stand im Orientierungsprozess reagieren zu können (vgl. Rahn et al., 2011, S. 309). Ein unterstützendes Instrument könnte eine Förderplanung (vgl. Koch/Kortenbusch, 2009) sein. Allerdings ist bei der Umsetzung zu beachten, dass das bestehende berufsorientierende Konzept der Schule mit der Förderplanung verknüpft wird (vgl. Koch/Kortenbusch, 2009). Grundlegend für die Planung sind die berufsorientierenden Maßnahmen, die zugleich das berufsorientierende schulische Curriculum darstellen. Mit der Förderplanung wird eine Individualisierung in Teilbereichen des Curriculums realisiert. Zudem ist die Förderplanung gemeinsam mit dem einzelnen Schüler zu erstellen und sie enthält verbindlich *Reflexionsgespräche*, in denen »Gegenwärtiges betrachtet und Zukünftiges geplant« wird (vgl. Hinz, 2002, S. 357).
- Der Lernortwechsel in den Betrieb ist wesentlicher Bestandteil eines Konzeptes, welches die Berufsorientierung und die berufliche Integration zum Ziel hat. Der *Betrieb als Lernort* wird didaktisiert. Hierfür ist es Voraussetzung, dass Lehrkräfte mit den beteiligten Betrieben eng kooperieren. Erst hohe betriebliche Praxisanteile eröffnen Jugendlichen mit

sonderpädagogischem Förderbedarf Chancen auf dem allgemeinen Arbeitsmarkt (Ginnold, 2007, S. 187), beispielsweise durch sogenannte Klebeeffekte im Rahmen von Langzeitpraktika (vgl. Koch/Kortenbusch, 2009). Im Unterricht sollten Inhalte und Probleme, die sich aus dem Betrieb als zusätzlichem Lernort ergeben, aufgegriffen und bearbeitet werden. Angesichts der erforderlichen Individualisierung ist hierfür ist ein geöffneter Unterricht Voraussetzung.

* Die *Vernetzung mit außerschulischen Akteuren* (Betriebe, Agentur für Arbeit etc.) ist eine zentrale Voraussetzung für das Gelingen der schulischen Konzepte (Thielen, 2011, S. 9). Hierfür sind vorhandene Netzwerke, wie sie beispielsweise in Projekten des Regionalen Übergangsmanagements entstanden sind, zu nutzen (vgl. Koch/Kortenbusch 2009).
* Die *Eltern* sind aktiv in das Konzept einzubeziehen. Sie stellen zugleich eine zentrale Ressource zur Unterstützung ihrer Kinder dar (vgl. Ginnold, 2007, S. 187).
* Berufsorientierung und berufliche Integration können nur gelingen, wenn *Lehrkräfte* sich in der Verantwortung sehen, diese zu unterstützen. Dazu benötigen sie grundlegende Kenntnisse über das berufliche Bildungssystem. Sie müssen zudem in der Lage sein, im Unterricht auf die betrieblichen Erfahrungen der Jugendlichen flexibel zu reagieren (vgl. Famulla, et al., 2008; Driesel-Lange/Hany/Kracke/Schindler, 2011, S. 317).

Um einer vorzeitigen Exklusion benachteiligter Jugendlicher – hierzu zählen auch Jugendliche mit Körper- und Sinnesbehinderungen – vorzubeugen, geht es bereits in der allgemeinbildenden Schule darum, vorhandene Spielräume in optimaler Art und Weise auszuschöpfen. Hierfür ist ein ausgereiftes schulisches Konzept zur Berufsorientierung und zur beruflichen Integration, das sich an den oben dargestellten Gelingensbedingungen orientiert, unabdingbar. Auf der Ebene der Bildungspolitik ist angesichts der Forschungsergebnisse zum Übergang die Veränderung bestehender Strukturen nachzudenken. Die Aufgabe des Berufsbildungssystems besteht darin, »durch Angebote der beruflichen Bildung sowohl den Unterstützungs- und Förderbedarf der behinderten Menschen zu beantworten als auch Lösungen zu finden, die nicht in Sondersysteme oder gar Sackgassen führen« (Bylinski/Vollmer, 2010, S. 220). Das derzeitige System wird dieser Aufgabe in nur sehr geringem Maße gerecht.

4 Schulorganisatorische Modelle der Inklusion

Schulorganisatorische Modelle inklusiver sonderpädagogischer Förderung werden in der Regel entlang unterschiedlicher Modelle aus der Praxis dargestellt, die sich historisch entwickelt haben und in ihrer Benennung regional variieren können (vgl. beispielsweise Heimlich, 2012). Im Folgenden werden diese Modelle entlang drei zentraler organisatorischer Dimensionen dargestellt: der Art der Ressourcenzuweisung, der Verortung der sonderpädagogischen Ressourcen und des konzeptionell bedingten Ausmaßes von Segregation[6]. Möglicherweise sind diese Dimensionen inklusiver schulorganisatorischer Konzepte nicht abschließend; vor dem Hintergrund unserer Analysen gehen wir aber davon aus, dass sie zur Unterscheidung herangezogen werden können und die wichtigsten bildungs- und *schulorganisatorischen* Entscheidungen umfassen.

Die in diesem Abschnitt vorgestellten Modelle werden der Definition von »Inklusion« in Abschnitt 1 in sehr unterschiedlichem Maße gerecht, so ist beispielsweise das Modell der Kooperationsklassen nicht als inklusiv einzuschätzen. Sie werden aber dennoch hier beschrieben, da sie in manchen Bundesländern zur Umsetzung von Inklusion bildungspolitisch präferiert werden und außerdem Spielräume hinsichtlich ihrer konkreten Ausgestaltung bieten, die auf dem Weg zu einer inklusiven Schule produktiv genutzt werden können.

Rucksack oder Gießkanne? Steuerung der Ressourcenverteilung[7]

Die bildungspolitische Steuerung der Ressourcenverteilung kann nach drei Kategorien von Kriterien geschehen (vgl. Preuss-Lausitz, 2013a, S. 209):

- ◆ Input-Kriterien sind Kriterien auf der Basis dessen, was zu Beginn des Bildungsprozesses steht. In Bezug auf die Ressourcenverteilung für die Inklusion wäre dies die Qualität und Quantität des diagnostizierten sonderpädagogischen Förderbedarfes der jeweiligen Schüler oder anderer Förder-

---

6 Diese Dimensionen basieren auf den in einer Arbeitsgruppe von Mai-Anh Boger, Harry Kullmann, Birgit Lütje-Klose und Annette Textor entwickelten Dimensionen inklusiver schulorganisatorischer Modelle, von denen eine Auswahl für diesen Artikel erstmals ausführlich beschrieben wird.

7 Für die Anregung zu dieser Überschrift danken wir Harry Kullmann.

derbedürfnisse wie z. B. im Bereich Deutsch als Zweitsprache. In diese Kategorie fällt es beispielsweise, wenn sich die Ressourcenzuweisung an einem offiziell mit einem Gutachten festgestellten individuellen sonderpädagogischen Förderbedarf orientiert, wie dies in der Einzelintegration (s. u.) der Fall ist.

- Prozess-/Throughput-Kriterien sind Kriterien, die aus Erfordernissen der erwünschten Prozesse erwachsen; bezogen auf die Ressourcenverteilung für inklusiven Unterricht würde dies bedeuten, dass alle Schulen durch ihre Ausstattung dazu befähigt werden, alle Kinder bzw. Jugendlichen ihres Einzugsgebietes aufzunehmen und zu bilden, unabhängig von ihren individuellen Voraussetzungen. Die Ausstattung der Schulen kann sich dabei durchaus auch kompensatorisch an ihrem Einzugsgebiet orientieren. In diese Kategorie fallen systemisch orientierte, pauschale Ressourcenzuweisungen wie beispielsweise in der sonderpädagogischen Grundversorgung bzw. Grundausstattung im Modell der Integrativen Regelklassen (s. u.).

- Output-Kriterien sind Kriterien auf der Basis der Leistungen der Bildungseinrichtungen; solche Kriterien sind für die Ausstattung inklusiver Schulen zurzeit weder in der Anwendung, noch in der Diskussion. Ein hypothetisches Beispiel wäre eine Ressourcenzuweisung, die sich am Erfolg der Schulen, beispielsweise operationalisiert anhand der Absolventenzahlen in den unterschiedlichen Schulabschlüssen, orientiert.

Im Folgenden werden als Beispiel für eine Input-orientierte Ressourcenzuweisung das Modell der Einzelintegration, als Beispiel für eine prozessorientierte Ressourcenzuweisung das der Hamburger integrativen Regelklassen und als Beispiel für eine Mischform das »Lernen unter einem Dach« aus Niedersachsen vorgestellt. Abschließend werden die beiden unterschiedlichen Varianten der Ressourcenzuweisung diskutiert.

Ein Beispiel für die Ressourcenzuweisung auf der Basis von *Input-Kriterien* ist die *Einzelintegration:* In diesem Modell wird ein einzelner Schüler mit sonderpädagogischem Förderbedarf in einer Regelklasse unterrichtet und bekommt dort sonderpädagogische Förderung[8]. Die Klassengröße ent-

---

8 Gelegentlich werden auch mehrere Schüler in Form von Einzelintegration in einer Klasse beschult; dies ist häufig durch die nachträgliche Zuweisung sonderpädagogischen Förderbedarfs beispielsweise in den Bereichen emotionale und soziale Entwicklung und Lernen verursacht. Wenn sich das Selbstverständnis der Schule dadurch nicht ändert, d. h. sich die Regelschule trotzdem nicht als integrative oder inklusive Schule versteht, wird dann in der Regel weiterhin von »Einzelintegration« gesprochen.

spricht der nichtintegrativer Schulklassen; das Unterrichtskonzept und die räumliche Ausstattung in der Regel auch. Die Ausstattung mit Ressourcen orientiert sich an dem individuell festgestellten Förderbedarf; was – quantitativ und qualitativ – als notwendig erachtet wird, kann sich bei gleichem Förderschwerpunkt von Bundesland zu Bundesland aber unterscheiden.

Auf *Prozesskriterien* beruht hingegen die Ressourcenzuweisung im Hamburger Modell der *Integrativen Regelklassen*. Diese werden bereits 1991 in Hamburg zunächst in Form eines Schulversuchs parallel zu den Integrationsklassen eingeführt. In integrative Regelklassen werden Kinder mit »vermutetem sonderpädagogischem Förderbedarf im Bereich des Lernens, des Verhaltens und der Sprache aufgenommen« (Bürgerschaft der freien und Hansestadt Hamburg, 2012, S. 3), und die Schulen verpflichten sich, »während der Grundschulzeit kein Kind zu den Sonderschulen für Lernbehinderte, Sprachbehinderte oder Verhaltensgestörte zu überweisen« (Wocken, 1996, Kap. 5). Auf eine Eingangsdiagnose wird in diesem Modell verzichtet, stattdessen werden die Ressourcen pauschal zugewiesen (vgl. Wocken, 1996; Kap. 5). Dabei wird bisher pro Klasse eine halbe zusätzliche Stelle (sonderpädagogische Lehrkräfte und Erzieherinnen) zur Verfügung gestellt; diese Stellen werden organisatorisch im Kollegium der Regelschule verortet. Kinder mit anderen Förderschwerpunkten werden nicht in diese Klassen aufgenommen, sondern in Integrationsklassen beschult, die parallel zum Konzept der integrativen Regelklassen existieren (vgl. Hinz, 1998, S. 218f.).

Zurzeit ist beabsichtigt, dieses Konzept flächendeckend zu implementieren und für die Förderschwerpunkte Lernen, Sprache und emotionale und soziale Entwicklung grundsätzlich eine systembezogene Ressourcenzuweisung einzuführen. Der Zuweisungsschlüssel wird in diesem Zusammenhang verändert, ihm wird die Annahme zugrunde gelegt, dass durchschnittlich 4 % aller Schüler einen solchen Förderbedarf haben, dass aber je nach Einzugsgebiet der jeweiligen Schule und je nach Schulform dieser Anteil zwischen 0,8 % und 14,1 % variiert. Entsprechend wird die Ressourcenzuweisung an Einzugsgebiet und Schulform orientiert. Für die übrigen Förderschwerpunkte werden die Ressourcen weiterhin individuumsbezogen zugeteilt, die Integrativen Regelklassen wurden aber inzwischen für diese Förderschwerpunkte geöffnet (vgl. Bürgerschaft der freien und Hansestadt Hamburg, 2012, S. 5ff. und S. 25; Preuss-Lausitz, 2013b).

Ein *Mischkonzept der Ressourcenzuweisung* ist das Konzept »Lernen unter einem Dach«, das 1996 in Niedersachsen beschlossen und erprobt wurde und inzwischen in die Fläche übertragen wird (vgl. Niedersächsisches Landesinstitut für schulische Qualitätsentwicklung, 2012; Löser/Werning, 2013). Diesem Rahmenkonzept zufolge ist vorgesehen, dass »Beteiligte vor Ort [...] im Sinne einer Entwicklung von unten die regionale Struktur sonderpädagogischer Hilfen mit integrativer Zielrichtung« umbauen (Niedersächsisches Kultusministerium, o. J., S. 11), indem sie regionale Integrationskonzepte (RIK) entwickeln. Dabei steht für die sonderpädagogische Förderung von Schülern mit Beeinträchtigungen im Lernen, im Verhalten, in der Sprache und beim Sprechen eine Grundversorgung von zwei Stunden pro Woche und pro Klasse zur Verfügung, die auch präventiv eingesetzt werden können. Die Verteilung der Stunden wird von den Grundschulen in Zusammenarbeit mit einem Förderzentrum, dem die sonderpädagogischen Lehrkräfte angehören, entschieden (vgl. Lütje-Klose et al., 2005; Niedersächsisches Kultusministerium, 2005, 1.7.4). Im Unterschied zu den integrativen Regelklassen in Hamburg sind die Ressourcen für die sonderpädagogische Förderung somit organisatorisch nicht an der Regelschule, sondern am Förderzentrum bzw. an der Förderschule verortet. Diese Grundversorgung kann durch weitere Ressourcen ergänzt werden, wenn Kinder mit festgestelltem sonderpädagogischem Förderbedarf in anderen als den oben genannten Bereichen integrativ beschult werden (vgl. Niedersächsisches Kultusministerium, 2005, 1.7).

In der Literatur gilt eine pauschale Ressourcenzuweisung nach Prozess- bzw. Throughput-Kriterien aus mehreren Gründen als günstiger für eine inklusive Praxis: Erstens kann auf die Diagnostik zur Feststellung sonderpädagogischen Förderbedarfs – nicht aber auf die Förderdiagnostik! – verzichtet werden, was den bürokratischen Aufwand verringert und dadurch Ressourcen freisetzt, die ansonsten für die aufwändige, im Ergebnis aufgrund ihrer Unschärfe aber umstrittene Zuweisungsdiagnostik (vgl. Abschnitt 2) gebunden wären. Zweitens kann auf diese Weise das sogenannte »Etikettierungs-Ressourcen-Dilemma« (Kornmann, 1994) vermieden und den betreffenden Schülern dadurch ein Stigmatisierungsprozess erspart werden – zumindest kann dies vor dem theoretischen Hintergrund des Etikettierungsansatzes (vgl. Textor, 2007, S. 29ff.) angenommen werden, auch wenn empirische Belege dazu nicht vorliegen. Mit dem »Etikettierungs-Ressourcen-Dilemma« ist gemeint, dass im Fall inputorientierter Ressourcenzuweisung auch inklusive Schulen stigmatisierende Diagnosen stellen müssen, um an die Ressourcen für die sonderpädagogische Förderung zu gelangen. Andernfalls müssten sie damit rechnen, dass ihnen nicht die Ressourcen zur Verfügung gestellt würden, die sie für ihre Arbeit bräuchten. »Beides ist mit den Grundideen einer nichtaussondernden Pädagogik unvereinbar« (Kornmann, 1994; Kap. 2). Ein dritter, praktischer Grund für die Bevorzugung einer pauschalen Ressourcenzuweisung ist, dass Schulen in diesem Fall ihre Ressourcen auch dazu einsetzen können, um sehr kurzfristig zu intervenieren, wenn bei Schülern spezifische Problemlagen sichtbar werden, während die Varianten der individuumsbezogenen Ressourcenzuweisung den Nachteil haben, dass in diesem Fall erst Ressourcen beantragt und deren Zuteilung abgewartet werden muss. Viertens kann Schule auf diese Weise multiplen Problemlagen, die andernfalls auf einen Förderschwerpunkt reduziert werden müssten, besser gerecht werden (vgl. Preuss-Lausitz, 2013a, S. 209). In der schulischen Praxis ist die pauschale Ressourcenzuweisung allerdings umstritten, da die Befürchtung besteht, diese würde finanzpolitisch zu Sparzwecken bzw. auf Schulebene zur Abdeckung von Vertretungsunterricht (vgl. Preuss-Lausitz, 2013a, S. 209) missbraucht. Die Befürchtung, die Ressourcen für die individuelle Förderung kämen nicht mehr bei denjenigen Schülern an, die sie benötigen, muss kritisch im Blick behalten werden.

Zu betonen ist, dass die Vorteile der pauschalen Ressourcenzuweisung nur dann zum Tragen kommen, wenn sowohl die Ausstattung mit Ressourcen quantitativ und qualitativ angemessen ist als auch der Ressourceneinsatz auf der Ebene der einzelnen Schule bzw. des jeweiligen Förderzentrums sinnvoll konzeptualisiert ist.

Verortung der sonderpädagogischen Ressourcen

Die sonderpädagogischen Ressourcen können grundsätzlich an zwei Stellen verortet werden: in der inklusiven Einzelschule oder in übergeordneten sonderpädagogischen Förderzentren.

Sonderpädagogische Förderzentren sind Einrichtungen, die materiell mit Diagnose- und Fördermaterial sowie Räumlichkeiten und personell mit sonderpädagogischen Lehrkräften und anderen personellen Ressourcen ausgestattet sind und von denen aus Schüler mit sonderpädagogischem Förderbedarf in Regelschulen »ambulant«[9] gefördert werden. Diese Förderzentren können auch selbst in ihren Räumlichkeiten Schüler aufnehmen

---

9 Der Begriff der Ambulanzlehrkraft stellt eine Analogie zur Begriffsverwendung im Gesundheitswesen dar: Schüler mit sonderpädagogischem Förderbedarf werden in diesem System nicht »stationär« in der Förderschule gefördert, sondern »ambulant« in der Regelschulklasse. Diese Sichtweise auf sonderpädagogische Förderung ignoriert u. E. die wesentliche Bedeutung der Regelschullehrkräfte, die in ihrem Unterricht ebenfalls individuell fördern sollen. Daher wird dieser Begriff hier in Anführungsstriche gesetzt.

und dort beschulen bzw. betreuen (vgl. Heimlich, 2012, S. 90ff.); allerdings liegt dann der Unterschied zu Förderschulen lediglich darin, in welchem Grad das Bereithalten »ambulanter« Förderung verpflichtend ist: Förderschulen können, Förderzentren müssen »ambulante« Angebote bereithalten. Das quantitative und qualitative Ausmaß an Angeboten wird hingegen nicht bestimmt. In diesem Modell bleibt unabhängig von der konkreten Umsetzung die sonderpädagogische Lehrkraft organisatorisch an der Förderschule oder dem Förderzentrum verortet und wird von dort aus mit einem bestimmten Stundenkontingent an eine oder mehrere Regelschulen abgeordnet, an der oder an denen sie Förderdiagnostik, Beratung und Fördermaßnahmen für Schüler mit sonderpädagogischem Förderbedarf übernimmt.

Einen Gegenentwurf stellt das Modell der *Integrationsklassen an Integrationsschulen* dar, das auf den Erfahrungen der ersten Schulversuche, z. B. in der Fläming-Grundschule (vgl. Stoellger, 1988) oder der Uckermark-Grundschule (vgl. Heyer/Preuss-Lausitz/Schüppel/Widmer-Rockstroh/Zielke, 1994), aber auch z. B. der Laborschule in Bielefeld (vgl. Begalke et al., 2011) basiert: in diesem Modell sind die sonderpädagogischen Lehrkräfte organisatorisch in der jeweiligen Regelschule verortet, d. h. sie sind Bestandteil des Regelschulkollegiums, nehmen an den Konferenzen der Regelschule teil und führen z. B. auch Pausenaufsichten, sodass sie allen Schülern ähnlich bekannt sind wie die anderen Lehrkräfte auch.

Auch wenn zu dieser Frage noch auffallend wenig empirische Literatur zu finden ist, spricht zur Annäherung an das Ziel, gute Bedingungen für inklusive Arbeit zu schaffen, einiges für die Verortung der sonderpädagogischen Lehrkräfte an Regelschulen, denn dies erleichtert die Kooperation und den Kompetenztransfer zwischen Regelschul- und sonderpädagogischen Lehrkräften deutlich: erstens, weil die sonderpädagogischen Lehrkräfte in diesem Fall in formelle Beratungs- und Entscheidungsstrukturen der Schule eingebunden sind, und zweitens, weil sie in höherem Maße für informelle Gespräche und Absprachen zur Verfügung stehen, da sie in den Pausen nicht ihren Arbeitsort wechseln müssen, sondern vor Ort ansprechbar sind. Dadurch steigt das Ausmaß an Beratungstätigkeit und das Ausmaß, in dem sich sonderpädagogische Lehrkräfte für alle Schüler der Lerngruppe zuständig fühlen, während die von den Lehrkräften wahrgenommene Belastung sinkt (vgl. Unger, 2012, S. 224f.). Zu vermuten ist, dass auch Schüler von dieser informellen Ansprechbarkeit profitieren.

Wenn aufgrund bildungspolitischer Vorgaben die sonderpädagogischen Ressourcen in Förderzentren organisiert werden müssen, sollten aber zumindest die vorhandenen Spielräume genutzt werden, um die Organisa-

117

tion der Arbeitszeit der sonderpädagogischen Lehrkräfte sinnvoll zu gestalten: In diesem Fall sollten die zur Verfügung stehenden Unterrichtsstunden so kumuliert werden, dass die sonderpädagogischen Lehrkräfte nur an ein oder zwei Regelschulen abgeordnet werden. Wird dies beachtet, können erfahrungsgemäß zumindest einige Vorteile einer organisatorischen Verortung an der Regelschule, insbesondere die informelle Ansprechbarkeit, wirksam werden. Ineffizient ist es hingegen, wenn mehrere unterschiedliche sonderpädagogische Lehrkräfte in einer Klasse mit jeweils nur sehr wenigen Stunden eingesetzt sind (vgl. Unger, 2012, S. 224f.). In diesem Fall verpufft ein Teil der Ressourcen, da auf diese Weise zwar Unterrichtsstunden für die sonderpädagogische Förderung, aber keine Zeit für Absprachen zur Kooperation zur Verfügung steht – die einem größeren Team außerdem noch mehr Koordinationsaufwand abverlangen als einem kleinen.

Befürchtet wird häufig, dass eine Verortung sonderpädagogischer Ressourcen an Regelschulen in der Praxis dazu führt, dass diese anderweitig, z. B. für Vertretungsstunden, eingesetzt werden (vgl. z. B. die Befunde in Textor, 2007, S. 248f.). Berichte von Lehrkräften weisen jedoch darauf hin, dass dies auch bei einer organisatorischen Verortung in Förderschule oder Förderzentrum der Fall sein kann. Diesbezüglich scheinen konkrete, verbindliche Absprachen über den Einsatz der sonderpädagogischen Lehrkräfte wirksamer zu sein als ihre organisatorische Verortung außerhalb der Regelschule.

Drinnen oder draußen? Modelle der innerschulischen Organisation von Inklusion

Auch wenn die Art der Verwendung mit dem Umfang und der Verortung der Ressourcen zusammenhängt (vgl. Unger, 2012, S. 224), gibt es bei gleichem Umfang und gleicher Verortung der Ressourcen unterschiedliche schulorganisatorische Modelle, die je nach Ausmaß der konzeptionell bedingten äußeren Differenzierung in drei Stufen eingeteilt werden können (vgl. Lütje-Klose, 1997, S. 230ff.; Heimlich, 2012, S. 81ff.):

+ Kooperationsklassen,
+ Pullout-Modelle in verschiedensten Formen und
+ Gemeinsamer Unterricht.

Außerdem gibt es noch die sogenannte »stille« Integration, bei der Kinder mit Leistungs- oder Verhaltensproblemen oder körperlichen Einschränkungen eine Regelschule besuchen, ohne dass eine sonderpädagogische Förderung durch eine spezielle Lehrkraft erfolgt (vgl. Haeberlin, 2002, S. 93ff.). Diese Form der Integration wird im Allgemeinen nicht als Regelfall angesehen und statistische Daten dazu sind nicht bekannt. Die Ausführungen von Haeberlin (2002, S. 93) zur sehr ähnlichen Streuung des IQ–Bereiches in Grundschul- und Förderschulklassen mit dem Förderschwerpunkt Lernen, die Zusammensetzung der Stichproben bei Tent et al. (1991; vgl. Abschnitt 2) sowie die unterschiedlichen Förderquoten in den Bundesländern (vgl. KMK, 2012a) legen jedoch die Annahme nahe, dass eine solche »stille Integration« nicht selten ist.

Bei *Kooperationsklassen* handelt es sich um Förderschulklassen mit den dazu gehörigen sonderpädagogischen Lehrkräften, die an Regelschulen eingerichtet werden und dort mit einer Regelschulklasse kooperieren sollen. Durch die Unterbringung im gleichen Schulgebäude und die Zuordnung zu einer Regelschulklasse ergeben sich Möglichkeiten der sozialen Begegnung mit anderen Kindern. Außerdem können lange Fahrzeiten zur Schule vermieden werden. Das Ausmaß der Kooperation von Förder- und Regelschulklasse kann sehr unterschiedlich sein; es kann von einer gelegentlichen Zusammenarbeit bis hin zu einem durchgängig gemeinsamen Unterricht beider Klassen an einem Lerngegenstand reichen. Ggf. kann auch für einzelne leistungsstarke Schüler der Förderklasse der gemeinsame Unterricht ausgeweitet werden. Kooperationsklassen bieten neben den vielfältigen Möglichkeiten der Annäherung auch Möglichkeiten des Rückzugs (vgl. Heimlich, 2003, S. 62f.). Als inklusiv gelten sie aber nicht, da unterschiedliche Lerngruppen für Schüler mit und für Schüler ohne sonderpädagogischen Förderbedarf bestehen bleiben.

Pullout-Modellen ist gemeinsam, dass die sonderpädagogische Förderung in einem Teil der Unterrichtszeit in Form von äußerer Differenzierung stattfindet, d.h. in speziellen (Klein-)Gruppen oder in Einzelförderung. Beispiele für dieses Modell sind die Berliner Variante des Entwicklungspädagogischen Unterrichts[10] (vgl. Bönder, 2004; Textor et al., 2005, S. 57ff.) oder die in Berlin nach wie vor bestehenden Schulstationen (vgl. Nevermann, 2004; Textor et al., 2005, S. 52ff.). Schulstationen haben vorrangig Gewaltprävention und die Bewältigung von Konflikten zwischen

---

10 »Berliner Variante« deshalb, weil dort ein Konzept entwickelt wurde, um Entwicklungspädagogischen Unterricht auch an Grundschulen durchzuführen. Allerdings erfordert auch dieses Konzept für die meisten Kinder mit Förderbedarf (zeitlich begrenzte) Phasen, in denen sie zusammengefasst und außerhalb ihrer Lerngruppe unterrichtet werden.

Schülern bzw. zwischen Schülern und Lehrkräften zum Ziel, können aber auch für Maßnahmen der Konzentrationsfähigkeit oder der Lern- oder Sprachförderung sowie als Rückzugsraum eingesetzt werden (vgl. Arbeitsgruppe Weddinger Schulstationen, 2001, S. 1). Sie bestehen aus ein bis drei Räumen, in denen Sozialpädagogen, Sozialarbeiter oder Erzieher arbeiten können (vgl. Nevermann, 2004); an einigen Schulen werden auch die Stunden, die für die sonderpädagogische Förderung zur Verfügung stehen, gebündelt und für die Arbeit in der Schulstation genutzt. Die Schüler können im Bedarfsfall sowohl von ihren Lehrkräften in die Schulstation geschickt werden als auch sich im Unterricht abmelden und selbstständig entscheiden, die Schulstation aufzusuchen.

Gemeinsamer Unterricht schließlich bedeutet, dass auf Formen äußerer Differenzierung verzichtet wird und auch dann, wenn Unterrichtsstunden mit zwei Lehrkräften besetzt sind, beide Lehrkräfte gemeinsam in der Klasse unterrichten und den Unterricht für alle Schüler individualisieren, anstatt einzelne Schüler außerhalb des Klassenraumes zu fördern (vgl. Textor, 2007, S. 88ff. und S. 266ff.). Gefordert wird, dass alle Schüler gemeinsam an einem Unterrichtsinhalt arbeiten, der es einerseits erlaubt, dass jeder Schüler individuell auf seinem Lernstandsniveau arbeitet, andererseits aber dennoch Kooperation ermöglicht (vgl. Feuser, 2002; vgl. das Kapitel von Werning/Arndt, »Unterrichtsgestaltung und Inklusion«, in diesem Band).

Äußere Differenzierung – ob in Form von Kooperationsklassen oder in Form von Pullout-Modellen – wird in der didaktischen Theoriebildung in der Regel nicht als inklusiv angesehen, der Gemeinsame Unterricht hingegen empfohlen (vgl. beispielsweise Feuser, 2002). Auch die empirische Forschung zeigt keinen Vorteil von Formen der äußeren Differenzierung, weder für die Schulleistungen (vgl. Löser/Werning, 2013, S. 24f.), noch im Hinblick auf das Schülerverhalten (vgl. Textor 2007, S. 266ff.; vgl. Werning/Arndt, Kap. 4 in diesem Band). Bei einem didaktisch sinnvoll gestalteten inklusiven Unterricht erscheinen sie daher als wenig sinnvoll. Unter einer Bedingung können aber auch Pullout-Modelle mit dem Grundgedanken der Inklusion vereinbar sein: Dann, wenn sie flexibel eingesetzt werden und ihre Nutzung allen Schülern – unabhängig von ihrem Leistungsvermögen und ihrem Verhaltensspektrum – gleichermaßen offen steht und nicht mit einer Herabsetzung verbunden ist, sind sie im Unterschied zu Ansätzen, die eine äußere Differenzierung in stabil zusammengesetzten (Klein-)Gruppen vorsehen, mit den Zielen von Inklusion grundsätzlich vereinbar. Wenn Schulen aus welchen Gründen auch immer trotz der Zielperspektive der Inklusion äußere Differenzierung einsetzen möchten, sollte diese Bedingung beachtet werden.

5   Instrumente inklusiver Schulentwicklung

Schulentwicklung kann auf mindestens zwei Ebenen verortet werden: erstens auf der Ebene des Schulsystems, auf die in den Abschnitten 3 und 4 Bezug genommen wird, und zweitens auf der Ebene der Einzelschule, die die einzelnen Schulen und ihre Fähigkeit sich selbst zu verändern zum Gegenstand hat (vgl. Fend, 1986; Werning, 2012). Der Begriff der *inklusiven Schulentwicklung* (Hinz et al., 2013; Biewer/Fasching, 2012) enthält das Ziel der Veränderung: die inklusive Schule. Auf der Ebene der *Einzelschule* lässt sich »Schulentwicklung als [...] dauerhafte, bewusste und absichtsvolle sowie systematisierte Weiterentwicklung (im Sinne einer Verbesserung) [...] verstehen« (Dedering, 2011, S. 4). Die inklusive Perspektive umfasst in diesem Fall »Verbesserungsprozesse hin zu mehr Teilhabe an Lernen und Schulleben« (Biewer/Fasching, 2012, S. 119).

In diesem Abschnitt wird erläutert, welche *Strategien* und *Instrumente* Schulen zu ihrer Entwicklung anwenden können, um dem Ziel einer inklusiven Schule näher zu kommen.

Die *Strategien*, mit denen dieser Wandel vollzogen werden kann, lassen sich in organisationale, personale und auf den Unterricht bezogene Strategien einteilen (vgl. Dedering, 2012; Holtappels, 2013; Werning, 2012): Organisationale Strategien betreffen beispielsweise die Unterstützung von Teambildungsprozessen im Kollegium (vgl. Dedering, 2012, S. 6). Eine personale Strategie besteht beispielsweise darin, die Kommunikation der Akteure in der Schule untereinander zu verbessern (vgl. ebd), und eine auf den Unterricht bezogene Strategie liegt zum Beispiel vor, wenn ein Kollegium sich auf ein naturwissenschaftliches Curriculum in der Sekundarstufe verständigt und dieses umsetzt. Für einen wirksamen Schulentwicklungsprozess ist es optimal, wenn alle drei Strategievarianten miteinander kombiniert werden.

Die im Folgenden vorgestellten *Instrumente* greifen mit unterschiedlicher Gewichtung organisationale, personale und unterrichtsbezogene Strategien des Wandels auf und werden kooperativ umgesetzt. Sie sind zudem miteinander kombinierbar, beispielsweise kann Praxisforschung oder die Rezeption von Innovationen in Netzwerken stattfinden.

Instrumente des Wandels auf der Basis von Selbstevaluation

Schulen mehr Autonomie zuzugestehen, wurde bereits Anfang der 1970er Jahre gefordert (vgl. Deutscher Bildungsrat, 1973). Dies war mit der Erwartung verbunden, dass durch die erweiterten Handlungsspielräume Selbstgestaltungskräfte an Schulen aktiviert würden, die zu einer Entwicklung von Schulqualität führen. In der bildungspolitischen Umsetzung, die erst in den 1990er Jahren stattfand (z.B. Ministerium für Schule, Weiterbildung, Wissenschaft und Forschung des Landes Nordrhein-Westfalen, 1998), wurde diese Forderung u.a. mit der Auflage verbunden, Selbstevaluationen durchzuführen, um den Prozess der Entwicklung mit dem Ziel einer qualitativen Verbesserung systematisch zu steuern. Die Selbstevaluation stellt u.E. nach wie vor eine elementare Vorgehensweise für die Steuerung von Entwicklungsprozessen dar. Angesichts dessen werden im Folgenden drei beispielhaft ausgewählte Ansätze vorgestellt, die durch ihre Anwendung unterschiedliche Herangehensweisen zur selbstgesteuerten Veränderung von Schule ermöglichen. Dargestellt werden der Institutionelle Schulentwicklungsprozess (vgl. Dalin/Rolff/Buchen, 1995), der Index for Inclusion (vgl. Boban/Hinz, 2011, S. 12; vgl. Booth/Ainscow, 2003, 2011) und Unterrichtsentwicklung durch Schülerfeedback (vgl. Bastian, 2007). Die Tabelle 2 zeigt, dass in den einzelnen Ansätzen alle Phasen einer Selbstevaluation vorkommen. Sie werden nicht zwingend linear durchlaufen und in jeder Schule anders ausgestaltet.

Die einzelnen Ansätze sind allerdings unterschiedlich akzentuiert. Der *Fokus* liegt bei Bastian (2007) auf der Unterrichtsentwicklung durch ein Schülerfeedback, bei Boban und Hinz (2011) ist als Zielperspektive die inklusive Schule vorgesehen und bei Dalin et al. (1995) steht der an den Bedürfnissen der Akteure in Schule ausgerichtete Schulentwicklungsprozess im Mittelpunkt. Zweitens unterscheiden sich die in Schulentwicklung einbezogenen *Beteiligten*, auch wenn Partizipation für alle Ansätze ein zentraler Aspekt ist. Während bei Dalin, Rolff und Buchen überwiegend an eine breite Beteiligung der dafür professionell Ausgebildeten (z.B. Lehrkräfte, ggf. Schulsozialarbeiter oder Erzieher) gedacht wird, werden bei der Arbeit mit dem Index for Inclusion bewusst Gruppen wie z.B. Eltern oder Schüler einbezogen, die über eine solche Ausbildung nicht verfügen (vgl. Hinz et al., 2013, S. 208). Drittens unterscheidet sich die *Methodik*: Der Index for Inclusion stellt die indikatorengestützte Diskussion aller Beteiligten für eine Diagnose in den Mittelpunkt. Die beiden anderen Ansätze orientieren sich an einschlägigen Erhebungs- und Auswertungsmethoden zur Diagnose der schulischen Ausgangslage.

Tab. 2: Prozessschritte der Ansätze auf der Basis von Selbstevaluation

Ansatz/Phasen einer Selbstevaluation	Institutioneller Schulentwicklungsprozess (ISP) (Dalin et al., 1995)	Index for Inclusion (Booth/Ainscow, 2003, 2011; Boban/Hinz, 2011)	Unterrichtsentwicklung durch Schülerfeedback (in Anlehnung an Bastian, 2007)
Initiierung	Initiierung des Prozesses	erste Sichtung des Indexes	Inhalt, Ziel und Verfahren des Schülerfeedbacks wird durch Lehrkräfte bestimmt
Teambildung	Bildung einer Steuergruppe	Bildung eines Index-Teams	Bildung eines Feedbackteams
Erhebung	Datensammlung	Ist-Analyse anhand ausgewählter Aspekte des Indexes	Arbeit mit Feedbackverfahren einführen, Feedback mit geregelten Verfahren durchführen
Auswertung und Interpretation	Gemeinsame Diagnose	Gemeinsame Diagnose unter Beteiligung aller relevanten Akteure	Rückmeldungen analysieren unter Partizipation der beteiligten Akteure
Planung von Zielen und Maßnahmen	Zielklärungund Maßnahmenplanung	Formulierung eines Schulprogramms nach inklusiven Maßstäben	Veränderung für den Unterricht planen
Umsetzung	Implementation	Implementation	Veränderung für den Unterricht umsetzen
Überprüfung der Zielerreichung	Evaluation	Evaluation	Evaluation
Erneute Initiierung	Erneute Initiierung	Erneute Initiierung ggf. zu einem anderen Schwerpunkt	Erneute Initiierung

Durch die empirische Schulentwicklungsforschung wurde eine Reihe von Problemen aufgezeigt, die mit der Selbstevaluation verbunden sind (vgl. Koch-Priewe, 2000; vgl. Berkemeyer/Müller, 2010):

- Lehrkräfte wenden die standardisierten Instrumente nicht an, weil sie nicht zu den spezifischen Bedingungen der Organisation passen.
- Lehrkräfte verfügen oftmals nicht über die Kompetenzen, um das Instrument angemessen zu nutzen. Die betrifft sowohl die methodischen als

auch die theoretischen Kompetenzen, die wesentlich die Qualität der Evaluationsprozesse beeinflussen.

* Es gibt offensichtlich eine Reihe von Widerständen in den Kollegien.
* Es mangelt an der respektvollen Behandlung der bisherigen Praxis.
* Wenn Externe sich beteiligen, erleben sich Schulen nicht mehr als »Eigentümer« des Evaluationsprozesses.
* Vorteile der Evaluation werden für die Beteiligten nicht sichtbar.

Effekte der Selbstevaluation auf das Kollegium der jeweiligen Schule – Kommunikationsstrukturen, kollegiale Beziehungen und Teamarbeit – konnten nachgewiesen werden (vgl. Müller, 2002), Effekte auf Schüler hingegen nicht (vgl. Berkemeyer/Müller, 2010). Dennoch scheint es eine plausible Vorgehensweise für die Entwicklung von Schule und Unterricht zu sein, sich auf der Basis einer fundierten Problemanalyse Maßnahmen für die Problembearbeitung zu überlegen und diese umzusetzen, um dann wiederum zu prüfen, ob die Maßnahmen greifen. Wie die empirische Schulentwicklungsforschung zeigt, sind Schul- und Unterrichtsentwicklungsansätze auf der Basis von Selbstevaluation allerdings auch voraussetzungsvolle Instrumente. Im Folgenden werden die einzelnen Ansätze inhaltlich vorgestellt.

Index for Inclusion

Die erste Version des Index for Inklusion aus dem Jahr 2000 wurde in allen englischen Grund-, Sekundar- und Sonderschulen eingesetzt und mit Hilfe der Rückmeldungen der Schulen kontinuierlich überarbeitet. Ziel des Instrumentes ist es, mit Hilfe eines indikatorengestützten Vorgehens »eine mit der Heterogenitätsprogrammatik kompatible Vorstellung von Qualität entwickeln zu helfen« (Boban/Hinz, 2012, S. 73). Zur konkreten Arbeit wird ein Raster aus den drei Dimensionen »inklusive Kulturen schaffen«, »inklusive Strukturen etablieren« und »inklusive Praktiken entwickeln« (Boban/Hinz, 2011, S. 11ff.) angeboten. Jede dieser Dimensionen enthält zwei Bereiche mit Indikatoren, die die Akteure in der Schule dabei unterstützen sollen, den Entwicklungsbedarf mit Blick auf inklusive Strukturen, Kulturen und Praktiken zu erkennen. Konkrete Fragen zu den einzelnen Indikatoren sollen helfen, die Qualität der Strukturen, Kulturen und Praktiken einzuschätzen. Die Akteure in den Schulen sollen aus dem Angebot an Indikatoren die für sie relevanten auswählen. Zudem können, falls Bedarf besteht, weitere Indikatoren und Fragen hinzugefügt werden (vgl. Hinz et al., 2013). Der Index bedient durch die drei Dimensionen *personale, organisationale und unterrichtsbezogene Strategien* des Wandels.

124

Zum Index for Inclusion liegen im deutschen Sprachraum wenige empirische Befunde vor, die relativ unsystematisch und in der Regel als Nebenprodukt von Modellversuchen berichtet werden (vgl. z. B. Hinz et al., 2013). Als Gelingensbedingungen werden z. B. die Kooperation und Kommunikation auf »Augenhöhe« mit allen Beteiligten, eine unterstützende Schulleitung (vgl. Biewer/Fasching, 2012), die Einbindung aller Beteiligten in den Schulentwicklungsprozess, eine unterstützende Partizipation der Schülerinnen und Schüler, die Visualisierung der Funktionen der Beteiligten durch Aktionspläne, die strukturelle Verankerung des Index-Teams in den Gremien, eine Moderation in der Anfangsphase und die Arbeit in Netzwerken aufgeführt. Ein Schulleitungswechsel oder die Fusion konkurrierender Schulen behindern hingegen Entwicklungsprozesse (vgl. Hinz et al., 2013, S. 206ff.).

Institutioneller Schulentwicklungsprozess (ISP)

Der Institutionelle Schulentwicklungsprozess wurde in den 1990er Jahren von Dalin et al. (1995) entwickelt. Er bildet ein Modell ab, um Erneuerungsprozesse in Schule systematisch zu steuern (Dalin et al., 1995, S. 38). Die Autoren gehen für erfolgreiche Entwicklungsprozesse davon aus, dass

- ein tatsächliches, weitgehend kollektiv geteiltes Bedürfnis zu Erneuerung vorliegt,
- die Schulleitung Entwicklungsprozesse unterstützt,
- sich das Kollegium mit der Erneuerung identifiziert und
- die Fähigkeit und Bereitschaft zur Kompetenzentwicklung im Kollegium gegeben ist (vgl. Dalin et al., 1995, S. 38).

Das Ziel dieses Ansatzes ist die Erhöhung der »Problemlösefähigkeit von Schule« (Dalin et al., 1995, S. 38). Seine zentrale Strategie ist die der Organisationsentwicklung. Das Instrument fordert ein, die Bedürfnisse der Beteiligten vor Ort als Ausgangspunkt für die Entwicklung zu nehmen. Selbstevaluation im Sinne von ISP sieht vor, dass Ziele aus dem Bedürfnis einer Veränderung heraus selbst definiert werden können. Die Anwendung dieses Ansatzes ermöglicht, kleine, bescheidene und für eine einzelne Schule angemessene Schritte in Richtung der gewählten und ggf. inklusiven Ziele zu machen, die vom Kollegium gemeinsam getragen werden. Ein weiterer wesentlicher Bestandteil des ISP ist die Beratung während der einzelnen Phasen im Prozess durch externe Akteure. Ergebnisse der empirischen Schulentwicklungsforschung zu diesem Ansatz wurden bereits berichtet (vgl. Koch-Priewe, 2000; Berkemeyer/Müller, 2010).

125

Unterrichtsentwicklung durch Schülerfeedback

Das Feedback von Schülern ist besonders geeignet, um mit dem Prozess der Unterrichtsentwicklung zu beginnen. Unterrichtsentwicklung durch Schülerfeedback im Sinne von Bastian (2007) verfolgt im Wesentlichen die *personale Strategie* zur Entwicklung. Mit der Nutzung des Instruments werden die Lehrkräfte und ihr Professionalisierungsprozess in den Mittelpunkt gestellt. Dies könnte insofern ein sinnvolles Instrument sein, als empirische Studien zeigen, dass Schülerurteile über die Unterrichtsqualität »verlässlich, vertrauenswürdig und valide sind« (Hattie, 2013, S. 139). Allerdings verweist Hattie (2013, S. 139) darauf, dass Lehrende aus den Rückmeldungen ihrer Schüler wenig zu lernen scheinen. So liegt nur ein mittlerer Beitrag des Feedbacks zur Verbesserung des Unterrichts vor (Hattie, 2013, S. 139). Der Beitrag verstärkt sich allerdings, wenn Beratung hinsichtlich der Verbesserung des Unterrichts hinzukommt. Der Vorteil dieses Ansatzes besteht darin, dass Lehrkräfte sowie Schüler auf der Basis systematisch erhobener Daten über den Unterricht ins Gespräch kommen. Das Lernen wird aus der Perspektive der Lernenden betrachtet und ihr Erleben im Unterricht wird nachvollzogen und kann didaktisch nutzbar gemacht werden. Ein Beispiel für die Nutzung eines Schülerfeedbacks zur Unterrichtsentwicklung ist die Studie von Koch, Young und Müller (im Druck). Im Rahmen dieser Studie wird ein Fragebogen zur individuellen Förderung als Teil einer inklusiven Didaktik an der Laborschule eingesetzt. Schüler werden in der Erhebung dazu aufgefordert, die Qualität der individuellen Förderung in den einzelnen Fächern zu beurteilen. Die Ergebnisse der Bewertung werden den Lehrkräften der Laborschule zur Rezeption und Reflexion der Daten vorgelegt, die daraus Schlussfolgerungen für eine veränderte unterrichtliche Praxis ableiten. Ergebnisse der rekonstruktiven hermeneutischen Einzelschulforschung sprechen für diese unterrichtsbezogene Vorgehensweise, weil sie zeigen, dass »produktive Schulentwicklungsprozesse vom Unterricht ihren Ausgang nehmen und unmittelbar mit einer Veränderung pädagogischer Professionalität zusammen hängen« (Idel, 2010, S. 138).

Praxisforschung als Instrument des Wandels

Praxisforschung ist ein empirischer Forschungsansatz, der Forschung und Entwicklung in einen systematischen Zusammenhang bringt. Dieser Forschungsansatz zur Entwicklung von Schule ist in Deutschland nicht sehr weit verbreitet (Hollenbach/Tillmann, 2009), er wird aber im Zuge des Ausbaus inklusiver Schulsysteme zunehmend thematisiert, weil er verspricht, handlungsnahes Wissen für die Gestaltung inklusiver Prozesse zur Verfügung zu stellen (vgl. Klauß/Sliwka, 2013, S. 36ff.; Hinz et al., 2013). Leuchttürme für diese Form der Forschung sind die Versuchsschulen des Landes Nordrhein-Westfalen: die Laborschule und das Oberstufen-Kolleg. In der Praxisforschung werden zwei wesentliche Nachteile der auf Selbstevaluation basierenden Ansätze aufgefangen: Erstens stehen durch die Zusammenarbeit mit Wissenschaftlern Ressourcen zur Verfügung, um den untersuchten Gegenstandsbereich theoretisch zu fundieren, und zweitens kann dadurch forschungsmethodisches Wissen in den Prozess eingebracht werden. Zur Lehrerfortbildung wird dieser Ansatz vor allem in Österreich (z. B. Altrichter/Aichner/Soukup-Altrichter/Welte, 2010), vereinzelt auch in Deutschland eingesetzt (z. B. Koch-Priewe, 2011).

Schulentwicklung durch Praxisforschung zeichnet sich durch folgende Merkmale aus (vgl. Altrichter et al., 2010; Meyer/Fichten, 2010):

- Das Problem entsteht aus einem Bedürfnis der Praxis heraus.
- Das Problem wird durch einen Forschungsprozess bearbeitet, der die Entwicklung, Erprobung und Evaluation einer Innovation umfasst.
- In den Prozess fließen theoretische und empirische Erkenntnisse ein, die zu dem Problem bekannt sind.
- Der Prozess ist zirkulär, reflexiv und kooperativ angelegt.
- Die Evaluation ist formativ und summativ angelegt. Formative Ergebnisse tragen dazu bei, die Problembearbeitung zu verbessern, summative Ergebnisse machen die Wirkungen transparent.
- Die Erhebungs- und Auswertungsmethoden zur Evaluation werden im Rahmen des Praxisforschungsprojektes geklärt. Es wird mehrperspektivisch gearbeitet: z. B. durch das Einbeziehen unterschiedlicher Personen, durch die Anwendung unterschiedlicher forschungsmethodologischer Zugänge, durch die Analyse unterschiedlicher Arten von Situationen.
- Wissenschaftler und professionelle Akteure der Praxis (Lehrkräfte, pädagogische Fachkräfte, Erzieherinnen etc.) arbeiten zusammen, um eine problembezogene Innovation zu entwickeln. Die Kommunikation zwischen Wissenschaftlern und Akteuren in der Schule ist offen und gleichberechtigt. Es wird eine Demokratisierung von Forschung angestrebt.
- Die entstandene Innovation, die Bedingungen und die Prozessschritte ihrer Implementation werden umfassend dokumentiert, ebenso wie die Ergebnisse der Evaluationen.

- Praxisforschung erfolgt am Fall oder an wenigen Fällen. Dennoch sind jeweils vergleichbare Fälle in anderen Kontexten vorzufinden.

Praxisforschung als Instrument des Wandels kann organisationale, personale und unterrichtsbezogene Strategien bedienen. Empirische Ergebnisse zu Wirkungen der Praxisforschung auf den unterschiedlichen Ebenen liegen bisher allerdings in Deutschland nicht vor (vgl. Altrichter, 2009, S. 30).

Selbstevaluation und Praxisforschung als Strategien des Wandels sind nicht klar voneinander abzugrenzen. Bei Praxisforschung basiert Entwicklung auf Forschung unter Beteiligung von Wissenschaftlern. Bei Selbstevaluation wird der Aspekt der Forschung nicht betont. Wenn sie allerdings wissensbasiert hinsichtlich der theoretischen Grundlagen, der angewendeten Methoden sowie der empirischen Erkenntnisse durchgeführt wird, verschwimmen die Unterschiede zwischen Selbstevaluation und Praxisforschung. Eine forschungsbasierte Vorgehensweise beeinflusst vermutlich wesentlich die Qualität der Evaluationsprozesse und damit auch die Qualität der Veränderungsprozesse. Diese ist voraussichtlich für Schulen ohne externe Unterstützung nicht zu leisten.

Rezeption von Innovationen als Instrument des Wandels

Schulentwicklung durch den Transfer von Innovationen bedeutet, dass Schulentwicklungsprozesse durch die Rezeption von Innovationen angeregt werden, die in einem anderen Kontext entstanden sind (vgl. Koch, 2011). Die Innovationen bieten durch ihre Implementierung an, Probleme zu bearbeiten, die sich beispielsweise aus der Entwicklung zu einer inklusiven Schule ergeben. Eine Voraussetzung dafür, dass diese Form für die inklusive Schulentwicklung fruchtbar ist, ist, dass Innovationen in Form von inklusiven Konzepten vorliegen und zur Kenntnis genommen werden, die implementiert werden können. Die Laborschule (Primarstufe und Sek. I) und das Oberstufen-Kolleg (Sek. II), beides Versuchsschulen des Landes Nordrhein-Westfalen, haben eine Reihe von Dokumentationen vorgelegt (z. B. Cerulla, 2014), die dieses Ziel erreichen sollen. Der Transfer von Innovationen bietet für Schulen den Vorteil, dass ein Konzept zur Bearbeitung eines bekannten Problems nicht erst noch entwickelt werden muss (zur Komplexität solcher Entwicklungsprozesse siehe Hahn et al., 2014). Allerdings ist hierbei zu bedenken, dass mit der Rezeption von Innovationen in der Schule Schulentwicklungsprozesse einhergehen, die beraten werden sollten (vgl. Koch, 2011). Die Schulentwicklungsforschung zum Transfer innovativer schulpädagogischer Konzepte steht noch am Anfang (vgl. Koch, 2011).

Netzwerke als Instrumente des Wandels

Schulentwicklung durch Netzwerke ist ein Instrument des Wandels, bei dem u. a. unterschiedliche Schulen zusammenarbeiten (vgl. Dedering, 2011, S. 60). Denkbar ist auch eine Zusammenarbeit mit außerschulischen Akteuren wie Betrieben, kommunalen Netzwerken, Universitäten etc. In Netzwerken aus unterschiedlichen Schulen begegnen sich die Akteure auf »Augenhöhe« (vgl. Dedering, 2011, S. 61). Sie arbeiten gemeinsam an unterschiedlichen Themenschwerpunkten zur Schulentwicklung. Die einzelnen Akteure bringen ihre Kompetenzen in die Netzwerkarbeit ein und verständigen sich über Ziele, deren Erreichung sukzessive angestrebt wird. Die beteiligten Akteure erwarten als Ertrag aus der Zusammenarbeit Impulse für die eigene Arbeit (vgl. Dedering, 2011, S. 61). Ziel bei schulübergreifenden Netzwerken ist es in der Regel, den Professionalisierungsprozess der Beteiligten voranzutreiben und dadurch in den teilnehmenden Schulen die Qualität von Schule und Unterricht zu erhöhen. Dieses Ziel wird auch unterstützt durch die Generierung eigenen Netzwerkwissens. Die Wirkungen und der Nutzen von Netzwerken werden durch die vorliegende nationale und internationale Forschung überwiegen positiv bewertet (vgl. Dedering, 2011, S. 62). Lehrkräfte berichten beispielsweise von emotionalen Entlastungen und Arbeitsentlastungen durch die Netzwerkarbeit; außerdem ist festzustellen, dass sie sich professionalisieren. Darüber hinaus werden positive Effekte auf der Ebene der Schüler hinsichtlich ihrer Leistungen und Einstellungen, auf der Ebene des Unterrichts und seiner Entwicklung und auf der Ebene der Organisationsentwicklung festgestellt (vgl. Dedering, 2011, S. 64). Erfolgreich ist Netzwerkarbeit, wenn sie von klaren Erwartungen und Zielen geprägt ist und durch Fortbildungen aller Akteure begleitet wird. Soll die Netzwerkarbeit in die teilnehmenden Schulen hineinwirken, ist eine Unterstützung durch die Schulleitung Voraussetzung. Angesichts dieser Forschungsergebnisse sind Netzwerke als Instrumente des Wandels für eine inklusive Schulentwicklung anzuraten, zum Beispiel in Form von regionalen »Inklusionsbeiräten« (vgl. Katzenbach/Schnell, 2012, S. 36).

6   Fazit

Resümierend ist zunächst einmal festzustellen, dass eine für alle Beteiligten gut funktionierende Inklusion aus verschiedenen Gründen sinnvoll und möglich ist. In der Sekundarstufe führt allerdings die Verbindung aus segregierender Schulstruktur und dem Ziel der Inklusion zu Paradoxien, die auf Ebene der Einzelschule nicht lösbar sind. Ein in der bisherigen schulpädagogischen Literatur noch zu wenig beachtetes Thema ist der Übergang in die Sekundarstufe II – sowohl in die gymnasiale Oberstufe als auch in das System der beruflichen Bildung. Insbesondere wurde deutlich, dass ein ausgereiftes Curriculum zur Berufsorientierung und zur beruflichen Integration erforderlich ist, um alle Jugendlichen angemessen unterstützen zu können.

Auf regionaler und einzelschulischer Ebene gibt es wiederum unterschiedliche Varianten, schulische Inklusion organisatorisch umzusetzen. Diese kristallisieren sich auf bildungspolitischer Ebene an den Fragen heraus, nach welchen Kriterien Ressourcen zur individuellen Förderung zugeteilt werden und wo diese verortet werden, sowie auf Ebene der Einzelschule an der Frage, wie sie genutzt werden. Wollen Schulen die Qualität ihrer Arbeit systematisch verbessern, stehen dafür unterschiedliche Instrumente zur Verfügung. Eine zentrale Gelingensbedingung ist hierbei, dass Schulen unabhängig von der gewählten Vorgehensweise im Prozess unterstützt werden.

Festzustellen ist insgesamt ein Wechselspiel aus strukturellen Vorgaben und den Möglichkeiten der Einzelschule, Inklusion umzusetzen: Einerseits setzen strukturelle Vorgaben einen Möglichkeitsrahmen – mit Spielräumen – für die Umsetzung von Konzepten innerhalb der Einzelschulen. Andererseits wird auf der Ebene der Einzelschule entschieden, was konkret auf der Handlungsebene unter gelingender Inklusion verstanden wird, welche Modelle umgesetzt werden und wie sie für eine Implementation adaptiert werden.

Literatur

Altrichter, Herbert: Praxisforschung als akzeptiertes Element der Erziehungswissenschaft? Zur in- und ausländischen Entwicklung. In: Hollenbach, Nicole/Tillmann, Klaus-Jürgen (Hrsg.): Die Schule forschend verändern. Praxisforschung aus nationaler und internationaler Perspektive, Bad Heilbrunn: Klinkhardt, 2009, S. 21-48

Altrichter, Herbert/Aichner, Waltraud/Soukup-Altrichter, Katharina/Welte, Heike: PraktikerInnen als ForscherInnen. Forschung und Entwicklung durch Aktionsforschung. In: Friebertshäuser, Barbara/Langner, Antje/Prengel, Annedore (Hrsg.): Handbuch qualitative Forschungsmethoden in der Erziehungswissenschaft, Weinheim, 2010, S. 803-818

Amrhein, Bettina: Inklusion in der Sekundarstufe. Eine empirische Analyse. Bad Heilbrunn: Klinkhardt, 2011

Arbeitsgruppe Weddinger Schulstationen: Weddinger Schulstationen stellen sich vor. Eine Dokumentation der Arbeitsgruppe Weddinger Schulstationen. Berlin 2001 (unveröffentlicht)

Avenarius, Hermann: Auf dem Weg zur inklusiven Schule? Auszüge eines Vortrags von Prof. Dr. Hermann Avenarius anlässlich des Ganztagsschulkongresses im November 2011. In: Schulverwaltung NRW 3 (2012), S. 66-69

Bastian, Johannes: Einführung in die Unterrichtsentwicklung. Weinheim/Basel: Beltz, 2007

Beer, Sigrid: Es ist der Wurm drin. Argumente für eine längere gemeinsame Schulzeit. In: Heyer, Peter/Sack, Lothar/Preuss-Lausitz, Ulf (Hrsg.): Länger gemeinsam lernen. Frankfurt/Main: Grundschulverband, 2003, S. 29-33

Begalke, Eva/Clever, Marie/Demmer-Dieckmann, Irene/Siepmann, Christoph: Inklusion an der Laborschule: Weg und Ziel. In: Thurn, Susanne/Tillmann, Klaus-Jürgen (Hrsg.): Laborschule – Schule der Zukunft. Bad Heilbrunn: Klinkhardt, 2011, S. 64-77

Beicht, Ursula/Ulrich, Joachim .G.: Welche Jugendlichen bleiben ohne Berufsausbildung? Analyse wichtiger Einflussfaktoren unter besonderer Berücksichtigung der Bildungsbiographie. In: BiBB-Report 6 (2008), S. 1-15

Berkemeyer, Nils/Müller, Sabine: Schulinterne Evaluation – nur ein Instrument zur Selbststeuerung von Schulen? In: Altrichter, Herbert/Maag Merki, Katharina (Hrsg.): Handbuch Neue Steuerung im Schulsystem. Wiesbaden: VS Verlag für Sozialwissenschaften, 2010, S. 195-218

Biermann, Horst: Segmentierung Behinderter und Benachteiligter durch Förderung. In: bwp@Ausgabe 6 (2004)

Biermann, Horst: Pädagogik der beruflichen Rehabilitation. Eine Einführung. Stuttgart: Kohlhammer, 2008

Biermann, Horst: Qualifizierung von Risikogruppen. In: Biermann, Horst/Bonz, Bernhard (Hrsg.): Inklusive Berufsbildung. Didaktik beruflicher Teilhabe trotz Behinderung und Benachteiligung. Baltmannsweiler: Schneider Verlag Hohengehren, 2011, S. 12-35

Biermann, Horst/Bonz, Bernhard: Annäherung an eine inklusive Berufsbildung. In: Biermann, Horst/Bonz, Bernhard (Hrsg.): Inklusive Berufsbildung. Didaktik beruflicher Teilhabe trotz Behinderung und Benachteiligung. Baltmannsweiler: Schneider Verlag Hohengehren, 2011, S. 220-226

Biewer, Gottfried/Fasching, Helga: Von der Förderschule zum inklusiven Bildungssystem – die Perspektive der Schulentwicklung. In: Heimlich, Ulrich/Kahlert, Joachim (Hrsg.): Inklusion in Schule und Unterricht. Wege zur Bildung für alle. Stuttgart: Kohlhammer, 2012, S. 117-152

Boban, Ines /Hinz, Andreas: Der Index für Inklusion. Eine konkrete Hilfe für inklusive Schulentwicklung. In: Schulmagazin 5-10, 12 (2011), S. 11-14

Boban, Ines/Hinz, Andreas : Auf dem Weg zur inklusiven Schule – mit Hilfe des Index für Inklusion. In: Moser, Vera (Hrsg.): Die inklusive Schule – Standards für die Umsetzung. Stuttgart: Kohlhammer, 2012, S. 71-76

Bojanowski, Arnulf: Benachteiligte Jugendliche. Strukturelle Übergangsprobleme und soziale Exklusion. In: Bojanowski, Arnulf/Mutschall, Maren/Meshoul, Ali (Hrsg.): Überflüssig? Abgehängt? Produktionsschule: Eine Antwort für benachteiligte Jugendliche in den neuen Ländern. Münster: Waxmann, 2008, S. 33-46

Bönder, Ralf: Marc nervt...! Was kann ich tun, um ihm (und mir) zu helfen? Praxisbeispiel einer Förderplanung auf der Basis entwicklungspädagogischer Prinzipien. In: Preuss-Lausitz, Ulf (Hrsg.): Schwierige Kinder – Schwierige Schule. Konzepte und Praxisprojekte zur integrativen Förderung verhaltensauffälliger Schülerinnen und Schüler. Weinheim und Basel: Beltz, 2004, S. 79-93

Booth, Tony /Ainscow, Mel: Index für Inklusion. Lernen und Teilhabe in der Schule der Vielfalt entwickeln. Übersetzt von Boban, Ines /Hinz, Andreas. Martin-Luther-Universität Halle Wittenberg, 2003

Booth, Tony/Ainscow, Mel: Index for inclusion. Developing learning and participation in schools. Bristol: Centre for Studies on Inclusive Education (CSIE), 2011

Bürgerschaft der freien und Hansestadt Hamburg: Inklusive Bildung an Hamburgs Schulen. Mitteilung des Senats an die Bürgerschaft. Drucksache 20/3641 vom 27.03.2012. Im Internet unter http://www.hamburg.de/contentblob/3357968/data/drucksache.pdf [18.12.2013]

Bundesarbeitsgemeinschaft Berufswahlpass 2013: Der Berufswahlpass. Im Internet unter http://www.berufswahlpass.de [18.12.2013]

Bylinski, Ursual/Rützel, Josef: »Ausbildung für alle« braucht eine Pädagogik der Vielfalt. In: BiBB-BWP 2 (2011), S. 14-17

Bylinski, Ursula/Vollmer, Kirsten: Wir brauchen hier jeden: Berufliche Bildung für junge Menschen mit Förderbedarf. In: 40 Jahre Bundesinstitut für Berufsbildung: 40 Jahre Forschen – Beraten – Zukunft gestalten, 2010, S. 213-223

Cerulla, Britta: Laborschule: Portfolio. Im Internet unter http://www.portfolio-labor-schule.de/index.php/kontakt2.html [20.07.2014]

Dalin, Per/Rolff, Hans-Günter/Buchen, Herbert: Das IMTEC-Modell: Der Institutionelle Schulentwicklungs-Prozeß (ISP). In: Dalin, Per/Rolff, Hans-Günter/Buchen, Herbert (Hrsg.): Institutioneller Schulentwicklungs-Prozeß. Ein Handbuch. Verlag für Schule und Weiterbildung: Bönen, 2., völlig neu bearb. Aufl. 1995, S. 38-55

Dedering, Katrin: Steuerung und Schulentwicklung. Habilitationsschrift. Bielefeld, 2011

Dedering, Katrin: Steuerung und Schulentwicklung: Bestandsaufnahme und Theorieperspektive. Wiesbaden: Springer VS, 2012

Dessemontet, Rachel Sermier/Benoit, Valérie/Bless, Gérard: Schulische Integration von Kindern mit einer geistigen Behinderung. Untersuchung der Entwicklung der Schulleistungen und der adaptiven Fähigkeiten, der Wirkung auf die Lernentwicklung der Mitschüler sowie der Lehrereinstellungen zur Integration. In: Empirische Sonderpädagogik 4 (2011), S. 291-307. Im Internet unter http://bidok.uibk.ac.at/library/dessemontet-integration.html [18.12.2013].

Deutscher Bildungsrat: Empfehlungen der Bildungskommission: Zur Reform von Organisation und Verwaltung im Bildungswesen. Teil 1: Verstärkte Selbständigkeit der Schule und Partizipation der Lehrer, Schüler und Eltern. Bonn, 1973

DIM (Deutsches Institut für Menschenrechte): Stellungnahme und Eckpunkte zur Verwirklichung eines inklusiven Bildungssystems. In: Seitz, Simone/Finnern, Nina-Kathrin/Korff, Natascha/Scheidt, Katja (Hrsg.): Inklusiv gleich gerecht? Inklusion und Bildungsgerechtigkeit. Bad Heilbrunn: Klinkhardt, 2012, S. 271-279

Doose, Stefan: Unterstützte Beschäftigung: Berufliche Integration auf lange Sicht. Zusammenfassung der Ergebnisse der Verbleibs- und Verlaufsstudie. In: Zeitschrift für Inklusion 1 (2007). Im Internet unter http://www.inklusion-online.net/index.php/inklusion/article/viewArticle/5/5 [18.12.2013]

Driesel-Lange, Katja/Hany, Ernst/Kracke, Bärbel/Schindler, Nicola: Konzepte und Qualitätsmerkmale schulischer Berufsorientierung an allgemein bildenden Schulen. In: DDS – Die deutsche Schule. Zeitschrift für Erziehungswissenschaft, Bildungspolitik und pädagogische Praxis. 103/4 (2011), S. 312-325

Dumke, Dieter/Schäfer, Georg: Entwicklung behinderter und nichtbehinderter Schüler in Integrationsklassen. Einstellungen, soziale Beziehungen, Persönlichkeitsmerkmale und Schulleistungen. Weinheim: Deutscher Studien Verlag, 1993

Eberhard, Verena/Ulrich, Joachim Gerd: Übergänge zwischen Schule und Berufsausbildung. In: Bosch, Gerhard/Krone, Sirikit/Langer, Dirk (Hrsg.): Das Berufsbildungssystem in Deutschland. Wiesbaden: VS Verlag, 2010, S. 133-164

Eberhard, Verena/Beicht, Ursula/Krewerth, Andreas/Ulrich, Joachim Gerd: Perspektiven beim Übergang Schule – Berufsausbildung. Methodik und erste Ergebnisse aus der BIBB-Übergangsstudie 2011, Bundesinstitut für Berufsbildung, Bonn, Heft 142, 2013

Eckart, Michael/Haeberlin, Urs/Sahli Lozano, Caroline/Blanc, Philippe: Langzeitwirkungen der schulischen Integration. Eine empirische Studie zur Bedeutung von Integrationserfahrungen in der Schulzeit für die soziale und berufliche Situation im jungen Erwachsenenalter. Bern: Haupt Verlag, 2011

Famulla, Gerd-Ewald/Butz, Bert/Deeken, Sven/Michaelis, Ute/Möhle, Volker/Schäfer, Birgit: Berufsorientierung als Prozess. Persönlichkeit fördern, Schule entwickeln, Übergang sichern. Ergebnisse aus dem Programm »Schule – Wirtschaft/Arbeitsleben«. Baltmannsweiler: Schneider Verlag Hohengehren, 2008

Fend, Helmut: Gute Schulen – schlechte Schulen. Die einzelne Schule als pädagogische Handlungseinheit. In: Die deutsche Schule 78 (1986), S. 275-293

Feuser, Georg: Momente entwicklungslogischer Didaktik einer Allgemeinen (integrativen) Pädagogik. In: Eberwein, Hans/Knauer, Sabine (Hrsg.): Integrationspädagogik. Kinder mit und ohne Beeinträchtigung lernen gemeinsam. Ein Handbuch. Weinheim: Beltz, 6., überarb. Aufl 2002, S. 280-294

Feyerer, Ewald: Behindern Behinderte? Integrativer Unterricht auf der Sekundarstufe I. Innsbruck: Studien Verlag, 1998

Feyerer, Ewald: Bildungsstandards nein – Qualitätsstandards ja! In: Demmer-Dieckmann, Irene/Textor, Annette (Hrsg.): Integrationsforschung und Bildungspolitik im Dialog. Bad Heilbrunn: Klinkhardt, 2007, S. 71-80

Ginnold, Antje: Vergleich der Übergänge Schule – Beruf von Jugendlichen mit Lernschwierigkeiten aus Berliner Integrations- und Sonderschulen. In: Demmer-Dieckmann, Irene/Textor, Annette (Hrsg.): Integrationsforschung und Bildungspolitik im Dialog. Bad Heilbrunn: Klinkhardt, 2007, S. 181-188

Ginnold, Antje: Der Übergang Schule – Beruf von Jugendlichen mit Lernbehinderung. Einstieg-Ausstieg-Warteschleife. Bad Heilbrunn: Klinkhardt, 2008

Haeberlin, Urs: Schulschwache und Immigrantenkinder in der Primarstufe – Forschungen zu Separation und Integration. In: Heinzel, Friederike /Prengel, Annedore (Hrsg.): Heterogenität, Integration und Differenzierung in der Primarstufe. Opladen: Leske und Budrich, 2002, S. 93-106

Hahn, Stefan/Koch, Barbara/Stiller, Cornelia: Bedingungen des Curriculumtransfers am Beispiel des Basiskurs Naturwissenschaften. In: Klewin, Gabriele/Hahn, Stefan/Koch, Barbara (Hrsg.): Transfer von Praxisforschungsergebnissen, TriOS, 9. Jahrgang; Heft 1/2014, im Druck

Hattie, John: Lernen sichtbar machen. Überarbeitete deutschsprachige Ausgabe von »Visible Learning«. Baltmannsweiler: Schneider Hohengehren, 2013

Heimlich, Ulrich: Integrative Pädagogik. Eine Einführung. Stuttgart: Kohlhammer, 2003

Heimlich, Ulrich: Schulische Organisationsformen sonderpädagogischer Förderung auf dem Weg zur Inklusion. In: Heimlich, Ulrich/Kahlert, Joachim (Hrsg.): Inklusion in Schule und Unterricht. Wege zur Bildung für alle. Stuttgart: Kohlhammer, 2012, S. 80-116

Heyer, Peter/Preuss-Lausitz, Ulf/Schüppel, Rolf/Widmer-Rockstroh, Ulla/Zielke, Gitta: Zehn Jahre Erfahrungen mit der wohnortnahen Integration an der Uckermark-Grundschule. In: Heyer, Peter/Korfmacher, Edelgard/Podlesch, Wolfgang/Preuss-Lausitz, Ulf/Sebold, Lydia (Hrsg.): Zehn Jahre wohnortnahe Integration. Behinderte und nichtbehinderte Kinder gemeinsam an ihrer Grundschule. Frankfurt a. M.: Arbeitskreis Grundschule – Der Grundschulverband, 1994, S. 15-20

Hinz, Andreas: Länderbericht Hamburg. In: Rosenberger, Manfred (Hrsg.): Schule ohne Aussonderung – Idee, Konzepte, Zukunftschancen. Pädagogische Förderung behinderter und von Behinderung bedrohter Kinder und Jugendlicher. Neuwied: Luchterhand, 1998, S. 162ff.

Hinz, Andreas: Von der Integration zur Inklusion – terminologisches Spiel oder konzeptionelle Weiterentwicklung? In: Zeitschrift für Heilpädagogik 53 (2002), S. 354-361

Hinz, Andreas: Vom sonderpädagogischen Verständnis der Integration zum integrationspädagogischen Verständnis der Inklusion!? In: Schnell, Irmtraud/Sander, Alfred (Hrsg.): Inklusive Pädagogik. Bad Heilbrunn: Klinkhardt, 2004, S. 41-74

Hinz, Andreas/Boban, Ines/Gille, Nicola/Kirzeder, Andrea/Laufer, Katrin/Trescher, Edith: Entwicklung der Ganztagsschule auf der Basis des Index für Inklusion. Bad Heilbrunn: Klinkhardt, 2013

Hollenbach, Nicole/Tillmann, Klaus-Jürgen: Handlungsforschung – Lehrerforschung – Praxisforschung. Eine Einführung. In: Hollenbach, Nicole/Tillmann, Klaus-Jürgen (Hrsg.): Die Schule forschend verändern. Praxisforschung aus nationaler und internationaler Perspektive. Bad Heilbrunn, 2009, S. 7-20

Holtappels, Heinz Günter: Innovation in Schulen – Theroieansätze und Forschungsbefunde zur Schulentwicklung. In: Bormann, Inka/Rürup, Matthias (Hrsg.): Innovationen im Bildungswesen. Analytische Zugänge und empirische Befunde. Wiesbaden: Springer VS, 2013, S. 45-69

Idel, Till-Sebastian: Fallstudien und hermeneutisch-rekonstruktive Schulforschung. In: Bohl, Thorsten/Helper, Werner/Holtappels, Heinz Günter/Schelle, Carla (Hrsg): Handbuch Schulentwicklung. Bad Heilbrunn: Klinkhardt, 2010, S. 138-143

Katzenbach, Dieter/Schnell, Irmtraud: Strukturelle Voraussetzungen inklusiver Bildung. In: Moser, Vera (Hrsg.): Die inklusive Schule. Standards für die Umsetzung. Stuttgart: Kohlhammer, 2012, S. 21-39

Klemm, Klaus: Sonderweg Förderschulen: Hoher Einsatz, wenig Perspektiven. Eine Studie zu den Ausgaben und zur Wirksamkeit von Förderschulen in Deutschland. Bertelsmann Stiftung, 2009. Im Internet unter http://www.bertelsmann-stiftung.de/bst/de/media/xcms_bst_dms_29959_29960_2.pdf [18.12.2013].

Klemm, Klaus: Inklusion in Deutschland – eine bildungsstatistische Analyse. Bertelsmann Stiftung, 2013. Im Internet unter http://www.bertelsmann-stiftung.de/cps/rde/xbcr/SID-9FE1D608-39300339/bst/xcms_bst_dms_37485_37486_2.pdf [18.12.2013]

Klauß, Theo/Sliwka, Anne: Schulen entwickeln sich in Richtung Inklusion. Wie kann die Wissenschaft sie unterstützen. In: Klauß, Theo/Terfloth, Karin (Hrsg.): Besser gemeinsam lernen! Inklusive Schulentwicklung. Heidelberg: Universtitätverlag Winter, 2013, S. 29-54

KMK: Empfehlungen zur sonderpädagogischen Förderung in den Schulen in der Bundesrepublik Deutschland. Beschluß der Kultusministerkonferenz vom 06.05.1994. Im Internet unter http://www.kmk.org/fileadmin/veroeffentlichungen_beschluesse/1994/1994_05_06-Empfehl-Sonderpaedagogische-Foerderung.pdf [18.12.2013].

KMK: Sonderpädagogische Förderung in Schulen 2001 bis 2010. Dokumentation Nr. 196, 2012a. Im Internet unter http://www.kmk.org/fileadmin/pdf/Statistik/Dokumentationen/Dokumentation_SoPaeFoe_2010.pdf [18.12.2013]

KMK: Schüler, Klassen, Lehrer und Absolventen der Schulen 2002 bis 2011. Dokumentation Nr. 198, 2012b. Im Internet unter http://www.kmk.org/fileadmin/pdf/Statistik/Dokumentationen/Dok_198_SKL2011.pdf [18.12.2013].

Kobi, Emil: Was bedeutet Integration? Analyse eines Begriffs. In: Eberwein, Hans (Hrsg.): Handbuch Integrationspädagogik. Kinder mit und ohne Behinderung lernen gemeinsam. Weinheim und Basel: Beltz, 1997, S. 71-79

Koch, Barbara: Wie gelangen Innovationen in die Schule? Eine Studie zum Transfer von Ergebnissen der Praxisforschung. Wiesbaden: VS, 2011

Koch, Barbara/Kortenbusch, Johannes (Hrsg.): Individuelle Förderplanung Berufliche Integration. Benachteiligte Jugendliche finden ihren Weg von der Schule in den Beruf. W. Bertelsmann Verlag: Bielefeld, 2007

Koch, Barbara /Kortenbusch, Johannes (Hrsg.): Individuell fördern in der Berufs- und Studienorientierung. Eine Handreichung für Lehrerinnen und Lehrer in Nordrhein-Westfalen. Bielefeld: Druck Medien Verlag, 2009

Koch, Barbara/Young, Verena/Müller, Norina: Schülerurteile zur individuellen Förderung als Ausgangspunkte für eine inklusive Unterrichtsentwicklung. In: Koch, Barbara/Freke, Nicole/Kullmann, Harry/Textor, Annette/Zenke, Timo (Hrsg.): Inklusive Didaktik an der Laborschule Bielefeld. Ergebnisse einer partizipativen Innovations- und Implementationsforschung. Bad Heilbrunn: Klinkhardt, im Druck

Koch-Priewe, Barbara: Schulpädagogische-didaktische Schulentwicklung. Professionalisierung von LehrerInnen durch interne Evaluation als erziehungswissenschaftliche Theorie-Praxis-Reflexion am Beispiel des Oberstufen-Kollegs Bielefeld. Baltmannsweiler: Schneider Verlag Hohengehren, 2000

Koch-Priewe, Barbara: LehrerInnenfortbildung durch Forschendes Lernen: Fördert »kritisch-konstruktive Praxisforschung« eine demokratische Unterrichtskultur. In: Hahn, Stefan/Klewin, Gabriele (Hrsg.): Impulse für Schulentwicklung und –forschung. TriOS, Forum für schulnahe Forschung, Schulentwicklung und Evaluation 6 (2011), S. 185-199

Köbberling, Almut: Der Integrationsgedanke stößt an die Grenzen des Systems – Strukturveränderungen im schulischen Alltagsleben des Sekundarbereichs. In: Heimlich, Ulrich (Hrsg.): Sonderpädagogische Fördersysteme. Auf dem Weg zur Integration. Stuttgart: Kohlhammer, 1999, S. 111-125

Kornmann, Reimer: Von der prinzipiell nie falschen Legitimation negativer Ausleseentscheidungen zum Etikettierungs-Ressourcen-Dilemma, oder: Gibt es überhaupt Perspektiven für eine förderungsorientierte Diagnostik? In: Behinderte in Familie, Schule und Gesellschaft, 17 (1994), S. 51-59. Im Internet unter http://bidok.uibk.ac.at/library/kornmann-dilemma.html [18.12.2013].

Löser, Jessica M./Werning, Rolf: Inklusion aus internationaler Perspektive – ein Forschungsüberblick. In: Zeitschrift für Grundschulforschung 6 (2013), S. 21-33

Lütje-Klose, Birgit: Wege integrativer Sprach- und Kommunikationsförderung in der Schule. Konzeptionelle Entwicklungen und ihre Einschätzung durch amerikanische und deutsche ExpertInnen. St. Ingbert: Röhrig, 1997

Lütje-Klose, Birgit/Urban, Michael/Werning, Rolf/Willenbring, Monika: Sonderpädagogische Grundversorgung in Niedersachsen – Qualitative Forschungsergebnisse zur pädagogischen Arbeit in Regionalen Integrationskonzepten. In: Zeitschrift für Heilpädagogik 3 (2005), S. 83-94

Meyer, Hilpert/Fichten, Wolfgang: Gemeinsam forschen lernen. Handout zum Eröffnungsvortrag der XV. Fachtagung des Nordverbunds Schulbegleitforschung, Hamburg, 16. September 2010

Ministerium für Schule, Weiterbildung, Wissenschaft und Forschung des Landes Nordrhein-Westfalen (Hrsg.): Bericht an den Landtag des Landes Nordrhein-Westfalen zur »Entwicklung und Sicherung der Qualität schulischer Arbeit«, 1998

Möller, Jens: Effekte inklusiver Beschulung aus empirischer Sicht. In: Schulmanagement Handbuch 146. München: Oldenbourg, 2013, S. 15-37

Müller, Sabine: Schulinterne Evaluation – Gelingensbedingungen und Wirkungen. Dortmund: IFS-Verlag, 2002

Muth, Jakob: Zur bildungspolitischen Dimension der Integration. In: Eberwein, Hans/Knauer, Sabine (Hrsg.): Handbuch Integrationspädagogik. Weinheim/Basel: Beltz, 2009, S. 38-52

Myklebust, Jon Olav: Class placement and competence attainment among students with special educational needs. In: British Journal of Special Education, 33 (2006) 2, S. 76-81

Neuenschwander, Markus/Schaffner, Noemi: Individuelle und schulische Risikofaktoren und protektive Faktoren im Berufsorientierungsprozess deutsche Schule. In: DDS – Die Deutsche Schule. Zeitschrift für Erziehungswissenschaft, Bildungspolitik und pädagogische Praxis. 103 (2011), S. 326-340

Nevermann, Christiane: Schulstationen – Emotionale Stützung und soziale Integration im Lernfeld Schule. In: Preuss-Lausitz, Ulf (Hrsg.): Schwierige Kinder – Schwierige Schule. Konzepte und Praxisprojekte zur integrativen Fröderung verhaltensauffälliger Schülerinnen und Schüler. Weinheim/Basel: Beltz, 2004, S. 125-139

Newman, Lynn: General Education Participation and Academic Performance of Students With Learning Disabilities. Facts From NLTS2, 2006. Im Internet unter http://files.eric.ed.gov/fulltext/ED495725.pdf [18.12.2013]

Niedersächsisches Kultusministerium (o. J.): Lernen unter einem Dach. Niedersachsen macht Schule. Rahmenplanung für die Fortführung der Integration von Schülerinnen und Schülern mit sonderpädagogischem Förderbedarf. Im Internet unter http://www.findorffschule-ohz.de/pdfs/L_U_E_D.pdf [18.12.2013]

Niedersächsisches Kultusministerium: Sonderpädagogische Förderung. Erlass vom 1.2. 2005. Im Internet unter http://www.nibis.de/nibis.phtml?menid=1598 [18.12.2013]

Niedersächsisches Landesinstitut für schulische Qualitätsentwicklung: Fördern in Schule. Informationssystem für Schulen in Niedersachsen. Lernen unter einem Dach, 2012. Im Internet unter http://nibis.ni.schule.de/~infosos/lued-0.htm [18.12.2013]

Powell, Justin: Kulturen der sonderpädagogischen Förderung und »schulische Behinderung«. Ein deutsch-amerikanischer Vergleich. In: Hummrich, Merle/Rademacher, Sandra (Hrsg.): Kulturvergleich in der qualitativen Forschung. Erziehungswissenschaftliche Perspektiven und Analysen. Studien zur Schul- und Bildungsforschung, Bd. 37. Wiesbaden: Springer, 2013, S. 139-154

Preuss-Lausitz, Ulf: Demografie und Gemeinsame Erziehung. Folgen der Bevölkerungsentwicklung in Deutschland für den Ausbau integrativen Unterrichts. In: Demmer-Dieckmann, Irene/Textor, Annette (Hrsg.): Integrationsforschung und Bildungspolitik im Dialog. Bad Heilbrunn: Klinkhardt, 2007, S. 61-70

Preuss-Lausitz, Ulf: Untersuchungen zur Finanzierung sonderpädagogischer Förderung in integrativen und separaten Schulen. In: Eberwein, Hans/Knauer, Sabine (Hrsg.): Handbuch Integrationspädagogik. Weinheim und Basel: Beltz, 7. Aufl. 2009, S. 514-524

Preuss-Lausitz, Ulf: Die UN-Behindertenrechtskonvention und die Inklusion »Schwieriger« Kinder. In: Preuss-Lausitz, Ulf (Hrsg.): Schwierige Kinder – schwierige Schule? Inklusive Förderung verhaltensauffälliger Schülerinnen und Schüler. Weinheim u. a.: Beltz, 2. Aufl. 2013a, S. 204-220

Preuss-Lausitz, Ulf: Muss eine inklusive ›Schule für alle‹ die Auflösung des gegliederten Schulsystems zur Folge haben? Zu Anforderungen an die Zukunftsfähigkeit unserer Schulen. In: Brodkorb, M./Koch, K. (Hrsg.): Inklusion – Ende des gegliederten Schulsystems?. Schwerin: Ministerium für Bildung, Wissenschaft und Kultur, 2013b, S. 19-47

Pütz, Tanja/Textor, Annette: »Und dann trennten sich unsere Wege...« – Integration und Desintegration als Folge von Leistungsbeurteilung. In: Beutel, Silvia-Iris/Beutel, Wolfgang (Hrsg.): Beteiligt oder bewertet? Zum Spannungsfeld von Leistungsbeurteilung und Demokratiepädagogik. Schwalbach/Ts.: Wochenschau-Verlag, 2010, S. 96-110

Rahn, Sylvia/Brüggemann, Tim/Hartkopf, Emanuel: Von der diffusen zur konkreten Berufsorientierung. Die Ausgangslage der Jugendlichen in der Frühphase der schulischen Berufswahlvorbereitung. In: DDS – Die Deutsche Schule. Zeitschrift für Erziehungswissenschaft, Bildungspolitik und pädagogische Praxis. 103 (2011), S. 297-311

Reißig, Birgit/Gaupp, Nora: Schwierige Übergänge von der Schule in den Beruf. In: Aus Politik und Zeitgeschichte 28/9 (2007), S. 10-17

Sander, Alfred: Über das Misslingen einiger Integrationsversuche. Eine Studie zu Problemen der schulischen Integration behinderter und nichtbehinderter Kinder und Jugendlicher. In: Sander, Alfred/Hildeschmidt, Anne/Schnell, Irmtraud (Hrsg.): Integrationsentwicklungen. Gemeinsamer Unterricht für behinderte und nichtbehinderte Kinder und Jugendliche im Saarland 1994 bis 1998. St. Ingbert: Röhrig, 1998

Sander, Alfred: Inklusive Pädagogik verwirklichen – zur Begründung des Themas. In: Schnell, Irmtraud/Sander, Alfred (Hrsg.): Inklusive Pädagogik. Bad Heilbrunn: Klinkhardt, 2004, S. 11-22

Schümer, Gundel: Zur doppelten Benachteiligung von Schülern aus unterprivilegierten Gesellschaftsschichten im deutschen Schulwesen. In: Schümer, Gundel/Tillmann, Klaus-Jürgen/Weiß, Manfred (Hrsg.): Die Institution Schule und die Lebenswelt der Schüler. Wiesbaden: Verlag für Sozialwissenschaften, 2004, S. 73-114

Slavin, Robert E.: Ability Grouping in the Middle Grades: Achievement Effects and Alternatives. In: The Elementary School Journal 93 (1993), S. 535-552

Stoellger, Norbert: Annäherung an eine integrative Schule – ein Leseleitfaden. In: Projektgruppe Integrationsversuch (Hrsg.): Das Fläming-Modell. Gemeinsamer Unterricht für behinderte und nichtbehinderte Kinder an der Grundschule. Weinheim und Basel: Beltz, 1988

Tent, Lothar/Witt, Matthias/Zschoche-Lieberum, Christiane/Bürger, Wolfgang: Über die pädagogische Wirksamkeit der Schule für Lernbehinderte. In: Zeitschrift für Heilpädagogik 42 (1991), S. 289-320

Textor, Annette: Analyse des Unterrichts mit »schwierigen« Kindern. Hintergründe, Untersuchungsergebnisse, Empfehlungen. Bad Heilbrunn: Klinkhardt, 2007

Textor, Annette: Integration von Schülern mit dem Förderschwerpunkt emotionale und soziale Entwicklung – Belastung oder Bereicherung? In: Stein, Anne-Dore/Krach, Stefanie/Niediek, Imke (Hrsg.): Integration und Inklusion auf dem Weg ins Gemeinwesen. Möglichkeitsräume und Perspektiven. Bad Heilbrunn: Klinkhardt, 2010, S. 191-203

Textor, Annette/Funger, Anna: Die Sicht von Grundschullehrkräften auf Einzelintegration. In: Seitz, Simone/Finnern, Nina-Kathrin/Korff, Natascha/Scheidt, Katja (Hrsg.): Inklusiv gleich gerecht? Inklusion und Bildungsgerechtigkeit. Bad Heilbrunn: Klinkhardt, 2012, S. 216-221

Textor, Annette/Frädrich, Petra/Gloystein, Dietlind/Lukas, Dagmar/Markuse, Birgit/Sorg, Wilfried: Schulleben, Schulprofile und Hilfesysteme im Zusammenhang mit der Förderung von Verhaltensproblemen. In: Preuss-Lausitz, Ulf (Hrsg.): Verhaltensauffällige Kinder integrieren. Zur Förderung der emotionalen und sozialen Entwicklung. Weinheim/Basel: Beltz, 2005, S. 49-65

Thielen, Marc: Pädagogik am Übergang. Arbeitsweltvorbereitung in der allgemeinbildenden Schule. Bad Heilbrunn: Klinkhardt, 2011

UN-BRK: Gesetz zu dem Übereinkommen der Vereinten Nationen vom 13. Dezember 2006 über die Rechte von Menschen mit Behinderungen sowie zu dem Fakultativprotokoll vom 13. Dezember 2006 zum Übereinkommen der Vereinten Nationen über die Rechte von Menschen mit Behinderungen vom 21. Dezember 2008. Bundesgesetzblatt Teil II Nr. 35, ausgegeben zu Bonn am 31. Dezember 2008, S. 1419-1457. Im Internet unter http://www.un.org/Depts/german/uebereinkommen/ar61106-dbgbl. pdf [18.12.2013].

UNESCO: Die Salamanca Erklärung und der Aktionsrahmen zur Pädagogik für besondere Bedürfnisse. Salamanca. (o. V.), 1994. Im Internet unter http://bidok.uibk.ac.at/ library/unesco-salamanca.html [18.12.2013].

Unger, Mareike: Zusammenarbeit von Grund- und Förderschullehrkräften im Rahmen regionaler Integrationskonzepte in Niedersachsen. In: Seitz, Simone/Finnern, Nina-Kathrin/Korff, Natascha/Scheidt, Katja (Hrsg.): Inklusiv gleich gerecht? Inklusion und Bildungsgerechtigkeit. Bad Heilbrunn: Klinkhardt, 2012, S. 222-227

Walter-Klose, Christian: Kinder und Jugendliche mit Körperbehinderung im gemeinsamen Unterricht. Zeitschrift für Grundschulforschung 6 (2013), S. 59-71

Werning, Rolf: Inklusive Pädagogik. Eine Herausforderung für die Schulentwicklung. In: Lernende Schule 55 (2011), S. 4-8

Werning, Rolf: Inklusive Schulentwicklung. In: Moser, Vera (Hrsg.): Die inklusive Schule. Standards für die Umsetzung. Stuttgart: Kohlhammer, 2012, S. 49-61

Wocken, Hans: Sonderpädagogischer Förderbedarf als systemischer Begriff. In: Sonderpädagogik 26 (1996), S. 34-38. Im Internet unter http://bidok.uibk.ac.at/library/ wocken-foerderbedarf.html [18.12.2013]

Wocken, Hans: Integration & Inklusion. Ein Versuch die Integration vor der Abwertung und die Inklusion vor Träumereien zu bewahren. In: Stein, Anne-Dore/Krach, Stefanie/Niedieck, Imke (Hrsg.): Integration und Inklusion auf dem Weg ins Gemeinwesen. Möglichkeitsräume und Perspektiven. Bad Heilbrunn: Klinkhardt, 2010, S. 204-234

Professionalisierung für Inklusion – Impulse für die Lehrer/-innenbildung der Sekundarstufe

Bettina Amrhein

1   Einleitung

> *»Die Zukunft, die wir wollen, müssen wir selbst erfinden, sonst bekommen wir eine, die wir nicht wollen.«* (Joseph Beuys)

Aktuell berichten besonders häufig Lehrer/-innen der Sekundarstufe über ein »professionelles Unbehagen« im Umgang mit inklusiven Bildungsreformen bzw. den Reformen zur Umsetzung der UN-Behindertenrechtskonvention im Bereich der Schule (Amrhein, 2014a). Neben Eltern, Schülerinnen und Schülern sowie dem erweiterten pädagogischen Personal stehen insbesondere auch sie vor großen Veränderungen in ihrem Tätigkeitsfeld Schule.

Beispielsweise müssen sie neue Formen der multiprofessionellen Zusammenarbeit etablieren, die didaktische und methodische Neuausrichtung des Unterrichts vorantreiben sowie Normen und Werthaltungen in reflexiven Prozessen neu überdenken. Insgesamt gilt es, pädagogische und fachliche Kenntnisse und Kompetenzen im Hinblick auf die stark veränderten Anforderungen einer »neuen« Heterogenität der Schülerschaft grundlegend zu verändern und weiterzuentwickeln. Trotz zahlreicher positiver Beispiele im eigenen Land (Plessing, 2013; Schneider, 2012), ist nach wie vor ungeklärt, wie Lehrer/-innen auf ihre Tätigkeit in einem inklusiven Schulsystem angemessen vorbereitet werden können. Auch angesichts einer großen Forschungslücke in diesem Bereich (Amrhein, 2014a) ergibt sich für alle Akteurinnen und Akteure keine einfache Situation. Insbesondere die Lehrer-/innenbildung ist hier gefordert, durch entsprechend ausgestaltete Angebote ihren Beitrag bei der Umsetzung der inklusiven Bildungsreform zu leisten.

Dieser Beitrag verfolgt daher das Ziel, zu einer Klärung der neuen Anforderungen an die Lehrer/-innenbildung durch die inklusiven Bildungsreformen bzw. die Umsetzung der UN-BRK beizutragen. Dabei wird der Schwerpunkt auf die neuen Anforderungen einer Lehrer/-innenbildung für die Sekundarstufe gelegt. Sämtliche Phasen der Qualifizierung werden dabei berücksichtigt. Im Zentrum steht die Frage: Wie muss Lehrer/-innenbildung im Bereich der Sekundarstufe weiterentwickelt werden, um die Lehrkräfte auf die anstehenden Reformen vorzubereiten bzw. ihnen bei der aktuellen Umsetzung der Reformen begleitende Unterstützung zuteilwerden zu lassen?

In der zum Teil emotional hoch aufgeladenen Debatte um schulische Inklusion lassen sich unterschiedliche, teils auch ideologische Positionen erkennen. Daher soll im vorliegenden Beitrag der Versuch unternommen werden, den Problembereich *Professionalisierung für Inklusion in der Sekundarstufe* auch theoretisch zu erfassen.

Um einer inklusionsorientierten Lehrer/-innenbildung für die Sekundarstufe näherzukommen, gliedert sich der nachfolgende Text in vier zentrale Abschnitte:

In Abschnitt 2 wird zunächst kurz auf das Verständnis von Inklusion sowie auf die Transformationen und die Strukturveränderungen durch Inklusion im deutschen Sekundarschulsystem eingegangen. Daran anschließend wird die Bedeutung dieser Entwicklungen für eine an den Standards inklusiver Bildung orientierte Lehrer/-innenbildung skizziert (3). Im vierten Abschnitt werden Erkenntnisse zur Professionalisierung von Lehrer/-innen gesichtet, die erklären helfen, welchen Beitrag diesbezügliche strukturtheoretische und berufsbiografische Theorien zur Entwicklung einer Lehrer/-innenbildung für Inklusion leisten können (4). In einem abschließenden Teil (5) wird die Innovations- und Veränderungsbereitschaft von Lehrkräften für Inklusion als zentraler Baustein einer Lehrer/-innenbildung für Inklusion beschrieben.

2 Inklusion – eine besondere Herausforderung für Lehrer/-innen der Sekundarstufe

Begriffswirrwarr um Inklusion

Für das Verständnis einer möglichen Reform der Lehrer/-innenbildung ist es wichtig, im Vorfeld zu klären, was mit Inklusion genau gemeint ist. Mit der allgemeinen Zielsetzung einer globalen Verbesserung des Bildungssystems wurde der Begriff Inklusion unter der Leitidee »Bildung für alle« zum Zeitpunkt der Veröffentlichung der UNESCO-Politikempfehlungen erstmals weltweit diskutiert (Allemann-Ghionda, 2013, S. 26). Demzufolge waren es insbesondere Entwicklungen auf internationaler Ebene, welche auf den Prozess in Deutschland großen Einfluss ausübten und den Anstoß für die aktuellen inklusiven Reformen im Land gaben.

Eine deutliche Kontroverse gab es zu Beginn der Einführung des Inklusionsbegriffs im erziehungswissenschaftlichen Diskurs in Deutschland bezüglich einer möglichen begrifflichen Abgrenzung zwischen den Termini *Integration* und *Inklusion* (Hinz, 2002; Sander, 2006). Die Diskussion um begriffliche Abgrenzungen ist heute weitestgehend erschöpft, weil der Begriff der Integration in weiten Teilen durch den Begriff der Inklusion ersetzt wurde. Allerdings ist damit keine begriffliche Präzisierung des Begriffs Inklusion einhergegangen. Fast scheint es, man habe sich auf einen Begriff geeinigt, ohne deutlich zu machen, wofür er steht und was er beinhaltet[11] (vgl. Hinz 2002, 2003; Ainscow/Booth/Dyson, 2006; Wocken, 2011).

In Anlehnung an zahlreiche Etappenmodelle der Inklusion (Hinz, 2002; Homann/Bruhn, 2009; Wocken, 2012) spricht sich Andreas Hinz aufgrund

---

11 Hier sei insbesondere auf Gräf (2008) verwiesen, der sich eingehend mit der Rezeption des Inklusionsbegriffs in der deutschsprachigen erziehungswissenschaftlichen Theorie befasst hat.

zahlreicher bildungspolitischer Verkürzungen des Inklusionsanliegens auf die sogenannte Dimension der »Behinderung« bis heute vehement für eine Begriffsabgrenzung aus. Zudem warnt er vor einer Verflachung des Inklusionsbegriffs (Hinz, 2002). Hinz plädiert für eine Orientierung an dem international gebräuchlichen Inklusionsbegriff. Demnach umschreibt Inklusion einen willkommen heißenden Umgang in alle Richtungen und ist daher auch nicht auf die eine Heterogenitätsdimension der sogenannten Behinderung beschränkt (Booth, 2008; Hinz, 2013). Auch Theresia Degener und Hildegard Mogge-Grotjahn sind der Ansicht, dass eine Engführung des Diskurses zur inklusiven Bildung auf die Behinderungsdimension die intersektionale Perspektive aus dem Auge verliert (Degener/Mogge-Grotjahn, 2012).

Zunehmend wird der Inklusionsbegriff auch in Deutschland unter einer menschenrechtlichen Perspektive betrachtet und in der Folge nach einem interdisziplinären Verständnis von Inklusion gesucht (Degener, 2009). Degener und Mogge-Grotjahn arbeiten in ihrem Beitrag einen Vorschlag aus, der sich als stark anschlussfähig an die international gebräuchliche begriffliche Fassung des Inklusionsbegriffs erweist. Sie schlagen vor, die inklusiven Reformen im Land dazu zu nutzen, soziale Berufe zu Menschenrechtsprofessionen zu gestalten. Hilfestellung bei der Konzeption dieses Zugangs zu inklusiver Bildung bieten hier u. a. die soziologische sowie auch die rechtswissenschaftliche Ungleichheitsforschung mit ihren Antidiskriminierungs- und Diversity-Ansätzen und zudem die Disability Studies (Degener/Mogge-Grotjahn, 2012).

Folgt man Heinrich et al., kann zurzeit von zwei sehr unterschiedlichen Zugängen zur Inklusionsthematik gesprochen werden (Heinrich/Urban/Werning, 2013). So unterscheiden die Autoren in ihrer Annäherung einen »weiten« und einen eher »engen« Inklusionsbegriff. Der »weite« Inklusionsbegriff beinhaltet die Vorstellung, dass Inklusion darauf abzielen müsse, ein Maximum an sozialer Teilhabe und ein Minimum an Diskriminierung innerhalb pädagogischer Praxis zu verwirklichen (Booth/Ainscow, 2002; Hinz, 2013). Der »enge« Inklusionsbegriff bezieht sich eher auf die Frage, wie Kinder mit sonderpädagogischem Förderbedarf erfolgreich im gemeinsamen Regelunterricht beschult werden können. Damit stehen sich zwei unterschiedliche Inklusionsbegriffe mit sehr unterschiedlichen Extensionen gegenüber, die vor dem Hintergrund dieser begrifflichen Unklarheiten die Entwicklung einer an Inklusion orientierten Lehrer/-innenbildung für die Sekundarstufe verkomplizieren.

Dieser Beitrag wird sich nicht weiter an der Diskussion um die Unterscheidung beider Inklusionsbegriffe beteiligen. Vielmehr wird nach dem verbindenden Element dieser beiden Zugänge gefragt. Demnach wird nachfolgend die Umsetzung des gemeinsamen Lernens von Schüler/-innen mit und ohne sonderpädagogischen Förderbedarf als ein zentraler Teilbereich betrachtet, der zur Umsetzung inklusiver Bildung in Deutschland bearbeitet werden muss. Für die Entwicklung einer inklusiven Lehrer/-innenbildung bedeutet dies, dass speziell auch die Professionalisierung für den Umgang mit sonderpädagogischer Förderung im Bereich der Regelschule in den Blick genommen werden muss, da die Feststellung eines solchen Förderbedarfs nach wie vor gängige Praxis in allen Bundesländern ist. Im Kontext der internationalen Anschlussfähigkeit der eigenen Entwicklungen rund um Professionalisierung für Inklusion ist jedoch entscheidend darauf zu achten, dass von Beginn an auf die Chancen einer nonkategorialen Ausrichtung der (Sonder-)Pädagogik für ein »next practice« (Schratz/Paseka/Schrittesser, 2011) der schulischen Förderung in Inklusion fokussiert wird (Haas, 2012). Wichtig scheint zudem, dass der Diskurs um die Modernisierung sonderpädagogischer Förderung Eingang findet in die allgemeinen bildungspolitischen Debatten und die gesamte Schulentwicklungsforschung. »Die verbreitete und in ihrer Grundintention durchaus zutreffende Kritik an Sonderpädagogik als aussondernder Pädagogik greift insofern zu kurz, als Aussonderung ja nicht nur durch die Sonderpädagogik stattfindet, sondern auch im allgemeinen Schulsystem und im Hinblick auf ›Abweichungen‹ aller Art« (Degener/Mogge-Grotjahn, 2012, S. 70).

Transformationen und Strukturveränderungen in der Schule

Das deutsche Bildungssystem erlebt durch die Inklusion eine seiner größten Reformbewegungen. In allen Bundesländern werden erhebliche Anstrengungen zur Umsetzung der UN-BRK in der Schule unternommen (Klemm, 2013). In der im Mai 2009 in Kraft getretenen *UN-Konvention über die Rechte von Menschen mit Behinderungen* wird erstmalig in einem Menschenrechtsabkommen der Vereinten Nationen (UN, 2009) dem Prinzip der Inklusion Rechtsqualität zugebilligt. Gleichwohl der rechtliche Anspruch hinlänglich ausgeführt ist, besteht bis heute dennoch keine Einigkeit, wie dieses Recht zu verwirklichen ist und was unter einem inklusiven Bildungssystem eigentlich zu verstehen ist. Zurzeit sind die einzelnen Bundesländer mit der Anpassung der Schulgesetze beschäftigt, hierbei lassen sich sehr unterschiedliche Entwicklungsstände konstatieren (Klemm, 2013). Tatsächlich machen aktuelle Entwicklungen in den Bundesländern sowie zahlreiche wissenschaftliche Studien (Klemm, 2009, 2013) deutlich, dass das deutsche Bildungssystem auf allen Ebenen gefordert ist, erhebliche Umstrukturierungen zu vollziehen, um das Recht aller Schülerinnen und Schüler mit und ohne Behinderung »auf den Zugang zum allgemeinen Bildungssystem« und auf einen »inklusiven, hochwertigen und unentgeltlichen Unterricht an Grundschulen und weiterführenden Schulen« (UN-BRK, Artikel 24, Absatz 2) zu gewährleisten.

Insbesondere auf der Ebene der Einzelschule ergeben sich damit neue Anforderungen an alle an Schule Beteiligten. Für Schülerinnen und Schüler bedeutet schulische Inklusion eine tiefgreifende Veränderung ihres Lern- und Entwicklungsumfeldes. Für Schulleitungen, aber auch für Lehrkräfte sowie pädagogisches und nicht pädagogisches Personal bedeutet der Reformauftrag zunächst zusätzliche Arbeit und Mehrbelastung. Die gemeinsame Beschulung und Förderung von Schüler/-innen mit und ohne Behinderung stellt für sie eine neuartige, komplexe und mitunter belastende und überfordernde Aufgabe dar.

Dilemma inklusiver Bildungsreformen in Schulen der Sekundarstufe

Unstrittig scheint, dass besonders Lehrkräfte der Sekundarstufe vor großen Herausforderungen bei der Umsetzung inklusiver Bildung stehen. Die grundlegenden Prinzipien einer an Inklusion orientierten Bildung stehen in immenser Spannung zu den leistungsorientierten Selektions- und Homogenisierungspraktiken des Sekundarschulsystems. Insbesondere in der gleichzeitigen Orientierung an universalen Leistungsnormen und an dem durch die Inklusion erneut formulierten Anspruch, jede Schülerin und jeden Schüler entsprechend ihren/seinen individuellen Möglichkeiten zu fördern und zu fordern, werden die Widersprüchlichkeiten deutlich (Wischer, 2008, S. 720). Konnte sich in der Vergangenheit durch die Akzeptanz der Allokationsfunktion des Schulsystems als unhintergehbare gesellschaftliche Notwendigkeit historisch immer wieder ein Gleichgewicht zwischen fördernder und selektiver Praxis bzw. eine Gleichzeitigkeit dieser Pole einstellen (Heinrich et al., 2013, S. 74), wird nun eben dieses Gleichgewicht erneut erschüttert und infrage gestellt.

Tatsächlich wurde Differenz als pädagogischer Topos bereits Anfang der Neunzigerjahre durch Annedore Prengels Publikation »Pädagogik der Vielfalt« in den Brennpunkt der pädagogischen Aufmerksamkeit gerückt (Prengel, 1993). Differenz, wie sie hier gedacht wird, bezieht sich nicht nur auf ethnische, kulturelle und sprachliche Vielfalt, »sondern thematisiert auch die Kategorien ›Geschlecht‹ und ›Behinderung‹ [...]« (Fraundorfer, 2011,

S. 220). Annedore Prengel konnte mit ihrem Werk dazu beitragen, dass verstärkt ressourcenorientierte Denk- und Handlungsmodelle sowie die intersubjektive Anerkennung innerhalb von Bildungsprozessen in den Blick genommen wurden.

Im Kontext inklusiver Reformen werden die bestehenden antinomischen Zustände im Sekundarstufenbereich nun erneut sichtbar und potenziert. Gerade Akteure der Sekundarstufe haben es mit einer großen »Ungewissheit« im Kontext der Umsetzung der UN-BRK zu tun (Amrhein, 2014a): Diese Ungewissheit rührt aus der sich gerade entwickelnden Erkenntnis, dass sich die zentralen Probleme unseres Bildungssystems wie soziale Selektion, mangelnde Chancengerechtigkeit und unzulängliche individuelle Förderung in den letzten Jahren eher verschärft als abgeschwächt haben (Bos/Müller/Stubbe, 2010; Zlatkin-Troitschanskaia/Beck/Sembill/Nickolaus/Mulder, 2009, S. 1). So stellt Andrea Fraundorfer fest, dass trotz zunehmender gesellschaftlicher Differenzierungs- und Pluralisierungsprozesse den Unterrichtsklassen bzw. Gruppen von Lernenden eine weitgehende Homogenität unterstellt wird. Als Folge werden tendenziell lehrerzentrierte Unterrichtsformen besonders im Bereich der Sekundarstufe favorisiert, womit »normierende« Strukturen und differenzeinebnende Handlungsweisen im pädagogischen Feld einhergehen (Fraundorfer, 2011). Hier spricht sie von der Einebnung von Differenz und dem versteckten Paradigma der Selektion, der Normierung und der Disziplinierung. Bekannt ist auch, dass insbesondere in Schulen der Sekundarstufe Lehr- und Lernsettings, Unterrichts- und Arbeitsformen sowie Haltungen und Einstellungen von Lehrkräften eine Beharrungstendenz aufweisen, wie sie nur wenigen sozialen Praxen eigen ist (Fraundorfer, 2011; Vierlinger, 2009) – und dies obwohl sich Bildungsvoraussetzungen, Problemlagen und Bildungsverläufe inzwischen stark diversifiziert haben. »Damit scheint die Zeit für das Bildungswesen still zu stehen, als sei es in einer Zeitschleife gefangen. Es herrscht eine mysteriöse Resistenz gegen radikalen Wandel, der in anderen Bereichen der Wissenschaft und des Lebens stattfand« (Grosch, 2007, S. 8).

Insgesamt kann somit von einer erheblichen Diskrepanz zwischen dem Anspruch auf Schaffung eines inklusiven Schulsystems und der aktuellen Situation im deutschen Bildungssystem – insbesondere im Bereich der Sekundarstufe – ausgegangen werden. Schulische Akteurinnen und Akteure haben es mit einem paradoxen und widersprüchlichen Schulentwicklungsauftrag zu tun, denn die aktuelle Praxis und die Systembedingungen des Erziehungs-, Bildungs- und Unterrichtssystems lassen sich nur schwer mit der Idee einer inklusiven Bildung vereinen (Degener/Mogge-Grotjahn, 2012, S. 70; Feuser, 2013).

Die stärksten Widersprüche ergeben sich hierbei auf der Ebene des Unterrichts. Matthias Trautmann und Beate Wischer stellen in ihrer kritischen Auseinandersetzung zum Umgang mit Heterogenität im Unterricht fest, dass es zu permanenten sogenannten Zielkonflikten kommt. Sie fokussieren hierbei insbesondere auf Probleme der Umsetzung binnendifferenzierender Maßnahmen im Unterricht (Trautmann/Wischer, 2011). Sie sind der Ansicht, dass diese Zielkonflikte nicht einfach aufgelöst oder ignoriert werden können, sie müssen ausbalanciert werden (Wischer, 2008). Wie dieses Ausbalancieren konkret im Bereich der Sekundarstufe vonstattengeht, konnte eine Studie der Autorin empirisch nachweisen. Anhand einer Untersuchung in zwölf Schulen der Sekundarstufe konnte gezeigt werden, was geschieht, wenn eine inklusive Innovation auf ein bestehendes Sekundarschulsystem trifft (Amrhein, 2011). Die Ergebnisse zeigen eindrücklich, dass die handelnden Akteure durch die Einführung sogenannter Integrativer Lerngruppen an der eigenen Schule vor Anforderungen gestellt werden, die mit der konkreten Schulsituation inkompatibel sind. Um Anforderung und Ressource in eine Balance zu bringen und so für die eigene ebenenspezifische Optimierung zu sorgen, kommt es im Rahmen der Implementierung einer Integrativen Lerngruppe auf allen Akteursebenen zu sich wiederholenden systemkonformen Rekontextualisierungen. So wird die Innovation an das bestehende System angepasst.

Die hier beschriebenen Problemlagen und Entwicklungen führen zu einer stark veränderten Akzentuierung im Anforderungsprofil von Lehrkräften der Sekundarstufe. Durch die immer heterogener werdenden Klassenzimmer werden insbesondere im Bereich der Sekundarstufe bekannte und herkömmliche Unterrichtsmethoden zunehmend ineffizient. Die bisherigen Ausführungen machen deutlich, dass aktuell von einer Krise des Lehrer/-innenhandelns im Kontext der inklusiven Bildungsreformen im Bereich der Sekundarstufe ausgegangen werden muss.

Andrea Fraundorfer zufolge können Krisen und neue Herausforderungen, wie sie z. B. im Umgang mit komplexen Differenzphänomenen auftreten, zu Auslösern für einen veränderten Habitus und den Aufbau neuer Routinen innerhalb der Profession werden (Fraundorfer, 2011). Es ist jedoch davon auszugehen, dass zur Bewältigung dieser Krisen Lehrer/-innen zukünftig massive Unterstützung benötigen, wenn sie im Kontext der Umsetzung der UN-BRK zu einem neuen Umgang mit Differenz unter der bestehenden Systemlogik angeregt werden sollen. Entsprechend bedarf es auch einer Neuausrichtung der Lehrer/-innenbildung und der Entwicklung tragfähiger Ansätze, wie sie im Folgenden beschrieben werden.

3 Inklusionsorientierte Lehrer/-innenbildung der Sekundarstufe

Begriffliche Klärung

Das in Abschnitt 2 kurz beschriebene begriffliche Dilemma um Inklusion setzt sich bei der Frage nach einer inklusionsorientierten Lehrer/-innenbildung fort. Je nachdem, wie man auf Inklusion blicken möchte, ergeben sich unterschiedliche Anforderungen an eine Neuausrichtung der notwendigen Kompetenzen. Orientiert man sich an der von Heinrich et al. (2013) beschriebenen ersten Grundform – die auf einer Rekonstruktion der vormals in Sonderinstitutionen lokalisierten Sonderpädagogik in der allgemeinen Schule basiert –, dann geht es in diesem Verständnis von Lehrer/-innenaufgaben in Inklusion um die Beschreibung von Aufgabenbereichen von Lehrkräften für Sonderpädagogik in inklusiven Settings (Hillenbrand/Melzer/Hagen, 2013, S. 45)[12].

Nimmt man die zweite Grundform als Orientierungsrahmen, basiert der Unterricht hingegen auf einer Integration von Prozessen sonderpädagogischer Förderung und allgemeinpädagogischer Theorien, Konzepte und Methoden in den Unterricht für alle Schüler/-innen. Er bezieht sich damit auf die gesamte Lehrer/-innenbildung. Diese zweite Grundform nutzt sonderpädagogische Ressourcen primär im Kontext von Teamstrukturen und bezogen auf Unterrichtsprozesse sowie pädagogische Interventionen, die sich im Interaktionssetting der Lerngruppe vollziehen. Wird der Entwicklungsauftrag in dieser Art verstanden, ist die Analyse des Aufgabenbereichs von Lehrkräften deutlich komplexer. In diesem Paradigma geht es nicht mehr darum, wie ich als Lehrer/-in mit den besonderen Bedürfnissen einiger Kinder im Gemeinsamen Unterricht (GU) umgehe, sondern wie ich im multiprofessionellen Team die Lernprozesse in der Klasse für alle Kinder und Jugendlichen so gestalte, dass sie die jeweils nächste Stufe der Entwicklung erreichen können (Heinrich et al., 2013, S. 81) und dass gleichfalls ein kategoriales Denken zwischen Schülerinnen und Schülern mit und ohne sonderpädagogischen Förderbedarf langfristig überwunden werden kann.

Die Autorin bezieht sich in ihrer nachfolgenden Betrachtung zu einer inklusionsorientierten Lehrer/-innenbildung der Sekundarstufe auf die

---

12 Für diese Übersicht haben Hillenbrand et al. sechs englischsprachige Studien gesichtet (Hillenbrand et al., 2013, S. 45).

148

zuletzt ausgeführte Position des Umgangs mit Differenz in der Schule. Dies impliziert, dass die Professionalisierung im Umgang mit sonderpädagogischer Förderung einen zentralen Bereich in einer neu zu konzipierenden Lehrer/-innenbildung einnimmt, aber nicht auf diese beschränkt bleibt. Vielmehr gilt es, die Lehrer/-innenbildung für Lehrer/-innen der allgemeinbildenden Schulen und der Sonderpädagogik unter Berücksichtigung der Zielsetzung der Entwicklung eines inklusiven Schulsystems für alle Schüler/-innen miteinander zu verzahnen und weiterzuentwickeln.

Ausgangslagen

Für Heinrich et al. sieht sich eine inklusiv ausgerichtete Lehrer/-innenbildung in Deutschland mit einem doppelten Problem konfrontiert: Zum einen ist das Feld aufgrund seines historisch gewachsenen Grades an Ausdifferenzierung schwer zu fassen und zum anderen hat sich dieses ausdifferenzierte System durch die zahlreichen Szenarien zur Umsetzung der UN-BRK erneut in einen Transformationsprozess begeben, »wodurch nochmals eine neue Form der Unübersichtlichkeit emergiert« (Heinrich et al., 2013, S. 69). Konkret bedeutet dies im Moment, dass Kommunen vor einer erheblichen Veränderung ihrer Schullandschaft stehen. Schulen der Sekundarstufe werden geschlossen, zusammengelegt, laufen aus, neue Schulformen werden gegründet, Modellversuche werden überführt oder laufen aus.

Es ergibt sich eine starke Diskrepanz zwischen dem Angebot einer inklusionsorientierten Lehrer/-innenbildung und dem durch die Umsetzung der UN-BRK gestiegenen Bedarf der Lehrkräfte (Amrhein, 2011; Amrhein/Badstieber, 2013). Weder der Bereich der Lehrerausbildung noch der Bereich der Fortbildung ist im Moment auf die veränderten Anforderungen vorbereitet (Amrhein, 2011; Amrhein/Badstieber, 2013; Heinrich et al., 2013). Somit wächst der Druck auf die Lehrerbildung momentan beständig weiter. Gleichzeitig liegen noch wenig empirische Ergebnisse vor, wie den neuen Anforderungen begegnet werden kann. Einigkeit besteht mittlerweile darüber, dass es sich um einen langfristigen Prozess handelt und sich eine Vielfalt an neuen Aufgaben auftut. Dabei besteht die besondere Herausforderung darin, alle notwendigen Entscheidungen, Schritte und Maßnahmen strategisch am Ziel inklusiver Bildung auszurichten.

Eine Bestandsaufnahme der Lehrer/-innenbildung für Inklusion kann im Rahmen dieser Abhandlung nicht geleistet werden. Der einleitende Abschnitt hat verdeutlicht, wie komplex, aber auch wie dringlich die Aufgabe der Konzeptionierung einer Lehrer/-innenbildung für Inklusion ist.

Heimlich (2011) zufolge müssen daher zur Qualifizierung des pädagogischen Personals für das neue Aufgabenfeld inklusive Aus- und Weiterbildungsprogramme ausgestaltet werden: »Kurzfristige Effekte einer Qualifizierung für inklusive Bildung werden dabei sicher nur über Weiterbildungsangebote im Rahmen der Lehrerfortbildungen erzielt werden können. [...] Langfristig steht zweifellos erneut eine Reform der Lehrerbildung ins Haus – und zwar sowohl der sonderpädagogischen als auch der Lehrerbildung für alle anderen Lehrämter« (Heimlich, 2011, S. 52).

Lehrer/-innenausbildung

Für alle Bundesländer gilt aktuell, dass die Lehrerausbildung an der strukturell selektiven Schulstruktur ausgerichtet ist. Es wird überwiegend davon ausgegangen, dass unterschiedliche Schulstufen und differente Ausbildungsgänge spezifische Kompetenzprofile erforderlich machen (Heinrich et al., 2013). Dies bedeutet, dass Lehrkräfte bis heute stufenbezogen und schulformbezogen ausgebildet werden. Die ständige Konferenz der Kultusminister unterscheidet insgesamt sechs Lehramtstypen.

In einigen Bundesländern werden bereits weiterführende Konzepte entwickelt. So wird in der aktuellen Empfehlung der Expertenkommission Lehrerbildung in Berlin (2012) der Vorschlag gemacht, den eigenständigen Studiengang »Lehramt Sonderpädagogik« durch die Einrichtung eines Studienschwerpunktes »Sonderpädagogik/Rehabilitationswissenschaften« in den Lehramtsstudiengängen zu ersetzen. Insgesamt wird jedoch deutlich, dass bereits die strukturelle Ausgestaltung der Lehrer/-innenausbildung dem Anspruch zur Ausbildung multiprofessioneller Teams, die Lernprozesse in der Klasse für alle Kinder und Jugendlichen so zu gestalten, dass diese die jeweils nächste Stufe der Entwicklung erreichen können (Heinrich et al., 2013, S. 81) und dass ein kategoriales Denken zwischen Schülerinnen und Schülern mit und ohne sonderpädagogischen Förderbedarf langfristig überwunden werden kann, nicht gerecht wird. Vielmehr fördert sie die Separation der unterschiedlichen Professionen und trägt dazu bei, dass Lehrer/-innen bereits in einer frühen Phase der Ausbildung getrennte Verantwortungsbereiche und damit auch getrennte Zuständigkeiten gegenüber Schüler/-innen mit und ohne sonderpädagogischen Förderbedarf ausbilden.

Darüber hinaus muss nach wie vor festgehalten werden, dass in der nicht sonderpädagogischen Lehrerbildung das Thema Inklusion inhaltlich nur sehr marginal behandelt wird bzw. in Form additiver Seminarangebote der ansonsten weiterhin lehramtsgetrennt stattfindenden Ausbildung an die

Seite gestellt wird (Amrhein, 2012). Obwohl etwa ein Fünftel der befragten Hochschulen angibt, dass die Themen Inklusion und Heterogenität als verpflichtende Schwerpunkte festgesetzt sind und damit auf dem Abschlusszeugnis nachgewiesen werden, zeigen sich in der Gewichtung dieser Gebiete bei den verschiedenen Lehramtstypen[13] doch deutliche Unterschiede. Am schlechtesten schneidet der Lehramtstyp 4 ab, bei dem nur 7 Prozent der Hochschulen angeben, einen verpflichtenden Schwerpunkt zu haben. Für den Lehramtstyp 1 sind es 14 Prozent der Hochschulen, die Inklusion und Heterogenität berücksichtigen. Nur der Lehramtstyp 6 für sonderpädagogische Lehrämter hat eine erwartungsgemäß hohe Gewichtung (Monitor/Lehrerbildung, 2013)[14].

Lehrer/-innenfortbildung

Eine Expertise für die Bertelsmann Stiftung[15] konnte aufzeigen, dass der Weg zu einer verlässlichen Versorgung mit Fortbildungsangeboten noch weit ist. Die Analyse der Maßnahmen offenbart, dass sich Fortbildung für Inklusion häufig noch an Einzelpersonen richtet und vor allem zunächst einer zügigen Information zur Ausgestaltung der anstehenden Bildungsreformen im Bereich Inklusion dient. Die Kriterien zur Wirksamkeit und Nachhaltigkeit guter Fortbildung zeigen jedoch, dass es gerade im Kontext von Inklusion nicht ausreicht, wenn einzelne Akteure ihr berufliches Wissen erweitern und ihr Können verbessern. »Fortbildungen werden nur dann Wirksamkeit und Nachhaltigkeit erzeugen, wenn sie im Prozess der Schulentwicklung mit dem Ziel einer inklusiven Schule (im Sinne der UNESCO-Leitlinien für inklusive Bildung) geplant und durchgeführt werden« (Amrhein/Badstieber, 2013, S. 23).

---

13 Typ 1: Lehrämter der Grundschule bzw. Primarstufe, Typ 2: übergreifende Lehrämter der Primarstufe und aller oder einzelner Schularten der Sekundarstufe I, Typ 3: Lehrämter für alle oder einzelne Schularten der Sekundarstufe I, Typ 4: Lehrämter für die Sekundarstufe II (allgemeinbildende Fächer) oder für das Gymnasium, Typ 5: Lehrämter für die Sekundarstufe II (berufliche Fächer) oder für die beruflichen Schulen, Typ 6: sonderpädagogische Lehrämter.

14 Stand: 15.10.2013, Erhebung der Daten von 64 Hochschulen im Sommer 2012.

15 Für diese Expertise wurden in der ersten Jahreshälfte 2012 in allen Bundesländern über eine Online-Recherche sowie über Befragungen in den zuständigen Fortbildungsinstituten 775 Maßnahmen im Kontext der Lehrer/-innenfortbildung für Inklusion gesichtet.

Im Rahmen der Expertise konnten fünf zentrale Themenfelder identifiziert werden, die aktuell in der Lehrer/-innenfortbildung für Inklusion angeboten werden:

1. Grundlagen inklusiver Bildung
2. Inklusive Struktur und Schulentwicklung
3. Inklusive Unterrichtsentwicklung
4. Sonderpädagogische Förderung
5. Interdisziplinäre Zusammenarbeit, Kooperation und Vernetzung

Nachfolgende Ausführungen machen deutlich, dass im Kontext der Diskussion um die Professionalisierung für Inklusion im Bereich der Sekundarstufe ein sechster Themenschwerpunkt hinzugefügt werden müsste: ein Lifelong-Learning-Konzept für Inklusion.

4   Professionalisierung für Inklusion gestalten

Die Vorüberlegungen zur Situation der inklusiven Bildungsreformen in Deutschland konnten aufzeigen, dass es in dieser unklaren und zum Teil paradoxen Situation nicht einfach ist, Lehrer/-innenbildung für dieses verändertes Setting zu beschreiben.

Unstrittig ist, dass Inklusion als bildungspolitische Aufgabe das gesamte Schulsystem in allen Bereichen betrifft und in der Folge auch die gesamte Lehrerbildung in allen drei Phasen (Aus- und Fortbildung) betroffen ist (Döbert, 2013, S. 17);

Die sicherlich einzige Möglichkeit, den hier beschriebenen Herausforderungen an die Lehrkräfte der Sekundarstufe im Kontext der Umsetzung der UN-BRK angemessen zu begegnen, besteht im Aufbau einer Lehrer/-innenbildung, die sich den paradoxen Problemlagen stellt. Eine an den Standards inklusiver Bildung orientierte Professionalisierung für Lehrkräfte der Sekundarstufe muss demnach Konzepte bereithalten, die den Akteurinnen und Akteuren unter der bestehenden Logik ihres Systems Handlungsmodi im Sinne einer »next practice« eröffnen (Schratz et al., 2011).

Die durch die unterschiedlichen Umsetzungsversuche der UN-BRK im deutschen Schulsystem zu beobachtenden paradoxen Transformationen und Strukturveränderungen werfen entsprechend die Frage nach der Ausgestaltung der Professionalisierung für diese Reformvorhaben auf. Auf der Suche nach einem Professionsverständnis für Lehrer/-innen der Sekundarstufe in inklusiven Settings scheint es hilfreich, sich anzuschauen, was wir über die Professionalisierung von Lehrkräften generell wissen und welchen Beitrag dies zur Entwicklung einer Lehrer/-innenbildung für Inklusion leisten kann. Hilfreich können hier Professionalisierungsansätze sein, die das professionelle Umgehen mit Krisen in pädagogischen Kontexten zu beschreiben versuchen. Die Ausführungen zum schwierigen Umgang mit Differenz im Bereich der Sekundarstufe haben deutlich gemacht, dass es im Kontext von Professionalität für Inklusion nicht nur um den Aufbau neuer Kompetenzen gehen kann, sondern vor allem um das Lernen am und im Widerspruch (Stein, 2011). Will man vermeiden, dass Akteurinnen und Akteure der Sekundarstufe immer wieder an den Widersprüchen des Systems und ihres eigenen Handelns scheitern, so muss man tragfähige Unterstützungsstrukturen entwickeln, die die Möglichkeit eröffnen, mit diesen Widersprüchen umzugehen und sie für die Professionalisierung gewinnbringend zu nutzen.

Vom Umgang mit der Krise zum Aufbau neuer Routinen

Der Prozess der Professionalisierung für Inklusion soll hier entsprechend als ein Vorgang beschrieben werden, innerhalb dessen bisherige Routinen durch krisenhafte Entwicklungen in den Lehr- und Lernsettings aufbrechen und die Bewältigung dieser Krisen durch das Entstehen neuer Reflexions- und Handlungsmodelle gekennzeichnet ist.

Ilse Schrittesser bestimmt professionalisiertes Handeln als »problemorientiertes Handeln entlang der Grenze zwischen Routine und Neuem« (Schrittesser, 2004). Für sie sind professionelle Akteure überall dort gefragt, »wo das Lösen von Handlungsproblemen in noch unbestimmten, widersprüchlichen, risikoreichen Situationen zentral ist und Routinelösungen daher noch nicht oder nicht mehr zur Verfügung stehen« (Schrittesser, 2004, S. 132). Dies gilt insbesondere für die Umsetzung der Inklusion.

Für Oevermann weisen Krisen zunächst auf das Scheitern von Routinen hin, also von bisherigen Denk- und Handlungsmodi, und damit auf ein »manifestes Wieder-Öffnen der Zukunft, wohingegen Routinen immer die Schließung einer ursprünglichen Krise darstellen« (Oevermann, 1996, S. 75). Kennzeichnend für eine Krise ist, dass sich bisherige Strategien und Handlungsmuster nicht mehr erfolgreich anwenden lassen, sondern oft sogar noch zur Verschärfung einer Situation führen können. Diese Verschärfung der Situation lässt sich aktuell auch auf anderer Ebene in vielen Bundesländern beobachten. Durch zum Teil hastige Umsetzungsversuche der UN-BRK bleibt den handelnden Akteurinnen und Akteuren kaum Zeit, diese neuen Routinen zu entwickeln. Sie operieren verständlicherweise mit dem ihnen aktuell zur Verfügung stehenden Repertoire. Im Land mehren sich vor allem in der medialen Berichterstattung Beispiele, die vom »Scheitern der Inklusion« berichten.

An diese Sicht der professionellen Tätigkeit als Krisenbewältigung knüpft Werner Helspers Ansatz des pädagogischen Handelns in den Antinomien der Moderne an. Er vertritt die Position, dass pädagogisches Handeln durch konstitutive, nicht aufhebbare Antinomien gekennzeichnet ist (Helsper, 2007).

Im Kontext des Diskurses um Professionalisierung im Umgang mit Differenz in der Schule vertritt Andrea Fraundorfer die Ansicht, dass das Neue erst über Versuche und Umwege in der schrittweisen Bewältigung dieser Herausforderung emergieren muss. Erst wenn sich die neu entwickelten Lösungswege und Handlungsstränge über eine längere Zeit bewähren, kann vom Aufbau einer neuen Routine gesprochen werden (Fraundorfer, 2011, S. 233). Für sie zeigt sich Professionalität in diesem Kontext u. a. darin, dass neue Lehr- und Lernsettings kreiert und damit die Ressourcen des Zusammenlebens und -lernens von verschiedenen Akteuren pädagogisch genutzt werden (Fraundorfer, 2011).

Diese Bestimmung von Professionalität und ihrer Entwicklung ist für die Suche nach einem neuen Professionsverständnis im Umgang mit Differenz/Inklusion in der Schule sehr hilfreich. Es wird im Rahmen der aktuellen Handlungsprozesse ganz entscheidend darauf ankommen, dass Lehrkräfte der Sekundarstufe erkennen, warum bisherige pädagogische Handlungslogiken und schulische Strukturen, die auf die Bearbeitung der Lernfortschritte von fiktiven Normalschülern/-innen zielen, nicht mehr erfolgreich sein können, denn »die gedankliche Unterstellung einer bestimmten ›Normalität‹ oder ›Durchschnittlichkeit‹ führt in divers zusammengesetzten Schülergruppen meist zu krisenhaften Situationen« (Fraundorfer, 2011, S. 233) und wird dem Anspruch einer inklusiven Ausrichtung der Schule nicht gerecht.

Die Arbeit am und im Widerspruch im Rahmen inklusiver Bildungsreformen bildet damit die Grundlage, um bekannte Handlungslogiken kritisch zu hinterfragen und die Akteure für Neues zu öffnen. Antinomien und Paradoxien pädagogischen Handelns, wie sie nun bei der Umsetzung der Inklusion deutlich werden, werden damit zum Motor von Veränderung. Eine inklusive Lehrer/-innenbildung ignoriert die Widersprüche aktueller Entwicklungen nicht und versucht auch nicht, sie durch kurzfristige Handlungen in den Hintergrund zu drängen. Sie nutzt die Widersprüchlichkeit und die damit einhergehenden Irritationen von Routinen vielmehr, um zu einer Verbesserung von Erziehung und Bildung in der Schule beizutragen. Diese Prozesse laufen jedoch nicht von selbst ab, sondern müssen als kollegiale reflexive Prozesse gemeinsam bearbeitet werden (Neuß, 2009; Reich, 2009; Rohr/Hummelsheim/Kricke/Amrhein, 2013; Dirks/Hansmann, 1999).

Wesentlich ist damit der Aufbau neuer Routinen im Kontext inklusiver Schul- und Unterrichtsentwicklungsprozesse. Dabei ist zu hinterfragen, was unter dem Begriff »Routine« genau zu verstehen ist. Routine bedeutet zum einen eine »durch längere Erfahrung erworbene Fähigkeit, eine bestimmte Tätigkeit sehr sicher, schnell und überlegen auszuführen« (DUDEN, 2013). Zum anderen kann man den Begriff aber auch wie folgt umschreiben: Routine ist »Ausführung einer Tätigkeit, die zur Gewohnheit geworden ist und jedes Engagement vermissen lässt« (DUDEN, 2013). Hier wird deutlich, dass der Begriff der Routine zumindest im zuletzt definierten Sinne gerade nicht kompatibel mit neuen und hoch komplexen Anforderungen erscheint. Obwohl das Arbeiten im pädagogischen Feld immer auch auf Routinen angewiesen und von ihnen gekennzeichnet ist, wird es im Kontext der Entwicklung inklusiver Bildungsreformen ganz entscheidend darauf ankommen, eben diese entwickelten Routinen und Muster ständig zu hinterfragen. Unabdingbar hierfür ist ein Bewusstsein für die Flexibilität von Routinen im inklusiven pädagogischen Feld. Im englischen Sprachgebrauch existiert der Begriff der »flexible routine«. Dieser wird häufig in Elternratgebern zum Umgang mit Kleinkindern verwendet: »Flexible routines take into account your child's natural rhythm, but are also set within a structured framework. Having a schedule is important, but it doesn't have to be set in stone« (Rosenbloom, 2012). Eine solche Vorstellung von Handlungsroutinen kann im pädagogischen Feld auch für Lehrer/-innen in inklusiven Settings hilfreich sein. Mit der Entwicklung »flexibler Routinen« ginge hier die ständige Reflexion des eigenen Selbstverständnisses als Profession unter sich verändernden Bedingungen einher. Sie schließt insbesondere eine möglicherweise notwendig gewordene Neuausrichtung des eigenen Berufsethos und eine Bewusstwerdung der eigenen Lebensbiografie und Entwicklung mit ein.

Auch die Entwicklung von »flexible routines« ist kein Selbstläufer, sondern muss im Rahmen von neuen Aus- und Fortbildungsformaten von außen angeregt werden. Da wir wissen, dass sich Unterrichtsarbeit von Lehrpersonen meist unter Ausschluss von kritischen Peers vollzieht und dadurch Lehrkräfte oft Muster und Gewohnheiten entwickeln, die ihnen nur beschränkt bewusst sind, wäre ein möglicher Hebel für die Professionalisierung für Inklusion die Anregung von außen, um die in ihrem Einfluss zum Teil ungünstigen »habits« bewusst zu machen und Handlungsalternativen zu entwickeln. An zahlreichen Standorten wird daher im Kontext der Umsetzung der inklusiven Reformen mit Teamentwicklungsmodellen wie professionellen Lerngemeinschaften und kollegialer Hospitation gearbeitet.

Inklusion als berufsbiografisches Entwicklungsproblem

Wie kann eine Neuausrichtung des eigenen Berufsethos im Kontext der Entwicklung einer inklusiven Lehrer/-innenbildung gestaltet werden? Aus professionstheoretischer Perspektive gelten antinomische Widersprüche, wie gezeigt, als nicht einfach aufzulösende strukturelle Merkmale von Schule und Unterricht allgemein und von Inklusion im Speziellen (Helsper, 2007). Pädagogische Situationen zeichnen sich gerade nicht durch stabile, technologisch gestaltbare Verhältnisse aus. Insbesondere in den letzten Jahren haben daher reflexive Prozesse eine entscheidende Bedeutung für die Professionalisierung angehender, aber auch erfahrener Lehrkräfte erlangt (Terhart, 2011).

In den nun durch Inklusion notwendig gewordenen Veränderungsprozessen nimmt die Selbstreflexion im Professionalisierungsprozess von Lehrkräften eine entscheidende Rolle ein. Sie dient der Bewusstwerdung von biografischen Erfahrungen und daraus resultierenden subjektiven Deutungen und Konstruktionen von Zusammenhängen und Erklärungsmustern (Amrhein, 2014b). Eigene Studien zu subjektiven Theorien von Lehramtsstudierenden zum Umgang mit Differenz in der Schule konnten aufzeigen, dass diese zu einem großen Prozentsatz erhebliche Zweifel an der erfolgreichen Umsetzung der Idee einer inklusiven Bildung auf der Ebene des Unterrichts hegen (Amrhein/Kricke, 2013). Gruppendiskussionen mit Studierenden offenbaren, dass diese als subjektive Theorien zum Vorschein kommenden Haltungen und Einstellungen von Lehramtsstudierenden stark vom biografischen Erleben als Schüler/-in im deutschen Schulsystem gespeist werden und sich auch durch Praxiserfahrungen im Gemeinsamen Unterricht, etwa in einem Schulpraktikum, nicht leicht in Bewegung bringen lassen (Amrhein/Kricke, 2013).

Auch nach Gudrun Schönknecht lassen sich wichtige Entwicklungen in der professionellen Kompetenz und im pädagogischen Konzept als Ergebnis intensiver Reflexion beruflicher Erfahrungen und pädagogischer Ideen beschreiben (Schönknecht, 2005). Demnach sind Erfahrung und Reflexion der Motor für Veränderung und Weiterentwicklung und die Innovationsprozesse eng mit der Entwicklung der eigenen professionellen Kompetenz verschränkt. Die Einbeziehung einer biografischen Dimension erweitert die kompetenz- und strukturtheoretische Dimension von Professionalisierungsmodellen. Professionelle Kompetenz entwickelt sich nach Schönknecht im Laufe der Berufsjahre durch Ausbildung, Erfahrung und Reflexion. Dabei ist die Verbindung von Wissen, Handeln und Berufshaltung entscheidend. Die berufliche Entwicklung wird von ihr insgesamt als selbstgesteuerter, komplexer und lebenslanger Prozess betrachtet, der von den Lehrkräften in Interaktion mit dem privaten und professionellen Umfeld aktiv gestaltet wird. Ewald Terhart zufolge müssen zudem Belastung und ihre Bewältigung, Weiterbildungserfahrungen sowie kritische Lebensereignisse als zentrale Themen berücksichtigt werden (Terhart, 2001). Sein Bestimmungsansatz zeichnet sich durch eine stärker individualisierte und dynamische Entwicklungsperspektive von Professionalität aus. Insgesamt verdeutlicht die berufsbiografische Sichtweise den aktiven Entwicklungsprozess von Professionalität im Lehrerberuf und stellt die individuelle Lehrkraft in ihr Zentrum. Für Terhart, der Lehrerprofessionalität als berufsbiografisches Entwicklungsproblem versteht, ist Professionalisierung im Lehrer-/innenberuf ein Prozess der Auseinandersetzung zwischen Außen- und Innenvariablen entlang des biografischen Leitmotivs der Entwicklung von beruflicher Identität (Terhart, 2001).

Folgt man dieser Einschätzung von Lehrerprofessionalität als berufsbiografischem Entwicklungsproblem, so stellt insbesondere die biografische Aufarbeitung der eigenen Erfahrungen mit den Systembedingungen des Sekundarschulsystems eine vielversprechende Möglichkeit dar, mit den Widersprüchlichkeiten des eigenen Handelns im Kontext der inklusiven Bildungsreformen produktiv umzugehen (Amrhein, 2014b). Dabei scheint es hilfreich, wenn man Professionalisierung im hier definierten Sinne betrachtet, Lehrer/-innen an ihre eigenen Erfahrungen im Sekundarschulsystem erneut heranzuführen. Biografiearbeit in diesem Kontext meint eine strukturierte Form zur Selbstreflexion der Biografie in einem professionellen Setting. So dient die Reflexion einer biografischen Vergangenheit ihrem Verständnis in der Gegenwart und einer möglichen Gestaltung der Zukunft. Dabei wird die individuelle Biografie in einem gesellschaftlichen und historischen Zusammenhang gesehen. Ingrid Mithe zufolge lassen sich aus dieser Sichtweise heraus zukünftige Handlungspotenziale entwickeln (Mithe, 2011).

157

5 Innovation für Inklusion und Lifelong-Learning – next practice im Lehrer/-innenberuf

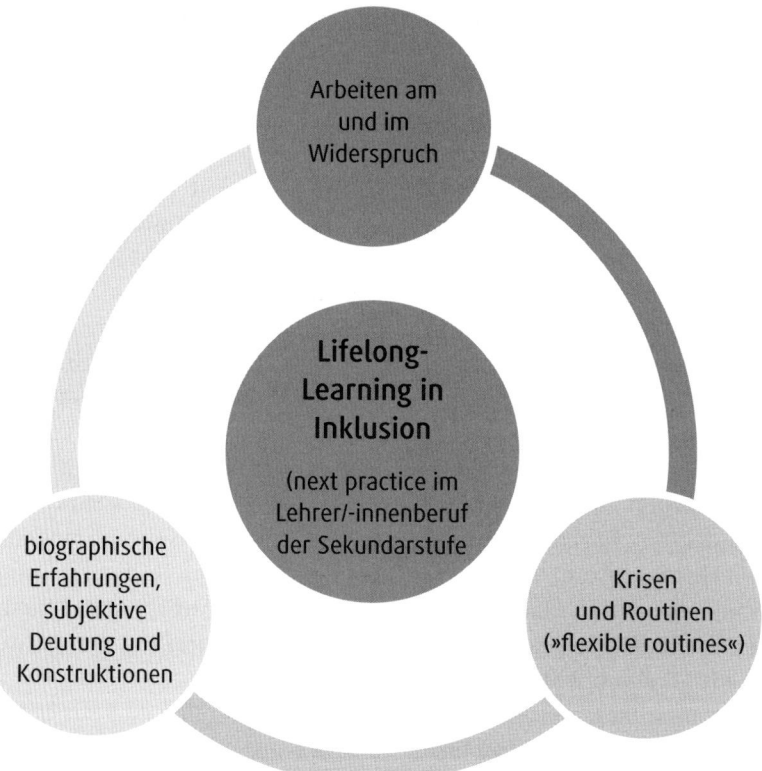

Abb. 1: Next practice im Lehrer/-innenberuf der Sekundarstufe für Inklusion

Für die Entwicklung einer inklusionsorientierten Lehrer/-innenbildung ergibt sich eine Sicht auf die zukünftige Aus- und Fortbildung von Lehrer/-innen der Sekundarstufe, die eine lebenslange Innovations- und Veränderungsbereitschaft für Inklusion als zentrale Anforderung beschreibt. Bei der Entwicklung eines inklusionsunterstützenden Kompetenzprofils in der Lehrer/-innenbildung wird es daher von ganz entscheidender Bedeutung sein, nicht nur spezifische, heterogenitätssensible Fähigkeiten sowie fachliches und fachdidaktisches Wissen zu vermitteln, sondern auch die Basis dafür zu legen, dass Lehrkräfte dauerhaft in der Lage sind, sich an der Weiterentwicklung ihrer eigenen Fähigkeiten im Umgang mit Differenz in der Schule zu beteiligen. Hierzu gehört auch die fortlaufende Aneignung neuer wissenschaftlicher Erkenntnisse – auch wenn diese noch in weiten Teilen ausstehen – und die Integration dieser in die eigene professionelle Praxis in allen Phasen der beruflichen Entwicklung. Dies schließt auch die Bereitschaft ein, sich an Schulentwicklungsprozessen zu einer kontinuierlichen Optimierung einer an den Standards inklusiver Bildung orientierten Schule zu beteiligen.

Diese Vorstellung von Professionalisierung für Inklusion als lebenslange Aufgabe könnte gerade bei Akteurinnen und Akteuren mit einer langen Berufspraxis zu Irritationen führen. Sie könnten den Eindruck gewinnen, dass man niemals am Ziel ankommt. Doch Professionalisierung im Lehrer/-innenberuf sollte zukünftig stärker als Lernen im Beruf verstanden und daher auch der Weg als das Ziel beschrieben werden. Damit einher ginge ein Paradigmenwechsel in der Lehrer/-innenbildung, der die sogenannte 3. Phase der beruflichen Entwicklung als wichtigstes Professionalisierungsfeld erkennen würde. Generell sollte nicht das Streben nach dem »idealen Lehrer/der idealen Lehrerin« bis zum Ende der Ausbildung im Zentrum stehen, sondern die fortlaufende, lebenslange Entwicklung professioneller Kompetenzen, neuer Routinen und einer professionellen Haltung im Sinne eines sich ständig verändernden, hochkomplexen Anforderungsprofils des Berufs. Vielversprechend scheint hier auch die Entwicklung phasenübergreifender Modelle der Lehrer/-innenbildung. Somit geht es in der Konsequenz um die Herausbildung eines sehr neuen Verständnisses von Lehrer/-innenbildung, welches sowohl die Inhalte als auch die strukturellen Rahmenbedingungen einer neuen Professionalisierung im Lehrer/-innenberuf betrifft.

6　　Fazit

Die Ausführungen konnten deutlich machen, dass wir es aufgrund paradoxer Anforderungen in inklusiven Schulentwicklungsprozessen der Sekundarstufe sowie der zugeordneten Lehrer/-innenbildung vor allem mit Problemen auf der Umsetzungsebene zu tun haben. Ganz entscheidend wird daher für den Erfolg der Umsetzung der Reformen auch sein, dass alle Ebenen des Bildungssystems (Bildungspolitik, Bildungsverwaltung, Einzelschule, Lehrer, Unterricht sowie Schüler/-in; vgl. Fend, 2006) in dieser Frage miteinander verzahnt werden. Durch Helmut Fends Arbeiten an der

Neuen Theorie der Schule wissen wir, dass das Bildungswesen als Einheit fungiert, in der Gestaltungs- und Verantwortungsebenen systematisch aufeinander bezogen sind (Fend, 2006, S. 171). Nach Fend werden Vorgaben immer in mehreren Stufen umgesetzt und je nach Handlungsbedingungen vor Ort respezifiziert. Für die Entwicklung einer Lehrer/-innenbildung für die Sekundarstufe ist entscheidend: Auch Bildungspolitik und Bildungsadministration im Rahmen ihrer Verantwortlichkeiten sollten berücksichtigen, dass sich die Widersprüche einer Lehrer/-innenbildung für Inklusion im deutschen Schulsystem nicht einfach auflösen lassen, sondern in konzeptionelle Überlegungen integriert werden müssen, damit sich Lehrkräfte nicht permanent in den Widersprüchen des eigenen Handels verstricken. Eine solche Herangehensweise an Lehrer/-innenbildung für Inklusion kann, sofern die Tragweite des weiter oben skizzierten Inklusionsbegriffes aus einer menschenrechtlichen Perspektive zur Anwendung kommt, langfristig die notwendigen Transformationen in Richtung Inklusion im Bildungssystem bewirken.

Ob die Gestaltung einer solchen Lehrer/-innenbildung für Inklusion, die auf das berufsbiographische Arbeiten am und im Widerspruch fokussiert und die Innovationskompetenz der Lehrer/-innen als entscheidendes Profilmerkmal beschreibt, nachhaltig zu einer erfolgreichen Bewältigung der Reformen im Lehrer/-innenberuf in Richtung Inklusion beitragen kann, werden empirische Studien zeigen müssen. Auch wie diese Professionalisierungsidee zukünftig konkret gestaltet werden kann und welche Ressourcen bzw. strukturellen Veränderungen eingeleitet werden müssten, muss ein nächster Text klären.

In der Zwischenzeit scheint der Autorin hilfreich, so häufig wie möglich den »Blick über den Zaun« zu wagen, denn andere Ländern haben bereits vor Jahrzehnten ihre Lehrer/-innenbildung auf den Umgang mit Differenz im Bildungssystem ausgerichtet oder sind aktuell ebenfalls auf der Suche nach tragfähigen Konzepten (Forlin, 2010, 2012).

Literatur

Allemann-Ghionda, Christina: Bildung für alle, Diversität und Inklusion: Internationale Perspektiven. Paderborn: Schöningh, 2013

Amrhein, Bettina: Am und im Widerspruch arbeiten. Wege aus dem professionellen Unbehagen in inklusiven Bildungsreformen. In: Friedrich Jahresheft XXXII, 2014a, S. 17-19

Amrhein, Bettina: Professionalisierung für Inklusion – Akteurinnen und Akteure der Sekundarstufe zwischen Determination und Emergenz. In: Lindmeier, Christian/ Weiß, Hans (Hrsg.): Pädagogische Professionalität im Spannungsfeld von sonderpädagogischer Förderung und inklusiver Bildung. Beiheft zur Zeitschrift Sonderpädagogische Förderung heute, 2014b

Amrhein, Bettina: Inklusion in der Sekundarstufe. Bad Heilbrunn: Klinkhardt, 2011

Amrhein, Bettina: LehrerInnenbildung für eine Inklusive Schule – Bestandsaufnahme der Ausbildungssituation an Hochschulen in Nordrhein-Westfalen. In: Zeitschrift Gemeinsam Leben 1 (2012), S. 20-32

Amrhein, Bettina/Badstieber, Benjamin (Hrsg.): Lehrerfortbildung zu Inklusion – Eine Trendanalyse. Eine Expertise von Bettina Amrhein und Benjamin Badstieber im Auftrag der Bertelsmann Stiftung. Gütersloh: Bertelsmann, 2013

Amrhein, Bettina/Kricke, Meike: LehrerInnenbildung für eine Inklusive Schule: Chancen portfoliogestützter Reflexionsarbeit in der Begleitung von Orientierungspraktika. In: Rohr, Dirk/Hummelsheim, Annette/Kricke, Meike/Amrhein, Bettina (Hrsg.): Reflexionsmethoden in der Praktikumsbegleitung. Münster: Waxmann, 2013

Booth, Tony: Eine internationale Perspektive auf Inklusion. In: Hinz, Andreas/Körner, Ingrid/Niehoff, Ullrich (Hrsg.): Von der Integration zur Inklusion. Grundlagen – Perspektiven – Praxis. . Marburg: Lebenshilfe-Verl., 2008

Booth, Tony/Ainscow, Mel: Index for inclusion. Developing learning and participation in schools. Reprinted. London: Centre for Studies on Inclusive Education u. a., 2002

Bos, Wilfried/Müller, Sabrina/Stubbe, Tobias C.: Abgehängte Bildungsinstitutionen. Hauptschulen und Förderschulen. In: Quenzel, Gudrun (Hrsg.): Bildungsverlierer. Neue Ungleichheiten. Wiesbaden: VS Verl. für Sozialwissenschaften, 2010, S. 375-397

Degener, Theresia: Die UN-Behindertenrechtskonvention als Inklusionsmotor. In: Recht der Jugend und des Bildungswesens 2 (2009), S. 200-219

Degener, Theresia/Mogge-Grotjahn, Hildegard: »All inclusive«? Anmerkungen an ein interdisziplinäres Verständnis von Inklusion. In: Balz, Hans-Jürgen/Benz, Benjamin/ Kuhlmann, Carola (Hrsg.): Soziale Inklusion. Wiesbaden: Springer VS, 2012, S. 59-78

Dirks, Una/Hansmann, Wilfried (Hrsg.): Reflexive Lehrerbildung. Fallstudien und Konzepte im Kontext berufsspezifischer Kernprobleme. Weinheim: Deutscher Studien-Verl., 1999

Döbert, Hans/Weishaupt, Horst (Hrsg.): Inklusive Bildung professionell gestalten – Situationsanalyse und Handlungsempfehlungen. Münster: Waxmann, 2013

Expertenkommission Berlin: Ausbildung von Lehrkräften in Berlin, 2012. Im Internet unter https://www.berlin.de/imperia/md/content/sen-bildung/lehrer_werden/expertenkommission_lehrerbildung.pdf

Fend, Helmut: Neue Theorie der Schule. Einführung in das Verstehen von Bildungssystemen. Wiesbaden: VS Verl. für Sozialwissenschaften, 2006

Feuser, Georg: Grundlegende Dimensionen einer LehrerInnen-Bildung für die Realisierung einer inklusionskompetenten Allgemeinen Pädagogik. In: Feuser, Georg/

Maschke, Thomas (Hrsg.): Lehrerbildung auf dem Prüfstand. Welche Qualifikationen braucht die inklusive Schule? Gießen: Psychosozial-Verlag, 2013, S. 11-66

Forlin, Chris (Hrsg.): Teacher education for inclusion. Changing paradigms and innovative approaches. London: Routledge, 2010

Forlin, Chris (Hrsg.): Future directions for inclusive teacher education. An international perspective. London: Routledge, 2012

Fraundorfer, Andrea: Differenz und Professionalität: Vom prekären zum produktiven Umgang mit Differenz in Schule und Unterricht. In: Paseka, Angelika/Schratz, Michael/Schrittesser, Ilse (Hrsg.): Pädagogische Professionalität: quer denken – umdenken – neu denken. Impulse für next practice im Lehrerberuf. Wien: Facultas Verlags- und Buchhandels AG, 2011, S. 218-252

Gräf, Marcel: Der Inklusionsbegriff in der Pädagogik: Theorieverständnis – Praxiseinblicke- Bedeutungsgehalte – Bachelorarbeit angefertigt im BA Bildungswissenschaft an der Fernuniversität in Hagen, 2008

Grosch, Anja: Die Implementierungslücke überwinden. Erfolgsfaktoren für nachhaltige Schulentwicklung und organisationstheoretische Lösungskonzeptionen, inspiriert durch die Futurum-Schule in Schweden. Magdeburg: Univ., 2007

Haas, Benjamin: Dekonstruktion und Dekategorisierung: Perspektiven einer nonkategorialen (Sonder-) Pädagogik. In: Zeitschrift für Heilpädagogik 63 (2012), S. 404-413

Heimlich, Ulrich: Inklusion und Sonderpädagogik – Die Bedeutung der Behindertenrechtskonvention (BRK) für die Modernisierung sonderpädagogischer Förderung. In: Zeitschrift für Heilpädagogik, 2 (2011), S. 44-54

Heinrich, Michael/Urban, Michael/Werning, Rolf: Grundlagen, Handlungsstrategien und Forschungsperspektiven für die Ausbildung und Professionalisierung von Fachkräften für inklusive Schulen. In: Döbert, Hans/Weishaupt, Horst (Hrsg.): Inklusive Bildung professionell gestalten Situationsanalyse und Handlungsempfehlungen. Münster: Waxmann, 2013, S. 69-133

Helsper, Werner: Pädagogisches Handeln in den Antinomien der Moderne. In: Krüger, Heinz Herrmann/Helsper, Werner (Hrsg.): Einführung in Grundbegriffe und Grundfragen der Erziehungswissenschaft. Opladen, Farmington Hillls: Barbara Budrich, 2007, S. 15-34

Hillenbrand, Clemens/Melzer, Conny/Hagen, Tobias: Bildung schulischer Fachkräfte für inklusive Bildungssysteme. In: Döbert, Hans/Weishaupt, Horst (Hrsg.): Inklusive Bildung professionell gestalten. Münster: Waxmann, 2013, S. 33-68

Hinz, Andreas: Von der Integration zur Inklusion – terminologisches Spiel oder konzeptionelle Weiterentwicklung? In: Zeitschrift für Heilpädagogik 9 (2002), S. 354-361

Hinz, Andreas: Inklusion – mehr als nur ein neues Wort?! In: Lernende Schule, 6 (2003), S. 15-17

Hinz, Andreas: Inklusion – von der Unkenntnis zur Unkenntlichkeit!? – Kritische Anmerkungen zu einem Jahrzehnt Diskurs über schulische Inklusion in Deutschland. In: Zeitschrift für Inklusion 1/2013. Im Internet unter: http://www.inklusion-online.net/index.php/inklusion-online/article/view/26/26 [15.03.2014]

Homann, Jürgen/Bruhn, Lars: Ein Dutzend Gründe, warum die Integrationspädagogik gescheitert ist – Eine Streitschrift. In: DAS ZEICHEN: Zeitschrift für Sprache und Kultur Gehörloser 82 (2009), S. 250-261

Klemm, Klaus: Inklusion in Deutschland. Eine bildungsstatistische Analyse. Gütersloh: Bertelsmann, 2013

Klemm, Klaus: Sonderweg Förderschulen: Hoher Einsatz, wenig Perspektiven. Eine Studie zur Wirksamkeit von Förderschulen in Deutschland. Im Auftrag der Bertelsmann Stiftung. Gütersloh: Bertelsmann, 2009

Mithe, Ingried: Biografiearbeit. Lehr- und Handbuch für Studium und Praxis. Weinheim: Juventa, 2011

Monitor/Lehrerbildung: Indikator im Blickpunkt – Inklusion. Im Internet unter: http://www.monitor-lehrerbildung.de/web/im-blickpunkt/Inklusion/%5D [15.03.2014]

Neuß, Norbert: Biographisch bedeutsames Lernen. Empirische Studien über Lerngeschichten in der Lehrerbildung. Opladen u. a.: Budrich, 2009

Oevermann, Ulrich: Theoretische Skizze einer revidierten Theorie professionalisierten Handelns. In: Combe, Arno/Helsper, Werner (Hrsg.): Pädagogische Professionalität. Untersuchungen zum Typus pädagogischen Handelns. Frankfurt/Main: Suhrkamp, 1996, S. 70-182

Plessing, Götz: Der Deutsche Schulpreis und seine Akademie. In: Lehren und lernen 2, (2013), S. 24-27

Prengel, Annedore: Pädagogik der Vielfalt. Verschiedenheit und Gleichberechtigung in Interkultureller, Feministischer und Integrativer Pädagogik. Opladen: Leske u. Budrich, 1993

Reich, Kersten (Hrsg.): Lehrerbildung konstruktivistisch gestalten. Wege in der Praxis für Referendare und Berufseinsteiger. [mit Methodenpool und umfassenden Materialien im Internet]. Weinheim u. a. Beltz, 2009

Rohr, Dirk/Hummelsheim, Annette/Kricke, Meike/Amrhein, Bettina (Hrsg.): Reflexionsmethoden in der Praktikumsbegleitung. Am Beispiel der Lehramtsausbildung an der Universität zu Köln. Münster u. a.: Waxmann, 2013

Rosenbloom, Dana: The Value of a Flexible Routine. Im Internet unter: https://mommybites.com/col2/nanny/the-value-of-a-flexible-routine [15.03.2014]

Sander, Alfred: Liegt Inklusion im Trend? In: Vierteljahresschrift für Heilpädagogik und ihre Nachbargebiete, 75 (2006), S. 51-53

Schneider, Lucia: Gelingende Schulen: Gemeinsamer Unterricht kann gelingen. Schulen auf dem Weg zur Inklusion. Baltmannsweiler: Schneider Verlag Hohengehren, 2., unveränderte Auflage 2012

Schönknecht, Gudrun: Die Entwicklung der Innovationskompetenz von LehrerInnen aus (Berufs-)Biographischer Perspektive, 2005. Im Internet unter: http://www.bwpat.de/spezial2/schoenknecht_spezial2-bwpat.pdf [15.03.2014].

Schratz, Michael/Paseka, Angelika/Schrittesser, Ilse (Hrsg.): Pädagogische Professionalität. Quer denken – umdenken – neu denken. Impulse für next practice im Lehrerberuf. Wien: Facultas-Verl., 2011

Schrittesser, Ilse: »Professional communities«. Beiträge der Gruppendynamik zur Entwicklung professionalisierten Handelns. In: Hackl, Bernd (Hrsg.): Zur Professionalisierung pädagogischen Handelns. Münster, Hamburg: LIT, 2004, S. 131-150

Stein, Anne-Dore: Inklusion in der Hochschuldidaktik – Oder die Frage: Wie können Studierende darauf vorbereitet werden, in einer ausgrenzenden Gesellschaft inklusive Strukturen zu etablieren? Broschüre der Gewerkschaft Erziehung und Wissenschaft, 2011

Terhart, Ewald: Lehrerberuf und Professionalität: Gewandeltes Begriffsverständnis – neue Herausforderungen. In: Helsper, Werner/Tippelt, Rudolf (Hrsg.): Pädagogische Professionalität. 57. Beiheft der Zeitschrift für Pädagogik. Weinheim u. a.: Beltz, 2011, S. 202-224

Terhart, Ewald: Lehrerberuf und Lehrerbildung: Forschungsbefunde, Problemanalysen, Reformkonzepte. Weinheim: Beltz, 2001

Trautmann, Matthias/Wischer, Beate: Heterogenität in der Schule. Eine kritische Einführung. Wiesbaden: VS Verl. für Sozialwissenschaften, 2011

Vereinte Nationen 2009: Übereinkommen über die Rechte von Menschen mit Behinderungen. Im Internet unter http://www.institut-fuer-menschenrechte.de /fileadmin/ user_ upload/PDF-Dateien/Pakte_Konventionen/CRPD_behindertenrechtskon-vention/crpd_de.pdf [20.02.2014]

Vierlinger, Rupert: Steckbrief Gesamtschule. Wien u. a.: Böhlau, 2009

Wischer, Beate: »Binnendifferenzierung ist ein Wort für das schlechte Gewissen des Lehrers«. In: Erziehung & Unterricht, 9-10 (2008), S. 714-722

Wocken, Hans: Das Haus der inklusiven Schule. Baustellen – Baupläne – Bausteine. Hamburg: Feldhaus, Ed. Hamburger Buchwerkstatt, 3. Aufl. 2012

Zlatkin-Troitschanskaia, Olga/Beck, Klaus/Sembill, Detlef/Nickolaus, Reinhold/Mulder, Regina: Perspektiven auf »Lehrprofessionalität« – Einleitung und Überblick. In: Zlatkin-Troitschanskaia, Olga/Beck, Klaus/Sembill, Detlef/Nickolaus, Reinhold/Mulder, Regina (Hrsg.): Lehrprofessionalität. Bedingungen, Genese, Wirkungen und ihre Messung. Weinheim und Basel: Beltz, 2009, S. 13-32

Autorenverzeichnis

Dr. Bettina Amrhein, Gastprofessorin
Universität Hildesheim, Institut für Erziehungswissenschaft, Abteilung Angewandte Erziehungswissenschaft, Gastprofessur Inklusion und Bildung

Ann-Kathrin Arndt, wissenschaftliche Mitarbeiterin
Leibniz Universität Hannover, Institut für Sonderpädagogik, Abteilung Pädagogik bei Lernbeeinträchtigungen

Dr. Markus Gebhardt, wissenschaftlicher Mitarbeiter
Technische Universität München, Susanne Klatten-Stiftungslehrstuhl für Empirische Bildungsforschung

Prof. Dr. Ewald Kiel, Universitätsprofessor
Ludwig-Maximilians-Universität München, Fakultät für Psychologie und Pädagogik, Lehrstuhl für Schulpädagogik

Dr. Barbara Koch, Verwaltungsprofessorin
Leuphana Universität Lüneburg, Institut für Bildungswissenschaft

Prof. Dr. Annette Textor, Universitätsprofessorin
Universität Bielefeld, Fakultät für Erziehungswissenschaft, Lehrstuhl Empirische Schulforschung

Dr. Sabine Weiß, Akademische Rätin a. Z.
Ludwig-Maximilians-Universität München, Fakultät für Psychologie und Pädagogik, Lehrstuhl für Schulpädagogik

Prof. Dr. Rolf Werning, Universitätsprofessor
Leibniz Universität Hannover, Institut für Sonderpädagogik, Abteilung Pädagogik bei Lernbeeinträchtigungen

Ulrich Heimlich
Joachim Kahlert (Hrsg.)

Inklusion in Schule und Unterricht

Wege zur Bildung für alle

2. Auflage 2014
208 Seiten. Kart.
€ 29,99
ISBN 978-3-17-025725-2

Praxis Heilpädagogik –
Handlungsfelder

Mit dem Inkrafttreten der UN-Konvention über die Rechte von Menschen mit Behinderung ist das inklusive Bildungssystem zum Leitbild der Bildungspolitik geworden. Nicht nur die Heil- und Sonderpädagogik, auch die Schulpädagogik sowie Fachdidaktiken müssen sich auf das gemeinsame Lernen in der Schule für alle Kinder einstellen. Die Zielsetzung der Inklusion wirkt sich sowohl im Rückblick auf die bisherige Geschichte der heil- und sonderpädagogischen Institutionen als auch bezogen auf die Analyse des gegenwärtigen Entwicklungsstandes der schulischen Organisationsformen individueller Förderung verändernd aus. Ebenso wie die Schulorganisation bedarf unter inklusiver Perspektive auch der Unterricht der Innovation. Zu jedem dieser Aspekte werden die derzeit gesicherten wissenschaftlichen Erkenntnisse konsequent mit Praxisbeispielen im Sinne von „best practice" verbunden.

Prof. Dr. Ulrich Heimlich hat den Lehrstuhl für Lernbehinderten-pädagogik an der Ludwig-Maximilian Universität München.
Prof. Dr. Joachim Kahlert hat dort den Lehrstuhl für Grundschul-pädagogik und Grundschuldidaktik.

Leseproben und weitere Informationen unter www.kohlhammer.de

W. Kohlhammer GmbH · 70549 Stuttgart
vertrieb@kohlhammer.de

Kohlhammer

Bernd Ahrbeck

Inklusion

Eine Kritik

2. Auflage 2014
160 Seiten. Kart.
€ 24,99
ISBN 978-3-17-028779-2

Brennpunkt Schule

Die schulische Inklusion ist heute allseits akzeptiertes Ziel für ein Mehr an Gemeinsamkeit von Kindern mit und ohne Behinderung. Allerdings bleiben hinter diesem Grundkonsens in der Inklusionsdebatte viele der anstehenden Fragen ungeklärt, darunter auch solche grundsätzlicher Art. Sie beziehen sich sowohl auf die konkrete Umsetzung als auch auf die Fernziele der Inklusion. Der Autor greift diese Fragen entschieden auf. Er spricht die neuralgischen Punkte in der Integrationsdebatte differenziert an, weist auf Widersprüche und ungelöste Problemstellungen hin, wobei Polarisierungen, die einer konstruktiven Weiterentwicklung der Inklusion im Wege stehen, vermieden werden.

Prof. Dr. Bernd Ahrbeck hat den Lehrstuhl für Verhaltensgestörten-pädagogik an der Humboldt-Universität zu Berlin.

Leseproben und weitere Informationen unter www.kohlhammer.de

W. Kohlhammer GmbH · 70549 Stuttgart
vertrieb@kohlhammer.de

Kohlhammer

Reinhard Lelgemann
Philipp Singer
Christian Walter-Klose (Hrsg.)

Inklusion im Förderschwerpunkt körperliche und motorische Entwicklung

2014. 276 Seiten
Kart. € 29,99
ISBN 978-3-17-024283-8

auch als
EBOOK

Inklusion in Schule und Gesellschaft

Schülerinnen und Schüler mit körperlichen und mehrfachen Behinderungen nehmen in der Diskussion über Inklusion bisher nur eine Randposition ein. Sie werden als Zielgruppe inklusiver Schulentwicklungsprozesse nur pauschal in den Blick genommen, wobei die bloß motorische Behinderung als leicht zu kompensieren erscheint. Anhand unterschiedlicher Zugänge greift das Buch wesentliche Aspekte dieser Diskussion in systematischer Weise auf. Einführend wird die historische Entwicklung dieses Prozesses nachgezeichnet und auf die gegenwärtige Situation Bezug genommen. Neben einem grundlagentheoretischen sowie einem pädagogischen Beitrag zur Inklusion dieser Schülergruppe werden anschließend aktuelle praxisrelevante Forschungsergebnisse vorgestellt. Anhand zahlreicher schulpraktischer Beispiele finden sich abschließend hilfreiche Instrumente für die Weiterentwicklung inklusiver Schulstrukturen.

Professor Dr. Reinhard Lelgemann hat den Lehrstuhl für Pädagogik bei Körperbehinderung an der Universität Würzburg. **Philipp Singer** und **Dr. Christian Walter-Klose** sind dort wissenschaftliche Mitarbeiter.

Leseproben und weitere Informationen unter www.kohlhammer.de

W. Kohlhammer GmbH · 70549 Stuttgart
vertrieb@kohlhammer.de